# ÉPISODE

DE

# L'HISTOIRE DE RUSSIE

Vu les traités internationaux relatifs à la propriété littéraire, l'Auteur et les Éditeurs de cet ouvrage se réservent le droit de le traduire ou de le faire traduire en toutes les langues; ils poursuivront toutes contrefaçons ou toutes traductions faites au mépris de leurs droits.

IMPRIMERIE DE J. CLAYE ET Cⁿ, RUE SAINT-BENOÎT, 7

# ÉPISODE

DE

# L'HISTOIRE DE RUSSIE

— LES FAUX DÉMÉTRIUS —

PAR

## PROSPER MÉRIMÉE

DE L'ACADÉMIE FRANÇAISE

## PARIS

MICHEL LÉVY FRÈRES, ÉDITEURS

RUE VIVIENNE, 2 BIS

—

1853

# ÉPISODE

## DE

# L'HISTOIRE DE RUSSIE

## LES FAUX DÉMÉTRIUS

### I.

Ivan IV, tsar et grand-duc de Russie, mourut en 1584, après un long règne. Les étrangers, ses contemporains, l'ont surnommé le Bourreau; les Russes l'appellent encore *Ivan le Terrible*. Pour ses sujets seulement, il fut terrible, car ni les Polonais ni les Tartares ne le virent sur un champ de bataille. Ce n'était qu'un tyran grossier et cruel, qui se plaisait à répandre le sang de ses propres mains. Pourtant un certain respect populaire demeure attaché à sa mémoire : sous son règne, souillé de tant de crimes, les Russes commencèrent à entrevoir leurs hautes destinées, et mesurèrent leurs forces naissantes, rassemblées et déjà organisées par son despotisme. Les peuples, comme les individus, ne conservent pas un souvenir amer des jours d'épreuve qui ont développé leur énergie et mûri leur courage.

Ivan laissait deux fils, Fëdor et Démétrius, dont le premier, âgé de vingt-deux ans, lui succéda. Le second, né en 1581, était issu d'un septième mariage d'Ivan [1], contracté au mépris des canons de l'église grecque, qui ne reconnaît pas d'union légitime après le quatrième veuvage. Malgré cette circonstance, le titre de *tsarévitch* ne fut pas contesté à Démétrius, et déjà même on le considérait comme l'héritier présomptif de la couronne, la santé débile de Fëdor faisant craindre qu'il ne mourût sans postérité.

Le caractère du nouveau tsar contrastait singulièrement avec celui de son père. Doux et timide comme un enfant, dévot jusqu'à la superstition, Fëdor passait ses journées en prières, ou bien à se faire lire et commenter de pieuses légendes. On le voyait sans cesse dans les églises, et souvent il se plaisait à sonner lui-même les cloches pour appeler les fidèles aux offices. — « C'est un sacristain,

---

1. Quelques historiens, regardant comme nul un des mariages d'Ivan qui ne fut pas consommé, n'en comptent que six.

disait Ivan le Terrible, non pas un tsarévitch[1]. »
Lorsqu'il faisait trêve à ses exercices de piété, Fëdor
s'enfermait avec ses bouffons, ou bien, du haut d'un
balcon, il regardait ses chasseurs combattre contre
des ours. Pour un esprit si faible, les soins du gouvernement étaient insupportables; aussi s'empressa-
t-il de les remettre à un de ses favoris, le boyard
Boris Godounof, son beau-frère. D'abord il lui donna
la charge de Grand Écuyer, attachant à ce titre des
attributions considérables et un pouvoir immense.
Bientôt après, par un aveu public de sa propre inca-
pacité, il le nomma Régent de l'empire[2]. Personne
n'était plus propre que Boris à devenir le maire du
palais de ce roi fainéant. Actif, infatigable, plus
éclairé qu'aucun de ses compatriotes[3]; rompu aux
affaires et connaissant les hommes, on lui accordait
toutes les qualités d'un grand ministre. Bien qu'il
fût d'une naissance médiocre, car il descendait d'un
mourza tartare, il prit place de bonne heure aux
conseils de l'empire, où il gagna la faveur d'Ivan,
sans l'acheter pourtant par des bassesses. On dit que

1. Petreïus, *Musskowitische chronica*, II, 256.
2. *Pravitel'*.
3. C'est contre toute vraisemblance que Zolkiewski prétend qu'il ne savait ni lire ni écrire. Ms. de Zolkiewski, 7.

lorsque, dans un accès de frénésie, Ivan frappa le tsarévitch, son fils aîné, d'un coup mortel, Boris seul osa tenter de retenir son bras et de sauver le jeune prince[1]. Il cachait son ambition sous les dehors de la piété et d'un attachement sans bornes à la patrie et à son souverain. Naturellement grave et austère, d'une figure noble et d'une taille avantageuse, il imposait le respect aux boyards jaloux de son autorité, et lorsque le tsar se montrait au peuple accompagné de son ministre, chacun sentait que ce n'était pas sur le trône qu'il fallait chercher le maître de l'empire.

Le règne d'Ivan n'avait pu lasser la patience des Russes ni ébranler leur fidélité. Boris les soumit à une nouvelle épreuve. A la domination brutale et capricieuse d'Ivan il fit succéder un despotisme intelligent mais tracassier, qui prétendait régler l'intérieur de chaque famille aussi bien que les affaires de l'État. Rudes et grossiers encore, les Moscovites ne pouvaient sentir les avantages de l'exacte police que Boris voulait fonder dans tout l'empire. Pour eux, le désordre était comme une preuve d'indépendance qu'ils chérissaient, et dont Ivan ne les avait

---

1. Karamzine, IX, 447.

pas dépouillés malgré sa tyrannie. Maintenant cette licence invétérée allait être réprimée avec une rigueur inexorable. Sans doute les peuples n'eurent plus à craindre ces accès de fureur sanguinaire qui valurent à Ivan son surnom de Terrible, mais une surveillance soupçonneuse, assidue, pesa lourdement sur chaque famille. Le dernier tsar était une bête féroce, redoutable à rencontrer, mais dont on pouvait éviter l'approche, peut-être même désarmer la colère; tandis que ni un acte, ni une pensée de désobéissance n'échappaient au Régent servi par d'innombrables espions. Grands et petits sentirent également sa main de fer. Dans son impassible sévérité, il châtiait l'ignorance comme un crime, et, pour réformer un ancien abus, il inventait cent contraintes nouvelles. Plein de confiance dans la supériorité de ses lumières, et peut-être confondant de bonne foi la grandeur de sa maison avec celle de son pays, Boris pliait tout sous sa volonté, et n'acceptait ni conseils ni remontrances. Les Russes se sentirent plus esclaves que jamais sous ce nouveau despotisme, régulier et minutieux, et parfois ils se prirent à regretter les fureurs intermittentes d'Ivan le Terrible.

Les efforts des ennemis de Boris, pour détruire son ascendant, n'aboutirent qu'à le fortifier. On voulut obliger Fëdor à répudier sa femme Irène, sœur du Régent, pour cause de stérilité, et déjà même, pour lui succéder, on désignait la sœur du prince Mstislavski, le premier boyard du conseil. Boris para le coup. Il fit intervenir l'autorité ecclésiastique toute puissante sur l'esprit de Fëdor, et lui persuada qu'il serait dangereux pour la Russie de priver Démétrius d'une couronne à laquelle il semblait prédestiné. Il lui montra dans l'avenir la guerre civile s'allumant entre ce prince et ses neveux, et les barbares profitant de l'anarchie pour dévaster l'empire. Il semble qu'à cette époque le droit de succession au trône ne fût pas encore bien nettement réglé en Russie, et l'on peut croire que l'usage musulman, qui attribue la couronne au plus proche descendant du fondateur de la dynastie, conservait de nombreux partisans dans un pays où les Tartares avaient implanté tant de traditions orientales. Quoi qu'il en soit, Fëdor ne répudia pas son épouse, et la sœur du prince Mstislavski fut contrainte de prendre le voile.

Boris voulait être craint avant tout, mais il ne dédaignait pas une certaine popularité pour sa maison, et s'appliquait avec soin à rendre sa sœur Irène chère au peuple russe. Les rigueurs s'exerçaient au nom du tsar, et par l'ordre du Régent; les actes de clémence; les grâces de toutes sortes étaient attribuées à l'intercession de la tsarine Irène, qui d'ailleurs fut toujours un docile instrument entre les mains de son frère. Elle n'agissait, ne pensait que d'après ses inspirations, confondant avec une grande simplicité de cœur son respect et son admiration pour Boris avec l'amour passionné qu'elle portait à Fëdor.

Les boyards intimidés étaient réduits au silence; Démétrius, encore enfant, ne pouvait porter ombrage, mais sa mère, la tsarine douairière, Marie Fëdorovna, et ses trois oncles Michel, Grégoire et André Nagoï auraient pu chercher à se prévaloir de leur alliance avec la maison régnante. Boris les relégua dans la ville d'Ouglitch, assignée pour apanage au jeune Démétrius par le testament d'Ivan; et sous couleur de leur confier l'éducation du tsarévitch, on les y tenait dans une espèce d'exil.

A Ouglitch, en 1591, Démétrius âgé de dix ans avait sa petite cour, ses menins et ses grands officiers, parmi lesquels le Régent entretenait sans doute plus d'un espion. Les pensions du jeune prince et celles de sa famille étaient payées et contrôlées par un secrétaire de chancellerie (*diak*), nommé Michel Bitiagofski, créature de Boris, et, tout naturellement, entre ce fonctionnaire et les Nagoï s'élevèrent de fréquentes discussions qui s'envenimaient de jour en jour. Fort de l'autorité dont le Régent l'avait investi, le secrétaire se plaisait à chicaner la famille du tsarévitch dans toutes ses prétentions. On eût dit qu'il prenait à tâche de lui faire sentir par de petites avanies sans cesse renouvelées l'abaissement de sa fortune depuis la mort d'Ivan le Terrible. Aux réclamations qu'on adressait au tsar, Bitiagofski répondait en dénonçant des propos imprudents échappés aux Nagoï dans leur exil. S'il fallait ajouter foi au rapport du secrétaire de chancellerie, le tsarévitch annonçait déjà les instincts féroces et les goûts cruels de son père. Il ne se plaisait, disait-on, qu'à voir battre des animaux, ou bien à les mutiler avec des raffinements de barbarie. On racontait qu'un jour d'hiver, jouant avec des enfants de son âge, il avait fait des figures d'hommes avec de la neige, dans la cour de son palais. A chacune il avait donné le nom d'un des hauts fonctionnaires de l'empire, et la plus grande, il l'avait appelée Boris. Armé d'un sabre de bois, il leur abattait les bras ou la tête. — « Quand je serai grand, disait l'enfant, voilà comme je les traiterai[1]. » Ces anecdotes et d'autres sem-

---

1. Palitsyne, *Skazanie o osadé Troïtskago Monastyra*, p. 2. — Baer, 3.

blables étaient recueillies avec soin et commentées à Moscou. Peut-être étaient-elles inventées par les agents de Boris, pour rendre les Nagoï odieux à la noblesse russe ; ou bien, élevé par des valets et des courtisans disgraciés, le jeune prince répétait-il trop fidèlement les leçons qu'on lui apprenait.

Les espérances et les craintes que faisait concevoir cette éducation furent promptement dissipées par la mort soudaine de Démétrius. Sa fin fut étrange, et il est difficile de savoir si elle fut le résultat d'un accident ou d'un crime. Le 15 mai 1591 (v. s.), dans l'après-midi, le tsarévitch que sa mère venait de quitter pour un moment s'amusait avec quatre enfants, ses pages ou ses menins [1], dans la cour de son palais, vaste enclos qui renfermait plusieurs habitations séparées, bâties çà et là irrégulièrement [2]. Auprès de lui se trouvaient encore Vassilissa Volokhof sa gouvernante, sa nourrice, et une fille de chambre. Il est vraisemblable qu'on le perdit de vue un instant. Selon le témoignage unanime des trois femmes et des pages, il tenait un couteau, qu'il s'amusait à ficher en terre,

1. *Jiltsy.*
2. Pour tous les détails suivants, voir le procès-verbal de l'enquête tenue à Ouglitch dans le tome II du *Sobranie goso darstvennyk gramot*, p. 103 et suiv., et la note A, à la fin de ce volume.

ou avec lequel il taillait un morceau de bois. Tout à coup la nourrice l'aperçut qui se débattait baigné dans son sang. Il avait une large plaie à la gorge, et il expira sans proférer une parole. Aux cris de la nourrice, la tsarine accourt, et, dans la première furie de son désespoir, s'écrie qu'on vient d'assassiner son fils. Elle se jette sur la gouvernante qui devait le surveiller, et, armée d'une bûche, la frappe à coups redoublés, l'accusant d'avoir introduit des meurtriers qui viennent d'égorger son enfant. En même temps, préoccupée sans doute de ses récents démêlés avec Bitiagofski, elle invoque contre cet homme la vengeance de ses frères et des serviteurs de sa maison. Survient Michel Nagoï, sortant de table, et dans un état d'ivresse, au dire de plusieurs témoins. A son tour, il frappe la gouvernante; et ordonne de sonner la cloche d'alarme à l'église du Sauveur voisine du palais. En un instant l'enclos se remplit d'habitants d'Ouglitch et de domestiques, qui accourent avec des fourches et des haches, croyant que le feu est au palais du tsarévitch. Avec eux arrive Bitiagofski, accompagné de son fils et de gentilshommes attachés à la chancellerie. Il essaie de parler pour apaiser le tumulte, et d'abord s'écrie que l'enfant s'est tué lui-même en tombant sur son couteau, dans une attaque d'épilepsie, maladie dont il était notoirement atteint.—« Voilà le meurtrier! » s'écrie la tsarine. Aussitôt cent bras se lèvent pour le frapper. Il s'enfuit dans une des maisons de l'enclos, et s'y barricade pour un moment, mais on enfonce la porte, et on le massacre. Son fils est égorgé auprès de lui. Quiconque élève la voix pour le défendre, quiconque est reconnu pour lui appartenir, est aussitôt chargé de coups et mis en pièces. La gouvernante Vassilissa, couverte de sang, à demi morte auprès de la tsarine, gisait à terre, tête nue et les cheveux épars, car les serviteurs des Nagoï lui avaient arraché son bonnet, outrage plus indigne que les coups de bâton dans les idées des Russes, à cette époque. Un serf de cette femme, touché de sa honte, ramasse le bonnet et le lui remet sur la tête; on le massacre à l'instant[1]. Cette foule furieuse, toujours poursuivant et frappant ceux qu'on lui désigne, porte à l'église le corps sanglant du tsarévitch. Là, on traîne Daniel Volokhof, le fils de la gouvernante, qu'on savait lié avec Bitiagofski. Il n'en fallait pas davantage pour qu'il fût déclaré son complice, et aussitôt

---

1. *Gos. Gramoty*, II, p. 106, déposition de Vassilissa Volokhof.

égorgé aux yeux de sa mère, devant le corps du jeune prince [1]. Ce fut à grand'peine que les prêtres de l'église du Sauveur arrachèrent des mains de la multitude Vassilissa et les filles de Bitiagofski. Toutes ces femmes cependant furent enfermées dans un des bâtiments dépendant de la cathédrale, et des gardes furent placés à toutes les avenues.

Une douzaine d'employés de la chancellerie du tsar, et quelques habitants d'Ouglitch, soupçonnés de connivence avec les assassins, périrent ainsi dans cette émeute soudaine, où les massacreurs tuaient au hasard tout ce qui s'offrait à leur rage. *On les pourchassait comme des lièvres*, dit un des témoins dans son interrogatoire [2]. Deux jours après, la tsarine, qui venait de dénoncer les assassins prétendus, changea d'idée et s'avisa qu'une naine, qui venait quelquefois l'amuser par ses bouffonneries, avait jeté un sort au tsarévitch. Elle fit tuer cette malheureuse à coups d'arquebuse, et le corps fut jeté à l'eau sans autre forme de procès [3].

---

1. *Gos. Gramoty*, II, p. 106, déposition de Vassilissa Volokhof.
2. *Id., ibid.*
3. *Id.*, p. 106, 107, déposition de Vassilissa, et de Rousine Rakof, bailli d'Ouglitch, p. 121. Probablement on jeta le corps

De leur côté, les Nagoï avaient cuvé leur vin et réfléchi, non sans terreur, aux conséquences de cette affreuse boucherie. Massacrer des secrétaires et des officiers du tsar n'était pas une action qui pût demeurer impunie sous un ministre aussi jaloux de son autorité que l'était Boris. Les cadavres des victimes de l'échauffourée avaient été jetés çà et là, sans sépulture. Michel et Grégoire Nagoï, à défaut de preuves qui constatassent le meurtre du tsarévitch, résolurent d'en inventer. Ils produisirent des couteaux, des sabres, et d'autres armes, trempés dans le sang d'une poule, qu'ils prétendirent avoir trouvés entre les mains des officiers tués par la populace d'Ouglitch, et ces armes, disaient-ils, avaient servi à frapper le jeune Démétrius. Il fut prouvé qu'un des Nagoï avait donné au bailli d'Ouglitch un *poignard tartare*[1], pour le mettre sur le cadavre de Bitiagofski ou de quelqu'un de ses compagnons, et l'on constata que ce poignard

---

à l'eau pour voir, selon le préjugé du temps, s'il surnageait ou s'il enfonçait. On sait qu'à cette époque on croyait dans toute l'Europe qu'une sorcière flottait sur l'eau. Mais à Ouglitch on commença l'expérience par tuer la prétendue sorcière.

1. *Nagaïskii noj.* Déposition de Rakof, et de Michel Nagoï, *ibid.*

appartenait en effet à Grégoire Nagoï!. Tous ces faits furent établis dans une enquête ordonnée

1. *Gos. Gramoty.* Cette circonstance donne lieu à une conjecture qui ne paraît pas avoir été approfondie à l'époque de l'événement. Il résulte de l'enquête faite peu de jours après la mort du tsarévitch, qu'il avait une blessure à la gorge, mais les commissaires envoyés de Moskou ne s'avisèrent pas de vérifier si elle provenait du couteau de l'enfant ou de toute autre arme. Ce point était cependant capital, et l'examen de la blessure suffisait pour décider si la mort du jeune prince devait être attribuée à un accident ou bien à un crime. A cet égard, pourtant, l'enquête ne fournit aucun renseignement précis. Mais, pour que les Nagoï attribuassent à un des assassins un *poignard tartare*, pour qu'ils produisissent des *sabres* parmi les armes dont ils les accusaient d'avoir fait usage contre le tsarévitch, il fallait que la blessure de ce dernier ressemblât à celle que pouvaient faire de semblables armes. *Un poignard tartare, nagaïskii noj*, est un long coutelas à lame large, à deux tranchants. Or, les témoins de l'aventure, la nourrice, la gouvernante et les menins déposent que le tsarévitch jouait avec un petit couteau, *nojik*; et, en effet, il n'est pas vraisemblable qu'on laissât un grand poignard entre les mains d'un enfant qui avait des accès de frénésie. Les Nagoï qui avaient porté le cadavre dans l'église, avaient-ils perdu le sens pour donner des sabres et des coutelas à ceux qu'ils voulaient faire passer pour des assassins, si la blessure du tsarévitch indiquait un petit couteau? Remarquons d'un autre côté que bien que les trois femmes et les quatre menins déposent que Démétrius s'est percé de son couteau *sous leurs yeux*, leur déposition est fort suspecte, attendu que ces sept témoins chargés de surveiller l'enfant, soin dont ils se sont fort mal acquittés sans doute, sont disposés naturellement à mentir pour se justifier. En

par Boris au nom du tsar, immédiatement après l'événement. Il avait nommé trois commissaires,

outre, les termes de leur déposition, qui sont les mêmes, sentent un peu une leçon apprise par cœur. Ajoutons que la déposition des témoins qui accusent Michel et Grégoire Nagoï d'avoir placé des armes auprès des prétendus coupables, ne fut que très-faiblement contredite par Grégoire, et qu'elle fut confirmée par l'aveu de Michel, notamment quant à la supposition du poignard tartare. Ne pourrait-on pas inférer de là que le coup mortel fut porté au jeune prince par un homme et avec l'arme redoutable d'un assassin? Il paraît d'ailleurs constant que personne ne vit, ou ne voulut voir la tragédie, et que les témoins intimidés s'empressèrent de confirmer le mot de Bitiagofski, que le tsarévitch s'était percé la gorge lui-même dans un accès d'épilepsie.—Qu'il fût atteint de cette maladie, c'est un fait avéré par des témoignages irrécusables, notamment par celui d'André Nagoï, qui dépose que l'enfant, dans un de ses accès, avait une fois blessé sa mère d'un coup de couteau, et une autrefois mordu au bras une de ses cousines. (Déposition d'André Nagoï, p. 100.) — L'enquête qui eut lieu à Ouglitch, et dont le procès-verbal existe encore en original dans les archives de l'empire à Moscou, a été taxée de faux par la plupart des historiens russes et même pas l'illustre Karamzine. Selon ce dernier, tous les témoignages furent falsifiés ou arrachés par l'intimidation. Juges et témoins auraient cédé à la crainte que leur inspirait Boris. Il est vrai que ce procès-verbal doit inspirer une certaine défiance, mais je ne pense pas qu'on doive pour cela rejeter de parti pris, les seuls renseignements circonstanciés et authentiques qui existent sur ce mystérieux événement Il ne faut pas s'attendre à trouver dans une pièce datée de l'année 1591, ces formes ingénieuses et prudentes qu'une longue expérience a intro-

dont le principal fut le prince Basile Chouiski, personnage dont le rang, la naissance, la fortune, le caractère indépendant et même un peu frondeur,

duites aujourd'hui dans la procédure de toutes les nations policées, et je crois qu'il serait souverainement injuste de voir de la prévarication, là où il n'y a peut-être que de l'ignorance. Qu'on ne s'étonne donc pas de ne rencontrer dans l'enquête ni rapport de médecin, ni autopsie du cadavre, ni comparaison de la blessure avec l'arme qui l'a faite. Qui peut dire que dans le reste de l'Europe on se fût avisé alors de semblables recherches? Et l'enquête eut lieu dans un pays et dans un temps où l'on fusillait une femme sur le soupçon de sorcellerie. Il me paraît également impossible d'admettre que *tous* les témoins cédèrent à l'intimidation, qu'ils mentirent soit pour plaire à Boris, soit même par la seule appréhension de le trouver coupable. Plusieurs d'entre eux, surtout les ecclésiastiques qui venaient d'arracher quelques malheureux à la rage de la populace, étaient par leur position et leur conduite dans cette catastrophe, à l'abri des vengeances du Régent. Tous chargèrent les Nagoï d'une voix unanime.

Si Démétrius fut assassiné, comme on peut le soupçonner d'après les indices que j'ai rapportés sur la nature de la plaie qu'il avait à la gorge, il est probable qu'un seul meurtrier, qui peut-être s'échappa, lui porta le coup mortel. Les malheureux qui furent mis en pièces par les habitants d'Ouglitch n'avaient commis d'autre crime que celui de contre-carrer les Nagoï dans leurs prétentions, et de contrôler peut-être trop sévèrement leurs dépenses. *Le massacre d'Ouglitch fut une vengeance illégale mais juste*, dit Karamzine (X, p. 103). C'est un mot qu'il aurait dû laisser à Danton et à ses pareils, et qu'on s'étonne de trouver chez un historien si éclairé et d'ordinaire si impartial.

garantissaient sinon un examen impartial, du moins la libre défense des accusés¹. Enfin, il faut ajouter que Basile Chouiski appartenait à une maison hostile à la politique de Boris, et que, soit avant, soit après l'enquête, loin d'obtenir la moindre faveur, il fut sans cesse, ainsi que toute sa famille, en butte aux soupçons du Régent, à ses persécutions même. C'est ainsi qu'il fut exilé plusieurs fois, et qu'on lui refusa toujours la permission de se marier².

Les Nagoï se défendirent fort mal. C'étaient des hommes sans énergie et sans intelligence. Aucun d'eux n'avait vu frapper le tsarévitch. Grégoire nia faiblement la tentative de corruption contre le bailli d'Ouglitch; Michel en convint, et aucun des deux frères ne put produire un indice matériel du crime supposé de Bitiagofski. En ameutant la populace contre lui, ils avaient saisi l'occasion de se venger d'un homme avec lequel ils étaient sans cesse en discussion pour des affaires d'intérêt personnel. Il est vrai que la tsarine avait d'abord désigné Bitia-

1. Basile Chouiski avait été élevé, dit-on, dans la maison des Nagoï. Ms. de Zolkiewski, 12.
2. Margeret, p. 128. — Karamzine, XII, 326. — Selon Zolkiewski, il aurait été emprisonné, ainsi que son frère Ivan; son troisième frère, Alexandre, suivant le même auteur, aurait été mis à mort. Ms. de Zolkiewski, 10.

2.

gofski comme l'assassin, mais il était en ce moment loin du palais, et il n'est pas surprenant qu'une mère, dans l'emportement de sa douleur, ait prononcé son nom au hasard. En effet, bientôt après, oubliant ses soupçons contre le malheureux secrétaire de la chancellerie, elle avait tourné sa fureur contre une autre victime. Deux jours plus tard, elle ne croyait déjà plus elle-même à un assassinat, car elle accusait une pauvre femme d'avoir ensorcelé son fils. La tsarine ne fut pas interrogée par les commissaires, sans doute par respect pour la mémoire d'Ivan le Terrible, mais elle confessa spontanément son repentir. Ayant mandé auprès d'elle le métropolitain Gélase, elle avoua que la mort de Bitiagofski était *un crime et un péché*, et supplia le prélat d'intercéder auprès du tsar pour obtenir son pardon et celui du *misérable ver de terre*, son frère Michel [1].

A ces aveux accablants se joignirent d'autres dépositions qui semblent ridicules aujourd'hui, mais qui à cette époque devaient produire une profonde impression à la cour de Moscou. On accusa Michel Nagoï d'entretenir des sorciers pour faire des malé-

---

1. *Gos. Gramoty*, II, p. 121, déposition de Gélase.—*Bednyi tcherv*, pauvre ver de terre, est une expression usitée autrefois dans les placets pour désigner le suppliant.

fices contre le tsar. Toute l'Europe était encore entichée de la croyance aux sciences occultes, et, peu d'années auparavant, les ligueurs de Paris préludaient à l'assassinat de Henri III par des conjurations magiques. En effet, un astrologue vivait dans la maison de Michel, et quel que fût l'usage qu'il fît du savoir de ce misérable, c'en était assez pour attirer l'indignation de Fëdor et celle de son ministre tout puissant [1].

Un jugement ne se fit pas attendre, rendu, comme il semble, avec quelque solennité, et sanctionné par l'avis d'une assemblée nombreuse de dignitaires ecclésiastiques. La tsarine douairière, obligée de prendre le voile sous le nom de Marfa, fut reléguée dans le monastère de Saint-Nicolas, près de Tcherepovets, et ses deux frères, Michel et Grégoire, furent exilés loin de la capitale. En même temps on faisait des funérailles magnifiques à Bitiagofski et à ses compagnons, et un service solennel était célébré en leur honneur. Quant aux habitants d'Ouglitch, qualifiés de rebelles, on sévit contre eux avec une

1. *Gos. Gramoty*, II, p. 123. A cette époque, il n'y avait guère de prince ou de grand seigneur qui n'eût son astrologue ou son magicien attaché à sa personne. En Russie on se servait ordinairement de Finnois pour les opérations de sorcellerie.

rigueur approchant de la cruauté. Plus de deux cents périrent dans les supplices; d'autres eurent la langue coupée ou furent jetés dans des cachots. Déjà la terreur en avait dispersé le plus grand nombre, et une cité autrefois florissante était devenue un désert [1]. Le reste des malheureux habitants fut envoyé en Sibérie, province conquise et, pour ainsi parler, découverte sous le règne d'Ivan, mais encore presque inhabitée. Ils y fondèrent la ville de Pelim, une des premières colonies russes dans ces contrées sauvages. La colère du Régent s'attacha jusqu'aux objets inanimés, aux souvenirs matériels de ce forfait mystérieux. Le palais du tsarévitch fut rasé, et la cloche de l'église d'Ouglitch, qui avait ameuté ses habitants, fut exilée avec eux. Selon Karamzine, on la montrait encore, à la fin du siècle dernier, dans la capitale de la Sibérie [2].

[1]. On prétend que Ouglitch avait autrefois 30,000 habitants.
[2]. Karamzine, X, note 137. — J'ai rapporté aussi exactement qu'il m'a été possible toutes les circonstances de la catastrophe d'Ouglitch, choisissant dans l'enquête les faits qui m'ont paru avérés, et, dans l'incertitude, les plus vraisemblables. Plusieurs annalistes russes, écrivant assez longtemps après la mort de Démétrius, en ont fait des récits fort différents et très-circonstanciés, mais sans nous faire connaître les autorités qu'ils ont suivies. Karamzine lui-même paraît s'être appliqué plutôt à reproduire la couleur dramatique de leurs

Un seul homme avait un intérêt évident à la mort du tsarévitch, et cet homme était Boris. Pourtant, telle était la terreur qu'il inspirait, que son nom ne fut pas prononcé une seule fois dans l'enquête. Mais

traditions qu'à en apprécier la valeur historique On doit les croire dictées par un génie invisible, qui tantôt pénètre dans le cabinet de Boris pour y surprendre ses plus secrètes confidences, tantôt écoute les dernières paroles de l'innocente victime seule avec ses assassins. — Selon le roman populaire, car je ne puis lui donner un autre nom, la tsarine aurait pénétré de bonne heure les sinistres projets du Régent. Attentive à veiller sur les jours de son fils, elle déjoue plusieurs tentatives d'empoisonnement, où, comme le conte pieusement l'annaliste Nikon, le poison demeure sans effet contre le jeune martyr (Nikon, VIII, 16). Boris alors se détermine à employer le fer, moyen plus décisif, et cherche partout des meurtriers. En vain il s'adresse à ses créatures les plus dévouées et même à un de ses parents. Enfin Kletchine, menin du tsar Fëdor, moins scrupuleux que les autres, lui trouve un homme prêt à tout faire s'il est bien payé. Cet assassin, c'est Bitiagofski. Il promet de tuer le tsarévitch avec l'aide de son fils et d'un certain Katchalof son neveu. Mais ce n'est pas assez de trois scélérats pour dépêcher un enfant de dix ans; ils s'associent encore le fils de la gouvernante, Osip ou Joseph Volokhof, un gentilhomme nommé Tretiakof, enfin un assez bon nombre de subalternes, car on ne veut pas qu'il y ait eu d'erreurs dans la justice populaire, et tous les gens massacrés, le 15 mai 1591, ont mérité leur sort. Toute cette bande d'assassins est encore soutenue par la gouvernante Vassilissa, qui se charge d'écarter la tsarine. Elle y parvient malgré les pressentiments et les avertissements secrets, qui ne manquent jamais, comme on sait, malgré sa profonde hypocrisie ; son ambition n'était depuis longtemps un secret pour personne, et peu de gens doutèrent qu'il n'eût commandé et payé l'assassinat de Démétrius. La rigueur inouïe dé-

dans de telles occasions. Osip Volokhof aborde l'enfant sur le perron du palais, et, mettant la main à son collier pour lui découvrir la gorge et choisir l'endroit où il enfoncera le couteau : « C'est un collier neuf que vous avez là, monseigneur? « lui demande-t-il. — Non ; c'est l'ancien, » répond Démétrius. Volokhof le frappe et le blesse légèrement ; tous ces scélérats sont des apprentis. Cependant, chacun donnant son coup, ils achèvent l'enfant et le précipitent en bas du perron. Par bonheur, le sonneur de la cathédrale a tout vu (et tout entendu, comme il semble). Il sonne le tocsin, et l'on sait le reste. (*Karamzine*, X, 176 et suiv.) Inutile de relever toutes les invraisemblances de ce récit. Comment supposer que le rusé Boris eût confié son secret à tant de subalternes, à moins que, par un nouvel effort d'imagination, on n'ajoute que le sonneur de la cathédrale était aposté exprès par lui pour faire massacrer tous ses autres agents? De fait, une supposition non moins invraisemblable s'était répandue dans le public. Baer, chroniqueur assez éclairé pour son temps, l'avait recueillie à Moscou, neuf ans seulement après la mort de Démétrius, c'est-à-dire en 1600, époque de son arrivée en Russie. « Boris, « dit-il, pour prévenir l'indiscrétion des meurtriers, les fit ex- « pédier tous à leur retour à Moscou. » (Baer, p. 4.) Cette fable prouve combien il avait fallu peu de temps pour que les circonstances de l'événement d'Ouglitch eussent été oubliées en Russie. Le bon pasteur allemand semble avoir ignoré le massacre de Bitiagofski et de ses compagnons aussi bien que le terrible châtiment qui en fut la suite.

ployée contre les habitants d'Ouglitch acheva de convaincre les plus incrédules. On se disait tout bas qu'il avait fait disparaître des témoins qu'il n'avait pu suborner, et qu'il avait détruit une ville tout entière afin d'effacer jusqu'à la trace de son forfait. Désormais le peuple moscovite ne voulut plus voir en lui qu'un meurtrier, et dans toutes les actions de sa vie qu'une suite de crimes atroces.

Malheureux celui que poursuit la haine de l'aveugle multitude! Spécieuse ou absurde, il n'y a point d'accusation qui ne trouve créance auprès d'elle. Ingénieuse à calomnier, elle attribue aux actions les plus innocentes un but criminel; elle transforme les accidents fortuits en combinaisons perfides; souvent même les services rendus à la patrie passent pour des trahisons aux yeux du vulgaire. Boris en fit la triste expérience. Peu après l'horrible tragédie d'Ouglitch, un incendie dévasta plusieurs quartiers de Moscou, et réduisit à la misère un grand nombre de ses habitants. Boris fit reconstruire à ses frais des rues entières, distribua des secours aux victimes du désastre, et leur accorda des dispenses d'impôt. On accepta ses bienfaits, mais on l'accusait tout bas d'avoir allumé l'incendie pour l'attribuer aux partisans des Nagoï, et confirmer par une calomnie nouvelle le crime qu'il venait de leur imputer faussement[1].

La même année, KassimGhereï, khan de Crimée, pénétra tout à coup en Russie à la tête d'une armée formidable, et parut inopinément aux portes de Moscou. Les généraux perdaient la tête, l'armée était sans organisation, le peuple s'abandonnait à un désespoir stupide. Apathique à son ordinaire, Fëdor répondait à ceux qui venaient lui demander des ordres, « que les saints, protecteurs de la Russie, combattraient pour elle[2]. » Dans cette extrémité, Boris seul conserva sa présence d'esprit. Quelques jours lui suffirent pour élever devant Moscou des palissades et des redoutes, derrière lesquelles il réunit des milices nombreuses et une artillerie formidable. Il ranima le courage des troupes, et par sa prodigieuse activité suppléa à toutes les ressources qui manquaient en ce moment suprême. Repoussés d'abord dans leur attaque contre ce camp improvisé,

---

1. Palitsyne, 4. — Baer, 4. — Margeret, p. 19, dit qu'il fit mettre le feu aux boutiques des marchands « pour leur tailler de la besongne, jusques à ce que la rumeur fût un peu apaisée et les esprits rassis. » — Karamzine, X, 194, paraît croire que l'incendie fut allumé par Boris. Mais, selon Palitsyne, le feu commença *au milieu du jour*, ce qui suffirait pour montrer toute l'invraisemblance de l'accusation.

2. Nikon, VII, 341.

les Tartares voulurent regagner leur pays au bout de quelques jours; mais vivement poursuivis par les Russes, leur retraite se changea bientôt en une déroute affreuse, et un tiers à peine de leur immense armée parvint à regagner la Tauride. Le pays était sauvé par Boris, mais Fëdor seul se montra reconnaissant. Le peuple accusa le Régent d'avoir appelé les Tartares, « afin, disait-il, que le danger de la patrie fît oublier la mort de Démétrius[1]. »

L'année suivante, 1592, on annonça la grossesse inespérée de la tsarine Irène. Elle accoucha d'une fille. Aussitôt le peuple murmura que Boris avait substitué un enfant à celui que sa sœur venait de mettre au monde. Cette fille mourut au bout de quelques jours; on dit qu'il l'avait empoisonnée. Enfin, en 1598, Fëdor, miné depuis longtemps par une maladie de langueur, s'éteignit dans les bras de sa femme et du Régent. La mort du tsar était depuis longtemps prédite par ceux qui dénonçaient Boris comme l'assassin de Démétrius. Après avoir écarté les obstacles qui l'éloignaient du trône, après avoir exterminé tous les rejetons de la famille impériale, il couronnait son œuvre en ôtant la vie au faible

---

1. Karamzine, X, 213.

prince dont il avait depuis longtemps usurpé toute l'autorité[1]. Il voulait régner. Les annalistes russes, qui sans doute ne connaissaient pas les légendes écossaises, représentent Boris comme un nouveau Macbeth poussé au crime par les prédictions de ses devins. — « Tu régneras! » lui avaient-ils dit; puis ils s'arrêtèrent effrayés de ce qu'ils lisaient encore dans l'avenir. Pressés de continuer, ils ajoutèrent d'une voix timide : — « Tu régneras, mais sept années seulement! » — « Ne fût-ce que sept jours, s'écria Boris, qu'importe, pourvu que je règne! » Les traditions populaires dans tous les pays ont la même forme poétique.

Cette légende, évidemment inventée après l'événement, ne rend pas justice au caractère de Boris. Son ambition était démesurée, mais patiente. Son habitude était de temporiser, et les négociations de la Russie avec la Suède, la Turquie et la Pologne, sous son administration, en fournissent la preuve. Toujours il s'avançait vers son but d'un pas ferme,

---

1. Chronique de Morosof, Ms. cité par Karamzine, X, 162. — Zolkiewski, à tous les crimes imputés à Boris, ajoute celui d'avoir fait empoisonner Ivan le Terrible, au moyen d'un médecin anglais qu'il était parvenu à séduire. Ms. de Zolkiewski, 4.

mais lent, attentif à ne jamais hasarder une fausse démarche. Ce but d'ailleurs, comme il est probable, ne fut pas d'abord bien distinct à ses yeux. S'il est vrai qu'il fit assassiner le jeune Démétrius, il n'en faut pas conclure que dès ce moment il prétendait au trône; mais l'héritier présomptif, élevé par ses ennemis, sous un prince aussi faible que Fëdor, aurait pu traverser un jour ses desseins et ruiner son autorité. Maître absolu de l'esprit du tsar, à l'abri derrière ce fantôme de souverain, Boris avait trop de sens pour hâter le moment où le dernier tsar de la dynastie Varegue descendrait au tombeau. Au reste, l'événement était prévu à l'avance, et l'on pouvait s'étonner que Fëdor, malade dès le berceau, eût vécu si longtemps. Boris s'était préparé de longue main à l'extinction de la dynastie. Tous les fonctionnaires publics étaient ses créatures; les Strélitz, le clergé étaient pour ainsi dire dans sa main, et s'étaient habitués à le considérer comme le seul chef de l'État. Le peuple, tout en le haïssant, croyait à son habileté et à sa fortune; et c'était une opinion établie, que l'empire ne pouvait se passer d'un génie si fécond en ressources. Enfin Fëdor lui-même le regardait comme son successeur, pour ainsi dire inévitable, et sembla le désigner comme tel à la nation. Peu de jours avant sa mort, lui présentant un coffret rempli de reliques : — « Mets tes mains sur ces saintes reli- « ques, Régent du Peuple Orthodoxe, lui dit-il. Gou- « verne-le avec prudence. Tu parviendras à ce que « tu désires, mais tu éprouveras que sur cette terre « tout est vanité et déception[1]. »

De même que Richard III et d'autres ambitieux, Boris fit mine de refuser la couronne lorsque déjà elle ne pouvait plus lui échapper. Dès que Fëdor eut rendu le dernir soupir, le Régent obligea les boyards du conseil et les grands officiers de l'empire à prêter le serment de fidélité à Irène, la tsarine veuve. Mais, soit par dégoût du monde, soit par un ordre secret de son mari mourant, soit enfin à l'instigation de son frère, elle annonça l'intention de se renfermer dans un cloître. Quant à Boris, il déclara hautement qu'il voulait quitter les affaires et vivre dans la retraite, bien convaincu qu'on viendrait l'en arracher. A plusieurs reprises, les grands, les députés des provinces, et le clergé, le patriarche en tête, se jetèrent à ses pieds et le supplièrent avec larmes de régner sur la Russie. C'était à qui aurait l'honneur de le persuader, ou plutôt chacun sentait déjà la nécessité de

---

1. Livre des degrés de Latoukhine; Karamzine, X, 291.

prouver son dévouement, et selon un annaliste russe, « *ceux qui ne pouvaient pleurer se mouillaient les « yeux de leur salive* [1]. » Le peuple même, effrayé à propos par le bruit répandu d'une invasion tartare [2], joignit ses instances à celles des grands pour fléchir le favori du destin. Devant lui, les mères jetaient à terre leurs enfants à la mamelle sans écouter leurs cris. Une multitude innombrable entourait le couvent où Boris s'était retiré, et répondait à chacun de ses refus par un long hurlement de désespoir. « Par « pitié, disait Boris en pleurant, » car il avait aussi ses larmes de commande ; « par pitié, ne faites pas « de moi une victime du trône ! » Mais cette feinte résistance eut son terme. Il céda dès qu'il fut bien constaté qu'il était élu par le vœu de la nation. Au milieu de l'enthousiasme général, les princes Chouiski seuls avaient montré de la tiédeur, ou même quelque velléité d'opposition [3] ; Boris ne l'oublia jamais.

1. Karamzine, X, 314 ; note 218. — Margeret, p. 22.
2. Margeret, 23.
3. *Letopis o miatejakh*, p. 18.

## II.

Rien n'était changé en Russie que le nom du tsar. Pendant les premières années de son règne, Boris Godounof s'appliqua, comme il l'avait fait sous Fëdor, à étendre sur toutes les provinces de son empire la vigilance d'une administration éclairée sans doute, mais dominatrice. J'aurai bientôt occasion d'examiner le caractère de son gouvernement, mais avant d'exposer quelle était à la fin du xvi<sup>e</sup> siècle la situation intérieure de la Russie, il convient, je crois, d'indiquer en peu de mots ses rapports avec les peuples ses voisins, peu avant les événements qui font le sujet principal de mon récit.

Au midi les Tartares et les Turcs, à l'occident les Polonais, au nord les Suédois, tels étaient les peuples en relations avec les Moscovites, et qu'ils pouvaient nommer leurs ennemis naturels, car, à cette époque, la guerre était l'état normal et ordinaire entre voisins. On ne faisait pas de *paix*, mais seulement des *trèves*. Ce dernier mot suffit pour marquer toute la différence entre ce temps et le nôtre.

Depuis la vigoureuse répression de l'incursion du khan de Crimée, en 1591, la puissance des Tartares était sur son déclin. Maintenant encore on pouvait appréhender de leur part des courses et des pillages désastreux, mais non plus une invasion. Ils commençaient à être tenus en bride par les colonies militaires, ou, comme on les appelait alors, les *armées* des Cosaques établies sur la frontière méridionale. Trop souvent ces colonies usaient de représailles contre les infidèles, et c'était pour le tsar une préoccupation constante que de contenir des milices indisciplinées, accoutumées à vivre de pillage et à ne respecter aucune autorité[1]. Les envoyés russes auprès de la Porte Ottomane avaient d'ordinaire pour mission de désavouer les déprédations des Cosaques sur les rives de la mer Noire, d'arrêter par des menaces ou des promesses les velléités belliqueuses du khan, au besoin, de détourner ses irruptions sur les

---

1. Le roi de Pologne éprouvait le même embarras au sujet des Cosaques qui étaient ses sujets. *Cosacorum licentia eousque crevit ut ex libitu suo bellum inferant ac prœdas agant. Varnam, proximo anno (1605), nobile Turcarum emporium ab eis direptum esse, decem turcicas triremes mercibus onustas interceptas esse*, etc. Lubieński op. posth. 111.

provinces polonaises [1]. D'autres émissaires du tsar intriguaient à la cour de Perse et auprès des princes géorgiens, pour occuper le sultan et le distraire des projets de conquête qu'il pouvait entretenir.

Depuis des siècles, entre la Pologne et la Russie régnait la guerre, interrompue à peine par des trêves rares et mal observées. On se transmettait de génération en génération le souvenir de combats héroïques, de revers lamentables, de pillages continuels. C'était une lutte sans cesse renouvelée, et qui, longtemps encore, devait demeurer indécise. Au commencement du xviie siècle, un observateur peu attentif aurait pu facilement méconnaître les forces respectives des deux nations. La Pologne, par l'étendue de ses provinces, le développement relatif de sa civilisation et les habitudes belliqueuses de ses peuples, semblait avoir une supériorité décidée sur la Russie. Ses invasions étaient irrésistibles, ses victoires éclatantes, mais l'instabilité de son gouvernement, et surtout, il faut le dire, le caractère inconstant de la nation, lui faisaient perdre le fruit de ses exploits et rétablissaient

---

1. C'est ainsi qu'en 1589 Kassim Gheréï fut complimenté par Boris au nom de Fëdor pour les ravages qu'il venait d'exercer en Lithuanie. Karamzine, X, 144.

la balance entre les deux peuples au moment où on l'aurait pu croire à jamais détruite. D'un côté, ardeur irréfléchie, de l'autre indomptable patience. Ici, le désordre institué par les lois, enraciné par la coutume, perpétué par des mœurs guerrières; là, l'obéissance et le respect pour l'autorité devenus un devoir religieux. Les Polonais prenaient pour roi un étranger qu'ils adoptaient, pour ainsi dire; les Russes appelaient leur souverain *leur père*, et se glorifiaient d'être des fils soumis. Les deux peuples ont eu les mêmes ancêtres, mais les Polonais, en conservant leur indépendance nationale, avaient gardé la licence effrénée des anciens Slaves, tandis que les Russes, conquis par les Tartares, avaient profité des sévères leçons de l'adversité. Les hordes qui envahirent la Moscovie, avaient plié toute la nation sous un joug de fer, mais elles dédaignèrent d'exterminer ses chefs, qui leur parurent des instruments commodes pour leur empire. La servitude donna aux princes russes tous les instincts de l'esclave, la souplesse, la ruse, la patience qui ne se lasse point. Ils apprirent encore de leurs maîtres l'art de commander. Bientôt, ils chassèrent les barbares dont l'autorité tout entière passa entre leurs mains. Sous la domination musulmane, l'attachement des Russes à leur religion avait pris une force nouvelle; c'était le lien qui avait conservé leur nationalité, et qui devait encore la défendre parmi des épreuves non moins redoutables. Dans la république de Pologne, au contraire, il n'y avait ni unité de croyance, ni même unité nationale. Dans quelques-unes de ses provinces allemandes, la religion luthérienne commençait à prévaloir. Presque toute la Lithuanie et l'Ukraine professaient la religion grecque, qui, dans le reste de la république, avait encore de nombreux adhérents. Tout au contraire, chez les Moscovites, sauf quelques peuplades sauvages[1], tous avaient un même culte comme ils parlaient une même langue.

Au point de vue politique, la religion des Russes leur prêtait encore une force considérable, et l'on peut reconnaître, en effet, dans l'église grecque une partie des avantages temporels et pratiques que Montesquieu a signalés dans les institutions religieuses des Romains. Importée de Constantinople en Russie, elle y conservait le caractère de son origine, et se montra toujours soumise au pouvoir séculier. Dès l'introduction du christianisme, chaque prince

---

1. Comme les Tchérémisses et quelques tribus finnoises répandues çà et là au milieu de populations slaves.

russe sur les domaines duquel était une *éparchie*, possédait ou avait assumé le droit de nommer et de destituer son évêque. Le métropolitain lui-même, bien que présenté par le patriarche de Constantinople, pouvait être refusé, ou même remplacé, par le grand-duc de Kïef. Jamais on ne vit en Russie cet antagonisme de l'église et du trône qui désola si souvent l'Europe occidentale. Il n'en fut pas de même dans la Pologne catholique. Ses rois, dans leurs démêlés avec la Russie, étaient animés autant par la ferveur religieuse que par l'ambition d'augmenter leur empire. Souvent ils proclamèrent le projet d'extirper le schisme d'Orient, et, sacrifiant leurs intérêts politiques à leur zèle de conversion, ils obligèrent les chrétiens du rite grec à se jeter dans les bras de la Russie. C'est de la sorte qu'ils s'aliénèrent les Lithuaniens et les peuples guerriers de l'Ukraine.

Presque seul parmi les rois de Pologne, Étienne Batthori ne paraît pas avoir partagé ces idées enthousiastes et chevaleresques. Son but était grand aussi, mais uniquement politique. Le premier il conçut le projet de rallier tous les peuples slaves dans une ligue commune et sous un même chef. Après d'éclatantes victoires sur les Russes, après avoir arraché la Livonie à Ivan IV et l'avoir obligé à demander une paix honteuse, il faisait dire aux ambassadeurs moscovites : « Abandonnons de vaines « querelles; nous sommes tous Slaves; Polonais ou « Russes, ne sommes-nous pas frères? Qu'importent « quelques légères différences de culte? Pourquoi « n'aurions-nous pas le même drapeau, le même « chef? Que Dieu accorde une longue vie aux deux « souverains! mais ils sont mortels... Si le roi de « Pologne meurt le premier, que ses États soient « réunis à ceux du tsar; que Cracovie soit l'égale de « Moscou, Vilna de Novgorod. En revanche, en cas « de prédécès du tsar, engagez-vous à reconnaître « Étienne pour souverain de toute la Russie. »[1] Cette proposition singulière était présentée aux plénipotentiaires russes par un ambassadeur lithuanien, peu après la mort d'Ivan le Terrible, à une époque où Fëdor semblait pouvoir se promettre de plus longues années que Batthori, atteint déjà de la maladie à laquelle il devait succomber. Peut-être Batthori ne pensait-il pas à lui-même; son génie était vaste, et, bien qu'il n'appartînt pas à la race slave, il avait compris ses hautes destinées. L'alliance fut rejetée

1. Karamzine, X, 54 et suiv.

par les Russes qui soupçonnèrent un piége, ou qui pensèrent que les Polonais, par la supériorité de leur civilisation, domineraient dans la fusion des deux peuples.

Cependant, après la mort d'Étienne Batthori, son plan reparut, et cette fois produit par les Russes. Fëdor fut un des candidats au trône de Pologne, lors de l'élection de 1587, et selon toute apparence il aurait été désigné par la diète, si des préoccupations religieuses ne fussent intervenues, qui dominèrent la question politique. Blessé dans sa croyance et dans son orgueil national, Fëdor rompit brusquement les négociations [1]. Bien qu'avortées, ces tentatives prouvaient qu'en dépit de leurs vieilles querelles, les deux grands peuples slaves avaient conscience de leur commune origine. Entre eux il existait plutôt une rivalité qu'une haine nationale; mais ils étaient trop proches voisins, et, si l'on peut ainsi parler, trop proches parents, pour que toute révolution intérieure de l'un des deux peuples n'attirât pas l'intervention de l'autre.

1. Karamzine, X, 118 et suiv.—La Diète exigeait que Fëdor prît le titre de roi de Pologne avant celui de tsar de Russie; de plus, qu'il demandât la bénédiction du pape, et qu'il *donnât l'espérance* de travailler à la réunion des deux Églises.— Voir aussi le Journal de la Diète de 1587.

C'était déjà un grand succès pour Boris que d'avoir été reconnu sans contestation par le prince qui régnait alors en Pologne. Sigismond III, qui succéda à Batthori, avait été élu en 1587. Il était fils de Jean III, roi de Suède, et de Catherine Jagellon. En 1591, il hérita de la couronne de Suède. Bien que petit-fils de Gustave Wasa, qui introduisit dans ce pays la réforme de Luther, Sigismond tenait de sa mère un zèle ardent pour la religion catholique. Un historien polonais en cite cette preuve, qu'à son avénement au trône, son conseil était presque entièrement composé d'hérétiques, et qu'à sa mort il n'y en restait plus que deux seulement [1]. Alarmés de sa ferveur convertissante, les Suédois, ses nouveaux sujets, excités d'ailleurs par Charles, duc de Sudermanie, son oncle, lui imputèrent des projets menaçants pour leur croyance. Sigismond, fier de sa double couronne, et fort de la cause qu'il défendait, ne ménagea pas les susceptibilités des Suédois, dont bientôt le mécontentement éclata en révolte ouverte. Il essaya de les réduire, mais la diète polonaise refusa assez durement de se mêler d'une querelle qui n'intéressait que son roi. Battu par le duc de Sudermanie, chef des rebelles, en 1598, il fut contraint

---

1. Stan. Kobierzycki, *Historia Vladislai*, p. 4.

de signer à Stonegebro une capitulation honteuse. L'année suivante, les États de Suède prononcèrent sa déchéance, offrant la couronne à son fils Vladislas, à la condition que le jeune prince serait élevé à Stockholm et dans la religion luthérienne. Sigismond résista avec opiniâtreté à tout accommodement, et à l'aide de quelques secours qu'il obtint de la Pologne, il s'obstina à continuer la guerre [1].

La défaite de Sigismond en Suède coïncida avec l'extinction de la dynastie Varègue en Russie, et, bien que le prince polonais fût ambitieux, et qu'il crût avoir hérité du génie de Batthori pour la guerre en même temps que de sa couronne, il ne se sentit pas en mesure de troubler l'élection de Boris. Ce dernier profita avec habileté des fautes ou des malheurs de son voisin. Dans ses relations avec la Pologne il prit un ton plus fier, et d'abord refusa de reconnaître les droits de Sigismond au trône de Suède, mais en même temps il repoussa avec hauteur les avances du duc de Sudermanie, qui venait

---

1. « Prince constant, généreux, libéral, et surtout pieux, « dévot, et si affectionné à la religion catholique qu'il en per- « dit la couronne de Suède ; ce qui fit dire à l'Empereur son « beau-frère (Ferdinand II) qu'il avait perdu la terre pour « avoir le ciel. » Le Laboureur, *Relation du voyage de la Royne de Pologne*, 2º part., 198.

d'être nommé régent par les États. Fidèle à sa politique de temporisation, il évitait de rompre ouvertement avec les deux princes rivaux, mais il suivait avec joie les progrès d'une lutte qui les épuisait l'un et l'autre. Une trêve de quinze ans avait été jurée entre la Pologne et la Russie; elle n'empêcha pas Boris de reprendre ses prétentions sur la Livonie, que le sabre de Batthori avait récemment arrachée à Ivan. Des émissaires russes inondaient cette province, en attendant que l'occasion se présentât de la reconquérir à main armée. Le tsar prodiguait l'or pour s'y faire des partisans; il accordait des priviléges aux marchands livoniens; il accueillait avec faveur les exilés; en un mot, il ne négligeait rien pour accroître son autorité et se présenter comme un arbitre irrécusable entre les puissances du Nord.

Parmi les moyens qu'il employa pour atteindre ce but, il en est un qui, à mon avis, eut une influence fatale sur le sort de la Russie, mais dont il était impossible alors de prévoir les conséquences.

Outre les deux princes qui se disputaient la couronne de Suède, Sigismond et Charles, duc de Sudermanie, il y en avait un troisième, qui avait aussi des prétentions à faire valoir, plus légitimes peut-être que les deux premiers : c'était Gustave Éricsen, fils de Éric XIV, roi de Suède, et de Catherine Mansdotter, femme d'une basse naissance, mais qui pourtant avait été reconnue pour reine par la nation. Il avait un an à peine, lorsque son père, atteint d'une démence furieuse, fut déposé et enfermé dans une forteresse, où il mourut en 1577, empoisonné publiquement, et en quelque sorte avec l'autorisation solennelle des États [1]. Cependant la couronne fut remise au frère d'Éric, Jean III, le chef principal des rebelles, qui à sa mort la transmit à son fils Sigismond, déjà roi de Pologne. Gustave partagea quelque temps la captivité de son père, après avoir été déclaré indigne du trône *à cause de son origine ignoble*. Échappé à la prison et probablement à la mort que lui préparait son oncle, l'usurpateur Jean III, il mena longtemps une vie errante, promenant sa misère de pays en pays, excitant partout la curiosité, plutôt que la pitié des princes du Nord, par ses infortunes et son savoir, qui passait alors pour extraordinaire [2]. Il parlait, dit-on, avec facilité toutes les langues de

---

1. Messenius *Scandia illustrata*, VII, 10, 93 et suiv. — Geyer, *Hist. de Suède*, chap. XI.

2 Il étudia chez les jésuites, à Braunberg, à Thorn et à Vilna, passant les journées dans leurs écoles, et les nuits dans une auberge, où il gagnait sa vie à panser les chevaux. Le journal Ms. d'Eric XIV, que possède aujourd'hui la bibliothè-

l'Europe, et on le tenait pour un grand alchimiste. Tout jeune encore, on l'avait surnommé le *nouveau Paracelse*. Comme la plupart des adeptes des sciences occultes, il était réduit à mendier son pain auprès des rois et des grands seigneurs qu'il amusait de ses expériences, n'ayant d'ailleurs d'autre ambition que de s'illustrer par des découvertes scientifiques, et plus fier de sa renommée d'alchimiste que de son origine royale. Un agent de Boris le découvrit à Thorn en 1599, d'où il le conduisit à Moscou avec de grands honneurs. On lui fit des présents magnifiques, on lui assigna un état de maison considérable; bref, il fut traité en prince et en prince légitime. S'il faut en croire quelques historiens, Boris lui offrit même la main de sa fille Xénia, s'il consentait à entrer dans la communion grecque[1]. Mais il est peu vraisemblable que, voulant en faire un prétendant au trône de Suède, il lui créât un obstacle formidable par un changement de religion. Au reste, le tsar ne tarda pas à reconnaître à quel

que d'Upsal, et qui a appartenu à Gustave, fut, dit-on, laissé par ce dernier en gage à Vilna, chez un aubergiste qu'il ne pouvait payer autrement. En 1596, Sigismond lui fit une pension médiocre, et de plus assez inexactement soldée. Cfr. Messenius, *loc. cit.*, et Geyer.

1. Baer, p. 13 et suiv.

homme il avait affaire. Gustave se souciait peu d'une couronne, il était attaché à sa religion, plus encore peut-être à une maîtresse qu'il avait amenée en Russie. Cultiver les sciences en repos était son seul bonheur, son unique ambition. Les auteurs contemporains le représentent comme un homme bizarre, moitié fou, moitié philosophe, quelque chose comme le Jacques de Shakspeare. Il était impossible de le tirer de son apathie et d'en faire un prétendant. Bientôt Boris s'en dégoûta, et l'ayant relégué à Ouglitch, il cessa de s'en occuper.

J'ai cité cette anecdote, non-seulement parce qu'elle montre l'ambition de Boris toujours active, bien que timide, mais encore parce que le séjour de Gustave en Russie dut frapper les imaginations et les préparer aux aventures romanesques de princes persécutés par des tyrans et miraculeusement sauvés par la Providence. Je ne sais si le nom du roi Sébastien de Portugal était alors connu en Russie, mais à la fin du xvi° siècle il y en avait en Europe plusieurs imposteurs qui prétendaient être ce prince échappé au désastre d'Alcazar-Kebir[1]. Gustave était un prince

---

1. La bataille d'Alcazar-Kébir où disparut don Sébastien, fut livrée en 1578. En 1595, il y avait à Paris un faux don Sébastien, qui probablement recevait des secours de la France et faisait quelques dupes. *Mémoires de Sully*, III, 1752 (in-12).

bien légitime, et son histoire l'emportait, pour le merveilleux, sur celle des faux don Sébastien. Il parlait le russe avec facilité, et se plaisait au récit des dangers qui avaient environné son enfance. Il contait qu'on l'avait enlevé de son berceau pour le mettre dans un sac et le noyer par l'ordre de l'usurpateur; qu'après la mort de son père Éric, des assassins, payés par son persécuteur, avaient à plusieurs reprises essayé de le faire périr. En vain l'on avait employé contre lui le fer et le poison. Dieu, disait-il, l'avait vingt fois arraché à une mort inévitable en apparence. Il racontait ses cruelles épreuves, les fortunes abjectes qui avaient été son partage, les travaux grossiers auxquels il s'était soumis pour gagner son pain et s'instruire dans les sciences. Tous ces récits, commentés et embellis en passant de bouche en bouche, parvinrent sans doute enfin à un homme dont l'audace et l'ambition n'attendaient qu'une forme pour se manifester. Le merveilleux est de tous les temps, mais chaque époque a son goût particulier : en le flattant à propos on frappe et l'on gagne la multitude. Un prince passait alors pour un être privilégié dont la destinée était régie par d'autres lois que le reste des mortels.

## III.

Les révolutions, comme les maladies, s'annoncent par un malaise vague dont on ne comprend rarement l'importance que lorsqu'on en a vu les suites. Jamais le gouvernement de Boris n'avait rencontré moins d'obstacles ; jamais l'autorité d'un tsar ne sembla plus sûrement affermie. En paix au dehors, spectateur tranquille des luttes de ses voisins, il s'appliquait à civiliser son peuple, à faire fleurir le commerce, à établir dans toutes ses provinces une police exacte. Chacun de ses actes était reçu avec soumission, exécuté avec empressement, et néanmoins une inquiétude secrète agitait tous les esprits. Le tsar ne pouvait se dissimuler l'aversion qu'il inspirait aux Russes : nobles ou serfs le détestaient également. Il voyait toutes ses intentions, tous ses décrets travestis en attentats contre les lois du pays. A cette époque d'ignorance, les Russes, même d'une classe élevée avaient pour les étrangers une espèce d'horreur superstitieuse. Ils ne faisaient aucune différence entre un étranger et un infidèle, appliquant le même nom de *païen*[1] au Tchérémisse idolâtre, au Tartare musulman, à l'Allemand luthérien ou catholique. L'amour de la patrie, ou, plus exactement, du sol natal, se confondait pour eux avec leur attachement à la religion nationale. Ils disaient *le peuple orthodoxe*, la *sainte Russie*. Ailleurs que sur cette terre privilégiée on ne pouvait, croyaient-ils, faire son salut. Les premiers troubles de la Réforme en Allemagne avaient attiré en Russie un grand nombre d'aventuriers pauvres et cherchant à tirer parti de leurs connaissances. Le peuple s'apercevait bien de la supériorité de ces étrangers dans les arts et l'industrie[2], mais ne les en détestait que davantage. Corrompre la foi nationale et s'approprier les richesses du pays, tels étaient les reproches continuels que le vulgaire adressait aux Allemands. Boris les flattait et les attirait dans ses États, sentant qu'il avait besoin d'eux pour guider ses sujets vers une

---

1. *Bousourman* et *Poganoï*. — *Korol Poganoï*, le roi païen, c'est ainsi que les Russes désignèrent longtemps le roi de Pologne.

2. De là cette expression populaire : *Niemetskaïa rabota*, travail allemand, pour tout ouvrage précieux.

civilisation nouvelle. Les priviléges et les facilités pour le commerce qu'il accordait aux marchands livoniens et allemands [1] servirent de prétexte à la plus terrible accusation qui puisse être portée contre un souverain, celle de trahir son pays et sa religion. Il envoya dix-huit jeunes gentilshommes étudier en Allemagne, en France et en Angleterre; leurs familles les pleurèrent comme des victimes dévouées [2]. En deçà, au delà de la frontière, tout contact avec l'étranger semblait une souillure.

Des mesures fiscales, qui accompagnaient les tentatives de réforme, les rendaient encore plus odieuses. L'ivrognerie, ce vice endémique des climats rigoureux, avait été souvent combattue, et toujours sans succès, par les instructions du clergé et les décrets des tsars. Boris voulut renchérir sur les règlements de ses prédécesseurs; mais il manqua le but, en attribuant à son gouvernement le monopole de l'eau-de-vie. On continua de s'enivrer, mais ce fut désormais dans des cabarets privilégiés. Il poursuivait la contrebande à outrance, et disait publiquement « qu'il pouvait pardonner à un voleur de grands

---

1. Baer, p. 13.
2. Petreïus, p. 272. — Karamzine, XI, p. 114.

chemins, mais jamais à un cabaretier fraudeur [1]. »
Cependant leur nombre était considérable, et quelques seigneurs n'avaient pas honte de favoriser le honteux trafic des liqueurs fortes. S'ils voyaient avec dépit tarir cette source de leurs revenus, le bas peuple maudissait le prince qui prétendait restreindre ou même lui interdire une jouissance chérie.

Je ne dois point oublier un grief bien plus considérable des Moscovites contre leur souverain. Avant le règne de Fëdor, le paysan russe ne pouvait posséder un immeuble, mais il était maître de sa personne, et lorsqu'il se mettait au service d'un gentilhomme ou d'un marchand, il ne s'engageait que pour un temps limité, libre à certaines époques fixes de rompre ce contrat et de chercher un nouveau maître. Fëdor, ou plutôt Boris, sous son nom, avait attaché les paysans à la glèbe, en leur ôtant le droit de changer de domicile. Cette grande mesure, qui d'abord passa presque inaperçue, date de 1593, et n'est aujourd'hui qu'assez imparfaitement connue dans ses détails. Il semble qu'on n'en prévît guère les conséquences, et qu'alors on ne songeât qu'à

---

1. Baer, p. 12. — Karamzine, XI, p. 112.

arrêter l'émigration générale vers les fertiles provinces du sud, qui menaçait de dépeupler celles du nord. Il fallait, d'ailleurs, dit-on, mettre un frein au goût du paysan russe pour la vie nomade, afin de donner aux villages une population fixe, intéressée à cultiver un territoire qu'elle ne pourrait plus quitter selon son caprice. L'événement trompa ces calculs. Au mépris de la loi nouvelle, quantité de paysans s'enfuirent pour échapper au servage, et trouvèrent facilement un asile auprès de gentilshommes propriétaires qui manquaient de bras pour cultiver leurs domaines.

En 1597, Boris, par un nouvel édit, prescrivit les recherches les plus rigoureuses contre les serfs fugitifs. De là une inquisition insupportable, aussi odieuse aux gentilshommes qu'aux paysans eux-mêmes. Les uns se plaignaient qu'on leur ôtât les moyens de cultiver leurs terres; les autres regrettaient la liberté ou la licence d'autrefois. D'ailleurs, personne n'était à l'abri des réclamations et des poursuites; il en résultait des fraudes et des violences, suivies bientôt de l'intervention du gouvernement, toujours suspect de partialité dans l'examen des titres des propriétaires. Le mécontentement en vint à ce point qu'en 1601, Boris fut contraint de modifier l'édit précédent. Il permit aux paysans des nobles d'un rang inférieur de changer de maîtres, mais avec quelques restrictions, à des époques déterminées, en petit nombre, c'est-à-dire deux serfs seulement à la fois, par propriétaire, le jour de Saint-George[1].

Quant aux serfs de la couronne, du clergé, des boyards et de la haute noblesse, l'effet des édits de 1593 et 1597 fut maintenu dans sa rigueur, et vraisemblablement leur exécution fut marquée par des injustices criantes. La petite noblesse se vit humiliée; les boyards et les grands propriétaires se sentirent lésés dans leurs intérêts, ne pouvant plus, même avec de l'argent, trouver autant de laboureurs qu'ils en avaient autrefois. Enfin l'instabilité de la législation sur un point qui intéressait toutes les fortunes, causait une appréhension générale, et l'on s'attendait chaque jour à de nouvelles entreprises contre les usages nationaux, qu'un ordre du tsar pouvait changer en abus criminels[2].

Bien qu'il ne se fît pas illusion sur les sentiments des Russes à son égard, Boris n'appréhendait pas

---

1. *Iourii den*. Le privilége de la Saint-George est encore célèbre dans les traditions populaires. Voir la note *B*.

2. *Rousskaïa istoriia*, II, p. 94. — Karamzine, X, p. 280; XI, p. 110.

un soulèvement populaire. La punition si rigoureuse des habitants d'Ouglitch avait laissé dans tous les esprits un souvenir durable, mais, depuis qu'il avait donné lui-même l'exemple d'un particulier ceignant la couronne de Monomaque, il croyait voir dans tous les boyards des prétendants à l'empire. Sa méfiance était extrême, et il n'essayait plus de la dissimuler. Ivan III avait porté un coup terrible à l'antique noblesse : afin de détruire le prestige de la naissance aux yeux des peuples et de réduire le pouvoir des seigneurs féodaux, parmi lesquels plusieurs pouvaient avec raison se prétendre comme lui issus du sang de Rurik, il avait inventé une nouvelle noblesse personnelle qui primait la noblesse héréditaire. C'est dans cette vue qu'il institua des charges de cour, et qu'il établit des grades parmi les gentilshommes de tout l'empire. Le grade attaché à un certain office s'appela *tchin*, mot d'origine chinoise, dit-on, la langue slave ne fournissant aucun terme qui pût exprimer cette nouvelle manière de distinguer les hommes d'après la faveur du souverain. Ivan eut soin de placer quelques parvenus dans les rangs les plus élevés, et de changer à plaisir les préséances autorisées par l'usage, espérant que le peuple s'habituerait à n'accorder son respect qu'aux hommes de son choix. Mais il faut un long temps pour effacer d'antiques préjugés. Boris, les trouvant encore pleins de force, s'appliquait à éteindre les grandes familles dont les noms demeuraient entourés d'une illustration populaire. Désormais pas un seigneur de vieille race ne put se marier sans l'expresse permission du tsar, et cette permission ne s'accordait pas facilement. Boris la refusa opiniâtrement aux princes Chouiski, au prince Mstislavski et à quelques autres boyards de noblesse antique et chéris du peuple. Il voulait que les seigneurs suspects par leur naissance ou par leurs richesses fussent assidus et empressés autour de sa personne, et à proportion que sa méfiance augmentait, il exigeait de plus grandes marques de dévouement, c'est-à-dire de plus éclatants aveux de servitude. S'éloigner de la cour sans ordre, était considéré comme un fait de rébellion, et toute assemblée de gentilshommes, fût-ce pour une chasse ou un banquet, passait pour un complot. Une police secrète dirigée par Semen Godounof, un des parents du tsar, pénétrait dans les réunions de l'intimité et dénonçait tout symptôme de désaffection. Chaque jour il fallait exagérer l'expression de son amour pour le souverain, renchérir sur la bassesse de ses égaux. Boris prétendit accoutumer la nation russe à le vénérer comme l'image d'un dieu sur la terre, et lui-même il composa une formule de prière qui devait être récitée dans chaque famille aux heures des repas : « Pour le salut du corps et de l'âme de « l'unique monarque chrétien de l'univers, que tous « les autres souverains servent en esclaves; dont « l'esprit est un abîme de sagesse, et le cœur rempli « d'amour et de longanimité[1]. » En omettant ces vœux ridicules, on se fût exposé à de graves dangers, à des châtiments terribles.

Au reste, bien que personne ne manquât à réciter ces prières hypocrites, Boris n'en était pas moins détesté; c'était toujours avec le même empressement qu'on accueillait les calomnies les plus absurdes contre son administration, et tout semblait probable du moment qu'on accusait le tsar. Boris, renonçant à se servir de l'apathique Gustave, avait voulu donner la main de sa fille Xénia au duc Jean de Danemark. C'était encore se préparer un moyen d'action contre la Suède que de s'allier au fils d'un souverain ennemi naturel de ce royaume. D'abord ce fut un cri de réprobation poussé par tous les dévots.

---

1. V. dans Karamzine, XI, p. 122, cette prière qui est fort longue et tout entière dans ce style emphatique.

Le duc Jean était luthérien! Son beau-frère futur était donc hérétique. — Néanmoins la bonne mine du prince, ses flatteries adroites adressées à la vanité nationale, séduisirent les plus prévenus, et le duc Jean était devenu populaire, lorsqu'à la suite d'un grand festin, où il avait bu largement, suivant l'usage du Nord, il tomba dangereusement malade, et mourut presque subitement peu de jours avant la célébration du mariage. On dit aussitôt que le tsar l'avait empoisonné; et comme preuve, on alléguait que, contrairement à l'usage de son pays, le duc n'avait pas été embaumé, et qu'un ordre du tsar avait empêché les médecins de faire l'autopsie du cadavre[1]. En réalité, Boris obéissait à un scrupule religieux qui voit une opposition aux volontés de la Providence dans la conservation prolongée par l'art de notre dépouille mortelle. Ainsi tournait contre lui, grâce à l'ingénieuse malice du peuple, et ses efforts pour policer ses sujets et sa faiblesse à respecter leurs préjugés. Et cependant quel intérêt pouvait avoir Boris à la mort d'un prince que lui-même avait choisi pour gendre et qu'il voulait associer à ses plans politiques? — Il était jaloux, répondait-on, de

---

1. Margeret, p. 109. — *Annales de Nikon.* — Karamzine, XI, p. 65.

l'affection que les Russes portaient à Jean de Danemark ; il craignait qu'ils ne le prissent pour leur libérateur. C'était un libérateur, en effet, que cherchait de toutes parts la nation partagée entre la haine et la terreur que lui inspirait son maître. Nul espoir, d'ailleurs, d'un changement prochain par une cause naturelle ; Boris avait cinquante ans à peine, et son fils Fëdor, jeune homme d'un esprit vif et intelligent[1], semblait destiné à continuer son gouvernement. Boris l'instruisait lui-même ; il voulait qu'il assistât aux séances de son conseil, et prenait plaisir à l'initier aux secrets de sa politique. Bien que Fëdor fût d'un caractère doux et bon, personne ne doutait qu'il ne devînt un jour un despote aussi absolu que Boris. Admirateur enthousiaste de son père, par piété filiale, il se serait fait un scrupule de ne pas l'imiter en tout.

Un grand fléau qui vint désoler la Russie porta l'exaspération à son comble : pendant trois années consécutives, de 1601 à 1603, la famine et la peste,

---

[1]. Fëdor était, dit-on, fort instruit. Il dessinait assez bien, et l'on a de lui une carte manuscrite de la Russie, une des premières assurément qui aient été tracées, et remarquable pour le temps où elle fut faite. M. Oustrialof en a donné un *fac simile* dans le tome V des *Skazaniia o Dimitrii samozvantsé.*

sa compagne ordinaire, firent d'effroyables ravages. Malgré tous ses efforts pour soulager les peuples décimés par l'épidémie, Boris, comme toujours, fut rendu responsable du malheur public. Trop souvent il arrive qu'en de tels accidents les précautions et les remèdes contre le fléau sont mal combinés et se ressentent de la précipitation et de la terreur même qui domine tous les esprits. C'est ce qu'on vit alors. Le tsar, préoccupé surtout du salut de sa capitale, faisait distribuer des vivres et de l'argent aux habitants de Moscou. Aussitôt, de toutes les provinces s'y précipita une multitude affamée, et le mal redoubla. S'il faut ajouter foi aux annalistes russes 120,000 personnes moururent à Moscou[1]. Plusieurs contemporains, témoins oculaires, rapportent des scènes d'anthropophagie épouvantables[2]. Enfin le fléau cessa vers l'été de 1603, et il fallut bien reconnaître que le tsar avait fait tout ce qui était humainement possible, et qu'il n'avait épargné ni sa personne ni ses trésors pour soulager la misère de ses sujets. On avoua

---

1. Palitsyne, p. 10, 11. — Karamzine porte le nombre des morts à 500,000 (XI, p. 145), d'après Baer (p. 39), exagération qu'il est inutile de réfuter.

2. Baer, p. 38. — Margeret, p. 105.

même que, sans lui, le désastre eût été encore plus affreux, mais dans cette grande calamité on voulut voir un présage menaçant. Le ciel annonçait ainsi, disait-on, la perte d'un prince qu'il n'avait élevé si haut que pour rendre sa chute plus éclatante[1].

1. Baer, p. 43.

## IV.

Tout d'un coup, une nouvelle surprenante, apportée des frontières de la Lithuanie, se répandit avec une incroyable rapidité dans toutes les provinces de l'empire. Le tsarévitch Démétrius, qu'on avait cru mort, assassiné à Ouglitch, était vivant en Pologne. Accueilli par un palatin, il s'était fait connaître aux principaux seigneurs de la république, et se disposait à revendiquer son trône héréditaire. On racontait qu'il avait erré quelque temps en Russie, caché sous le froc d'un moine. L'archimandrite du couvent du Sauveur à Novgorod-Severski l'avait logé sans le connaître. Le prince l'avait quitté pour se diriger vers Kïef, laissant dans sa cellule un billet où il déclarait qu'il était Démétrius, fils d'Ivan le Terrible, et qu'un jour il reconnaîtrait l'hospitalité de l'archimandrite[1]. D'un autre côté, on rapportait que des gens dignes de foi avaient vu le tsarévitch parmi les Cosaques Zapo-

---

1. Karamzine, XI, p. 164.

rogues, prenant part à leurs expéditions militaires et se faisant remarquer par son courage et son adresse dans tous les exercices guerriers. On nommait l'ataman sous les ordres duquel il s'était enrôlé [1]. D'autres prétendaient avoir vu le même personnage et dans le même temps, à Huszcza, petite ville de Volhynie, où il étudiait le latin [2]. Les récits étaient contradictoires, mais on s'accordait sur un point, c'est que Démétrius était vivant, et qu'il allait demander compte à l'usurpateur de tous ses forfaits.

Vers le milieu de l'année 1603, à Brahin en Lithuanie, un jeune homme attaché depuis quelque temps au service du prince Adam Wiszniowiecki, en qualité d'écuyer ou de valet de chambre, lui déclara qu'il était le tsarévitch Démétrius. Il raconta qu'un médecin [3], nommé Simon, valaque ou allemand, ayant pénétré les desseins sinistres de Boris, ou plu-

---

1. Cet ataman est nommé Gheras Evanghel, dans une lettre du patriarche Job. Karamzine, XI, p. 164.

2. Niemcewicz, d'après une relation manuscrite d'un gentilhomme de Samogitie nommé Towianski. — Voy. *Vie de Sigismond III*, VI, p. 238.

3. Grevenbrouch, *Tragœdia Moschovitica*, p. 9-11, fait de cet homme le gouverneur du prince ou son maître d'hôtel, *aulæ magister*. Il rapporte que Démétrius avait servi en qualité de cuisinier chez un Polonais nommé Golski.

tôt ayant reçu de sa part des offres considérables pour attenter à la vie de l'héritier présomptif, avait feint d'y consentir afin de mieux déjouer les projets du tyran. La nuit fixée pour l'assassinat, ce serviteur fidèle avait placé dans le lit du tsarévitch l'enfant d'un serf, de même âge à peu près, lequel avait été égorgé. Convaincu que Fëdor était irrévocablement fasciné par Boris, et qu'il serait impossible d'en obtenir justice, le médecin s'était enfui d'Ouglitch avec le jeune Démétrius; puis il l'avait confié à un gentilhomme dévoué qui, pour le dérober plus facilement à la haine de Boris, l'avait fait entrer dans un couvent. Le médecin était mort, ainsi que le gentilhomme qui avait recueilli le prince. A défaut de ces deux témoins, l'inconnu produisait un sceau russe, portant les armes et le nom du tsarévitch, et une croix d'or ornée de pierres précieuses d'une valeur considérable. C'était, disait-il, le présent que, selon l'usage russe, il avait reçu de son parrain, le prince Ivan Mstislavski, le jour de son baptême[1].

---

1. *Gos. Gramoty*, Lettre de Démétrius aux voiévodes de Sibérie, II, p. 201.—*Id.*, interrogatoire de Mniczek, II, p. 294.— Peyerle, p. 3 —Baer, p. 35.—Karamzine, XI, p. 169.—Selon une relation manuscrite citée par Niemcewicz (*Vie de Sigismond*, VI, p. 238) et attribuée à un gentilhomme de Samogitie nommé

Le jeune homme qui se prétendait fils d'Ivan, paraissait âgé de vingt à vingt-deux ans. Si Démétrius

Towianski, « Démétrius prévenu par le médecin et caché par ses soins derrière un poêle, avait vu les assassins poignarder l'esclave qu'on avait fait coucher dans son lit. Enlevé d'Ouglitch, Démétrius fut d'abord conduit en *Ukraine*, chez le prince Ivan Mstislavski. Ses protecteurs étant morts, le tsarévitch, suivant leurs derniers conseils, se décida à se rendre en Lithuanie, mais auparavant, en compagnie de quelques moines vagabonds, il s'en vint à Moscou, d'où il partit pour aller à Vologda. C'est de cette ville qu'il venait lorsqu'il entra au service de Wisniowiecki. » Tous ces détails sont assez intéressants, car ils sont donnés par un contemporain qui peut-être les avait appris de la bouche même de l'homme qui se faisait passer pour Démétrius. Ils ne diffèrent pas essentiellement de la version de Peyerle, qui la tenait des affidés du prétendu tsarévitch. Au reste, la fable est grossière ; et j'ai quelque peine à croire que l'imposteur soit entré dans des détails qui pouvaient être compromettants. En effet, comment le prince Ivan Mstislavski, parrain de Démétrius, se trouvait-il en Ukraine, province polonaise, en 1603 ? Comment le tsarévitch, pour aller d'Ukraine en Lithuanie, passait-il par Moscou et Vologda ? — Il faut remarquer que le faux Démétrius n'avait pas connaissance de l'enquête d'Ouglitch, dont il aurait pu tirer quelque parti. Il semble d'ailleurs qu'elle ait été tenue fort secrète à cette époque, car ni Baer ni Petreïus n'en ont eu connaissance. Ce dernier (qui croit que l'imposteur était un moine défroqué) raconte que l'assassinat du tsarévitch avait eu lieu la nuit. « In einer Nacht legten Sie Feuer in der Stadt an, etc. » *Musk. chronica*, II, p. 267. C'était aussi la version officielle des partisans du faux Démétrius, la nuit seule rendant possible la substitution d'enfant. Or, il est démontré par de nombreux témoignages et par

eût vécu il aurait eu vingt-deux ans en 1603[1]. Il était petit de taille, mais large d'épaules, et tout en lui annonçait la vigueur et l'agilité. Ses cheveux étaient d'un blond ardent et tirant sur le roux[2], ses yeux d'un bleu pâle, et cependant il avait le teint très-basané, comme beaucoup d'hommes originaires des pays froids. On savait que Marie Fëdorovna, la mère de Démétrius, était fort brune, et qu'Ivan le Terrible était d'une stature au-dessous de la moyenne. Ceux qui se rappelaient le tsar Ivan trouvaient dans le visage de l'inconnu une ressemblance de famille; cependant le tsar était beau, et les traits de son fils prétendu ne prévenaient guère en sa faveur. Le visage large, les pommettes saillantes, le nez gros,

une foule de circonstances accessoires que Démétrius mourut, ou fut assassiné en plein jour. Ainsi, c'était à l'heure du dîner; la tsarine revenait de la messe; Michel Nagoï sortait de table; l'enfant jouait dans l'enclos du palais, etc.

1. Pour tous ces détails j'adopte le témoignage des contemporains; et parmi ces derniers je préfère ceux qui l'ont connu personnellement. Petreïus, qui ne l'avait probablement jamais vu, dit seul qu'il paraissait âgé de plus de trente ans. — *Der ander allzeit ober 30 Jahr alt ist.* ( *Muss. chronika*, p. 370. ) La couleur de son teint a été contestée, mais je regarde comme décisif le témoignage de Margeret, capitaine de ses gardes, qui le dit, p. 141, « *brun de complexion.* »

2. Cilli, p. 14.

les lèvres épaisses, peu ou point de barbe, c'est ainsi que le représentent plusieurs contemporains qui l'ont souvent approché, description qui se rapporte assez bien au portrait que l'on conserve dans l'Académie de Pétersbourg, et à une gravure publiée en Pologne en 1606[1]. On y retrouve comme l'exagération du type slave, allié à une expression de fermeté et d'énergie remarquable. L'inconnu montrait encore deux verrues qu'il avait, l'une au front, l'autre sous l'œil droit. Il avait un bras un peu plus long que l'autre. Tous ces signes, apparemment, étaient bien connus pour avoir été remarqués sur l'enfant mort à Ouglitch[2].

Les auteurs contemporains racontent fort diversement la comédie dont le prince Adam Wiszniowiecki

---

[1]. Il existe un exemplaire de cette gravure fort rare, dans la Bibliothèque polonaise à Paris. J'en dois la communication à l'obligeance de M. Sinkiewicz, le savant conservateur de cette collection.

[2]. *Gos. Gramoty*, interrogatoire de Mniszek, XI, p 294. — Margeret, p. 141. Je ne sais s'il existait un portrait du véritable Démétrius; mais ce que l'on connaît des peintures russes de cette époque, ne permet pas de supposer qu'on pût tirer d'un portrait des conclusions certaines; d'ailleurs, comment constater la ressemblance d'un jeune homme de vingt-deux ans avec un enfant de dix? — Dans le procès-verbal de l'enquête tenue à Ouglitch, on ne trouve pas le moindre renseignement sur les

fut la première dupe. Selon les uns, l'étranger, que j'appellerai dorénavant Démétrius, faute de pouvoir lui donner un autre nom, feignit de tomber gravement malade, demanda un confesseur, et lui révéla qu'au chevet de son lit était un rouleau de papiers qui feraient connaître sa naissance. Il ajouta qu'on eût à l'enterrer avec les honneurs dus à un fils de roi. Le confesseur, qui était un jésuite, au dire de quelques historiens russes, suivant d'autres un prêtre de l'église grecque, s'empresssa de porter ce secret au prince Wiszniowiecki. Telle est la version accréditée par Karamzine, et empruntée à des annalistes déjà éloignés de l'événement[1]. Le récit suivant, transmis par un contemporain et par un homme qui a connu personnellement Démétrius et les Polonais ses alliés, sans mériter peut-être beaucoup plus de confiance,

signes caractéristiques du tsarévitch ; mais puisque le faux Démétrius en faisait parade, il me semble évident qu'ils devaient être bien connus, et je ne serais pas éloigné de croire qu'ils l'étaient par quelque portrait exposé en public. Quant à l'usage de faire les portraits des personnages célèbres il est attesté par plusieurs exemples. On conserve encore le portrait du prince Michel Skopine Chouiski, mort en 1610. M. Moltchanof en a publié une lithographie dans le *Ms. de Zolkiewski.*

1. Karamzine XI, p. 168, d'après Nikon, p. 58. — Devine qui pourra quels étaient ces papiers dont il n'est plus question dans la suite.

se recommande par les couleurs d'une tradition populaire qu'il est impossible de négliger.

« Un jour, à Brahin, le prince Adam Wiszniowiecki étant au bain, un jeune valet de chambre, depuis quelque temps à son service, oublia de lui apporter quelque chose qu'on lui demandait. Irrité de ce manque d'attention, le prince lui donna un soufflet et l'appela fils de... Le jeune homme tout ému s'écria, les larmes aux yeux : « Ah ! prince Adam, si tu savais qui te sert, tu ne me traiterais pas de la sorte. Mais quoi ! il me faut tout endurer, puisque moi-même j'ai pris le rôle de serviteur. — Et qui donc es-tu ? demanda Wisznioswecki, et d'où viens-tu ? — Je suis le tsarévitch Démétrius, fils d'Ivan Vassilievitch. » Puis il récita l'histoire de son évasion miraculeuse, et montra sa croix de baptême enrichie de diamants. Le prince, confondu, crut tout ce que lui disait ce jeune homme modeste et de bonne mine. Il commença par lui demander pardon du soufflet et de l'épithète injurieuse qu'il lui avait adressée, puis il le pria de demeurer dans la salle de bain et de l'y attendre. Aussitôt il court trouver sa femme et lui ordonne de préparer un repas magnifique, car le soir même il aura pour hôte le tsar de Moscovie. Pendant que la princesse s'étonne de ce voyage si soudain du tsar de

Russie, son mari commande de harnacher six de ses plus beaux chevaux de selle, gris-pommelés. Il veut que chacun soit conduit par un palefrenier habillé aussi magnifiquement que possible. On attelle encore un carrosse de voyage où l'on entasse des coussins et des tapis précieux [1]. Enfin, lui-même rentre dans la salle de bain, suivi de douze serviteurs portant des cafetans de brocard, des pelisses de zibeline, des armes incrustées d'or. Il aide respectueusement son ex-valet de chambre à revêtir l'habit le plus riche, et lui offre en présent chevaux, carrosse et le reste. « Que Votre Majesté, dit-il, daigne accepter cette bagatelle; tout ce que je possède est à son service [2]. » —On trouve dans ce récit les formes ordinaires de la légende slave. Elle n'oublie rien, ni la robe des chevaux, ni la couleur des étoffes, ni le prix des fourrures. Elle répète à la manière homérique le dialogue de ses héros. Mais pourquoi, sous ces détails embellis par une imagination orientale, n'y aurait-il pas une tradition vraiment historique?

1. Alors il n'y avait pas de sièges dans les voitures. On s'asseyait sur des coussins et l'on se couvrait les jambes de riches tapis de Perse. Telles sont encore les *arrabahs* dans lesquels les dames turques vont à la promenade aux environs de Constantinople. — 2. Baer, p. 32. — Petréius, p. 287. — Cilli ne donne pas de détails sur l'arrivée de Démétrius en Lithuanie.

De quelque manière que Démétrius s'y soit pris pour révéler son secret, le choix de son premier confident annonçait de la pénétration et du jugement. Le prince Wiszniowiecki, issu des Jagellons, était riche, bien apparenté, allié à toutes les grandes familles de Lithuanie et de Pologne, d'ailleurs généreux, plein de fierté et de vanité, en un mot un vrai chevalier du moyen âge, un peu déplacé déjà au commencement du xvii° siècle. Il ne fallut pas beaucoup d'efforts pour lui persuader que son hôte était bien le fils d'Ivan le Terrible. La croix de diamants, qui était d'une valeur considérable, lui parut une preuve sans réplique : pareil bijou ne pouvait appartenir qu'à un tsarévitch. Il s'empressa de mettre son coffre-fort à la disposition du jeune étranger, et, tout fier de se voir le protecteur d'un prince malheureux, il le mena chez son frère, le prince Constantin, à Jalojicz. Là, nouveau coup de théâtre: un Russe fugitif, nommé Pëtrovski, domestique du chancelier de Lithuanie, se trouva à point nommé pour déclarer qu'autrefois il avait été au service du tsarévitch Démétrius, et qu'il le reconnaissait parfaitement aux signes qui viennent d'être mentionnés [1].

---

1. *Gos. Gramoty*, interrogatoire de Mniszek, II, p. 294. Je ne sais où se trouve cette ville ou ce château de Jalojicz ; ce

Tous les doutes cessèrent. Les nobles Polonais accouraient chez le prince Constantin Wiszniowiecki, pour se faire présenter au tsar légitime de toutes les Russies. C'est à qui lui ferait ses offres de service, à qui lui donnerait la fête la plus splendide. Déjà les plus ardents parlaient de monter à cheval et d'entrer en Russie, car les trèves commençaient à ennuyer cette noblesse belliqueuse. D'autres, plus prudents, conseillaient à l'illustre exilé de se rendre à Cracovie pour demander à Sigismond de l'argent et des troupes. D'ailleurs, Démétrius ne laissait rien échapper qui démentît son illustre origine. Courtois, affable, mais tenant son rang; il semblait à son aise sous ses habits de brocard, au milieu des nobles palatins; ils acceptait leurs services de l'air dont on accorde une faveur, et avec l'assurance de les reconnaître un jour. Il parlait le polonais aussi bien, peut-être plus facilement que le russe; il savait quelques mots de latin, écrivait vite et d'une manière hardie, c'en était assez alors pour prouver qu'il avait reçu une éducation libérale [1]. D'ailleurs l'histoire de Rus-

ne peut être *Jazlowicz* en Gallicie. Je suppose que c'est quelque château en Lithuanie.

1. Cfr. Baer, Margeret, Cilli, *passim*. Quant à la connaissance de la langue polonaise, on voit par la collection de ses

sie lui était parfaitement connue; on voyait qu'il possédait à fond les généalogies de toutes les grandes familles, que leurs intérêts, leurs rivalités, leurs fortunes diverses, avaient été pour lui l'objet d'une étude toute particulière. En un mot, il avait appris son rôle de prétendant et le jouait au mieux. Adroit à séduire ses hôtes, il laissait deviner plutôt qu'il n'avouait une certaine partialité pour la civilisation polonaise, et faisait bon marché des institutions de la Russie et même des superstitions de l'église grecque. Enfin, et ce n'était pas un mince mérite auprès d'une noblesse guerrière, il montait admirablement à cheval, était un chasseur infatigable et excellait dans tous les exercices qui exigent de l'adresse ou de la vigueur[1].

lettres que la plus grande partie de sa correspondance avait lieu en polonais. Margeret, p. 163, dit : « qu'il parlait aussi bon russe que faire se pouvoit, sinon que pour orner le langage, il y mesloit parfois quelque phrase polonaise..... Il ne parloit nullement le latin. » (Je ne sais si Margeret était bon juge.) — De son côté, Neri Giraldi, écrivait : « *Parla benissimo polacco, e latino, e moscovito suo naturale.* » Neri, selon toute apparence, tenait ces renseignements des jésuites polonais qui avaient approché Démétrius. Voir la lettre de Neri Giraldi au grand-duc de Toscane, *Esame critico*, p. 56.

1. *Demetrius obete sich in allerley Ritterspiel, mit fechten, ringen, stechen, brechen und turnieren.* Petreïus, p. 286. —

Boris ne fut pas longtemps sans apprendre l'apparition d'un prétendant sur la frontière et l'accueil qu'il recevait en Pologne. D'abord il crut qu'il ne s'agissait que de quelque intrigant de bas étage, qui cherchait à faire des dupes pour obtenir de l'argent. Bientôt, mieux renseigné, il fut contraint de reconnaître que cet imposteur, quel qu'il fût, n'était pas un ennemi à dédaigner, et qu'il y avait en cet homme l'étoffe d'un chef de parti. Pendant que les palatins donnaient des fêtes à Démétrius, un moine russe parcourait les villages des Cosaques du Don et des Zaporogues, les excitant à s'armer au nom du tsarévitch dont il leur annonçait l'arrivée prochaine [1]. On ne connaît pas exactement les motifs de haine qui animaient ces peuplades guerrières contre Boris, mais son despotisme, la sévérité de sa police, sa rigueur toutes les fois que son autorité était méconnue, enfin ses persécutions contre les distillateurs d'eau-de-vie, étaient des motifs bien suffisants pour exciter des hommes indisciplinés et passionnés pour leur

---

*Rerum et antiquitatis notitia major quam homini barbaro conveniret; sermo promptus et expeditus, et ad conciliandam fidem accomodata oratio.* Stanislas Lubienski, Epi. Plocensis op. posthuma, p. 29.

1. Baer, p. 32, 36, 45. — Margeret, p. 152 et suiv.

sauvage indépendance. Et puis le moine parlait d'une grande expédition qui se préparait contre Moscou. L'espoir d'un riche butin, que fallait-il de plus pour enflammer toutes les imaginations ?

A cette époque, les Cosaques formaient plusieurs républiques qu'on appelait des *armées* [1], et dont les unes reconnaissaient la suzeraineté de la Russie, les autres celle de la Pologne. Au reste, pour les Cosaques il n'y avait qu'une patrie, c'était la *Sietche,* ou le village, quelquefois nomade, qui les réunissait au retour de leurs expéditions. Ils élisaient eux-mêmes leurs chefs nommés *atamans*, auxquels ils remettaient en guise de sceptre une masse d'armes [2], insigne du commandement. Pendant la paix, l'ataman n'avait d'autre autorité que celle de la persuasion, mais en temps de guerre, son pouvoir était absolu et despotique. Telles furent, depuis, les institutions des flibustiers. Les Cosaques tenaient les leurs et jusqu'à leur nom des Tartares leurs ennemis. Vers la fin du XIII° siècle, les Slaves de l'Ukraine et des bords du Don, exposés aux ravages continuels des Musulmans, résolurent, pour mieux les combattre, d'a-

---

1. On dit : *Donskoe voïsko, Voljskoe voïsko, etc.*, l'armée du Don, du Volga, etc.

2. *Boulava,* c'est un mot turc, à ce que je crois.

dopter leur organisation militaire et leurs mœurs à demi nomades. D'abord ils s'appelèrent *Tcherkesses*, d'un mot turc qui signifie maraudeur; puis, s'étant fortifiés, le nom de Cosaques (en turc *Kazak*[1]) qui veut dire guerrier, prévalut dans leurs hordes. Habiles à se modeler sur les Tartares, leurs adversaires acharnés, ils devinrent des partisans redoutables, qui ne le cédaient à leurs maîtres, ni pour la ruse, ni pour le courage, ni pour la férocité.

La plupart des Cosaques du Don étaient alors fantassins, et passaient pour d'excellents arquebusiers; comme tels ils étaient recherchés dans les armées russes auxquelles ils louaient leurs services[2]. Dans l'occasion cependant ils devenaient cavaliers, et déjà ils entretenaient soigneusement dans leurs maré-

---

[1]. C'est du polonais que nous avons pris le mot de Cosaque, les Russes ont conservé celui de Kazak. — J'ai suivi l'opinion qui m'a paru la plus vraisemblable sur l'origine des Cosaques. Quelques auteurs ont essayé de la rattacher à des nations barbares, étrangères à la race slave. Ils ne se fondent guère que sur des étymologies très-improbables. C'est ainsi qu'on a prétendu faire descendre les Cosaques des Κατζαγέροι et des Chozars, cités par les historiens byzantins. On n'a pas expliqué dans cette hypothèse comment les Cosaques n'ont jamais eu d'autre langue que celle des Slaves. Voir l'*Histoire des Kosaques*, par M. Lesur.

[2]. Margeret, p. 86.

cages impénétrables une race aujourd'hui célèbre de chevaux infatigables, dont ils se servaient pour leurs expéditions lointaines. Un beau cheval était le seul luxe que connût le Cosaque, toujours vêtu de haillons, pour ôter à son ennemi jusqu'à l'espérance du butin. C'était un précepte transmis de génération en génération parmi eux, qu'il fallait exciter la terreur et décourager la cupidité. Loin d'imiter les guerriers de l'Orient, qui se parent d'armes magnifiques, les vieux atamans du Don répétaient aux novices leur adage favori : « L'acier poli attire l'œil, » et leur apprenaient à s'enorgueillir de leurs mousquets bronzés par la fumée. Fantassins, cavaliers, les Cosaques étaient encore d'intrépides matelots. Les bras nombreux du Don recélaient une flottille toujours prête à porter au loin le ravage. Montés sur de frêles embarcations, ils profitaient des longues nuits et des brouillards d'automne, pour franchir les bouches du fleuve, en dépit des galères turques et des forts hérissés de canons que la Porte avait élevés pour leur fermer la mer. Grâce à la légèreté de leurs barques à bordages très-bas, portant une large voile latine, et armées de quarante avirons, ils parvenaient presque toujours à surprendre ou à forcer le passage. Alors, sans penser au retour, ils menaient la vie de corsaires et désolaient le commerce de la mer Noire. Les plus gros vaisseaux turcs étaient souvent enlevés à l'abordage avant d'avoir pu faire usage de leur artillerie. Quelquefois, débarquant à l'improviste sur les côtes de la Crimée, les Cosaques pillaient des villages, emmenaient des captifs et disparaissaient avant que l'alarme eût été donnée. Toutes les rives de la mer Noire tremblaient au seul nom de ces pirates. Quelques fois ils poussèrent l'audace jusqu'à s'engager dans le Bosphore, et aux portes même de Constantinople ils enlevèrent des pachas turcs au milieu de leurs harems. Rien n'intimidait ces terribles pillards, ni les flottes ennemies, ni les tempêtes qui brisaient leurs fragiles vaisseaux, ni les privations de tout genre qu'ils enduraient pendant leurs croisières, sur une mer dont tous les ports leur étaient fermés. Cette vie de hasards et de périls développait en eux l'énergie et la prudence du sauvage. Connaissant leur penchant à l'ivrognerie, ils s'étaient fait une loi de ne jamais embarquer de liqueurs fortes dans leurs expéditions, de peur qu'un moment d'ivresse ne les livrât à leurs ennemis. Au retour, il est vrai, ils se dédommageaient de leurs fatigues dans des orgies de plusieurs jours. Ces hommes en guerre avec tous leurs voisins étaient religieux à leur manière. Jamais il ne partaient en course sans avoir imploré la bénédiction divine, et à leur retour, leur premier soin était de remercier Dieu et saint Nicolas, qui les avaient ramenés dans la *Sietche*. Leurs prêtres, aussi grossiers qu'eux, leur disaient que tous leurs péchés leur seraient remis en considération du mal qu'ils faisaient aux infidèles. Aux pratiques de la religion grecque, à laquelle ils étaient fort attachés, ils mêlaient beaucoup de superstitions musulmanes ou païennes. Ils croyaient aux augures, à la seconde vue, aux rêves, aux esprits secourables ou malfaisants. De même que l'Olympe et le Pinde sont l'objet d'un respect et presque d'un culte superstitieux pour le *Klephte*, qui trouve un asile dans leurs rochers, de même le Don était pour les Cosaques une espèce de dieu topique, protecteur de la patrie et de la liberté. Ils l'invoquaient et lui demandaient des brouillards favorables. Dans leurs chants sauvages, ils le personnifiaient sous le nom de *Don Ivanovitch*. « Adieu, Don, fils de Jean ! » s'écriaient-ils en se lançant dans la mer Noire.

Parmi les Cosaques, les Zaporogues [1] furent ce

1. Ils habitaient le delta formé par le Dnieper et l'Ingoulets, dont la pointe touchait presque à la mer Noire entre Otchakof et Islam Kerman. Ils tiraient leur nom de la position géographique de leur territoire ; Zaporogues, *Zaporoghi*, c'est-à-dire, gens vivant au delà des cataractes (du Dnieper).

que les Spartiates étaient pour les Lacédémoniens, je veux dire qu'ils poussaient jusqu'à l'exagération toutes les vertus du guerrier barbare. Point de femmes chez eux : ils se recrutaient de jeunes gens amoureux de gloire et de pillage, de joueurs désespérés, de proscrits de toutes les frontières. Pour obtenir le renom de bon Cosaque, il fallait avoir passé quelque temps à l'école des Zaporogues. Selon les conditions du temps, leur ataman se disait vassal, tantôt de la Pologne, tantôt de la Russie ou même de la Porte ottomane; mais de fait c'était un souverain parfaitement indépendant, qui étendait ses ravages avec impartialité sur tous ses voisins, Tartares, Turcs, Russes, Lithuaniens ou Polonais [1].

L'alliance de pareils soldats était et devait être partout recherchée; leur inimitié était dangereuse. Aussi le succès des prédications du moine parmi les Cosaques alarma vivement le prudent Boris. Le plus sûr moyen d'apaiser l'agitation qui commençait à se manifester dans leurs hordes, c'était de faire disparaître l'homme dont ils se disposaient à embrasser la cause. Aussi chercha-t-il à s'emparer du prétendu tsarévitch, déjà reconnu en Lithuanie. Mais d'abord,

---

1. Beauplan, Description d'Ukranie — *Rouskaiia Starina*, passim. — V. note C.

il s'y prit fort mal, en offrant aux deux princes Wiszniowiecki de l'argent et des terres, s'ils voulaient lui livrer l'imposteur. C'était le vrai moyen de les convaincre que leur hôte était en effet le personnage dont il prenait le nom. Indignés, les généreux palatins renvoyèrent les agents de Boris sans daigner lui répondre, puis ils se hâtèrent de conduire Démétrius dans l'intérieur de la Pologne, persuadés que s'il demeurait sur la frontière, le tsar parviendrait à l'enlever ou à le faire assassiner. Lorsqu'ils crurent leur hôte en sûreté, ils lui apprirent le motif de leur conduite : « Ma vie est entre vos mains, » leur dit Démétrius. Ils lui jurèrent de ne l'abandonner jamais [1].

Constantin Wiszniowiecki le mena chez son beau-père, George Mniszek, palatin de Sendomir, qui le reçut en roi. Déjà l'identité du proscrit avec le tsarévitch n'était plus révoquée en doute. A Sendomir, elle reçut un nouvelle confirmation par le témoignage d'un domestique polonais, ancien soldat, qui avait été prisonnier des Moscovites au siége de Pskof. Il déclara que, conduit à Ouglitch, il avait souvent vu pendant sa captivité le jeune Démétrius, et qu'il le reconnaissait dans l'hôte du palatin de Sendo-

---

1. Baer, p. 35. — Petreïus, p. 289.

mir[1]. Il est vrai que le siége de Pskof eut lieu en 1579, pendant la guerre entre Ivan et Batthori, avant la naissance de Démétrius. Il fallait donc que cet homme eût été oublié à Ouglitch longtemps après la trêve conclue entre la Pologne et la Russie et l'échange des prisonniers qui en avait été la suite. Mais on n'était pas difficile sur les preuves, et cette nouvelle reconnaissance ne fut pas contestée. Mniszek était un grand seigneur criblé de dettes, et à bout de moyens pour soutenir son rang avec le faste que commandaient les mœurs de son pays et l'usage de l'époque. Soit qu'il crût pieusement, avec beaucoup de ses compatriotes, au miracle de Démétrius sauvé des assassins, soit qu'il démêlât dans le jeune étranger qu'on lui amenait l'audace et le génie qui font réussir les entreprises les plus hasardeuses, il résolut aussitôt de s'attacher à lui, et de jouer d'un seul coup les débris de sa fortune sur la chance de la gratitude d'un tsar. Il paraît certain, d'ailleurs, qu'il n'obtint jamais une confidence de Démétrius, dont la véritable origine demeura pour lui, comme pour tous ses contemporains, entourée d'un mystère impénétrable.

Marine, fille cadette de Mniszek, n'était pas encore

1. Interrogatoire de Mniszek; *Gos. Gramoty*, II, p. 294.

mariée [1]. Elle se faisait remarquer, par sa grâce et sa beauté, parmi les femmes de son pays, dont un grand poëte russe a dit : « Non, il n'y a pas de fille « de roi qui vaille une jeune Polonaise. Enjouée!... « on dirait une chatte gambadant autour du poêle; « rose comme la rose, blanche comme la crême, « ses yeux brillent comme deux flambeaux [2]. » Faut-il s'étonner que les attraits de Marine produisissent une vive impression sur Démétrius. Le palatin s'en aperçut avec joie, et encouragea cette passion naissante en le retenant pendant plusieurs semaines dans son château. Cependant il s'appliquait à étudier le caractère de son hôte, à connaître ses plans et à calculer ses chances de réussite. Démétrius se montrait plein d'audace et d'assurance, préoccupé déjà de la conduite à tenir lorsqu'il serait à Moscou, sur son trône héréditaire. La situation intérieure de la Russie semblait lui être bien connue, et il finit par faire partager sa confiance au palatin, en lui montrant les lettres qu'il recevait du moine son agent, des atamans du Don et des mécontents de l'autre côté de la frontière. Mniszek, tout à fait séduit, ne songea plus qu'à préparer la cour de Cracovie à la réception du

1. Pouchkine : *Boudrys i ego synovyia*.
2. L'aînée était femme du prince Constantin Wiszniowiecki.

tsarévitch, et ne négligea rien pour gagner les grands et s'assurer la faveur du roi.

L'homme qui pouvait exercer le plus d'influence sur le pieux Sigismond était le nonce du pape, Claudio Rangoni, évêque de Reggio. Comprenant toute l'utilité d'un pareil protecteur, Démétrius s'adressa directement à lui, mais ses premières lettres demeurèrent sans réponse [1]. Moins enthousiaste que les Polonais, le prélat italien voulait connaître à fond ce prétendant au trône de Russie, avant de lui accorder un témoignage d'intérêt compromettant pour l'avenir. Cependant sa curiosité fut sans doute vivement éveillée par l'étrangeté même de l'aventure, et plusieurs ecclésiastiques, notamment des Pères jésuites de Sendomir, eurent ordre d'entrer en relations avec Démétrius. Jusqu'alors, celui-ci, tout en faisant publiquement profession du culte grec, s'était borné à laisser deviner aux nobles polonais une grande tolérance religieuse ou même une certaine admiration pour la religion catholique; mais dès qu'il se vit en rapport avec les Pères jésuites, il se montra encore plus facile, et se prêta de bonne grâce à devenir leur catéchumène, exigeant toutefois un certain mystère; car une abjuration publique

1. Cilli, p. 9.

l'eût infailliblement perdu dans l'esprit des Russes. Sa conversion fut prompte, et il est douteux qu'elle fût sincère; toutefois, il promit que, rétabli sur le trône de ses pères, il ferait ses efforts pour extirper le schisme en Russie. Sur cette assurance, transmise aussitôt par les jésuites, le nonce répondit gracieusement aux ouvertures de Démétrius, et se mit en devoir d'appuyer ses prétentions auprès du roi et de la diète qui allait s'assembler [1].

Parmi les nobles polonais, un certain nombre n'avait accueilli qu'avec beaucoup de froideur les récits un peu vagues de Démétrius sur son évasion d'Ouglitch, ainsi que les preuves, toutes assez contestables, de son identité avec le fils d'Ivan le Terrible. A la tête des incrédules était le chancelier Zamoïski, dont le crédit était considérable. Les politiques de la cour de Sigismond, sans se prononcer sur les droits de l'homme qui se donnait pour le tsarévitch, représentaient qu'il serait imprudent de se brouiller avec la Russie pour donner une couronne au fils d'un prince qui n'avait fait que du mal à la Pologne; qu'à plus forte raison il n'y avait pas d'apparence de rompre avec Boris pour un inconnu qui pouvait après tout n'être qu'un imposteur. Sans pré-

1. *Id. ibid.* — *Esame critico*, p. 17.

tendre convaincre les incrédules; Démétrius et ses affidés n'épargnaient rien pour les gagner à ses intérêts. Aux uns, on représentait que l'occasion était favorable pour exercer une grande influence en Russie, et qu'il importait assez peu d'examiner si l'hôte de Mniszek était ou non le fils du tsar, du moment qu'il avait un parti considérable dans son pays. Un prétendant, fût-il un imposteur, serait, entre les mains du roi de Pologne, un auxiliaire utile pour effrayer Boris et l'obliger à céder sur tous les points encore en litige entre les deux gouvernements. Auprès des dévots zélés, on faisait valoir les grands avantages que trouverait la religion à l'établissement d'un prince catholique sur le trône de Russie. Les évêques et les jésuites polonais parlaient de la conversion de Démétrius comme d'un fait avéré; sa ferveur, ils la garantissaient. Quant aux difficultés qu'il éprouverait à changer la croyance de ses peuples, on ne s'y arrêtait pas un instant. Ne serait-il pas aisé, pour s'accommoder aux vieux usages des Moscovites, de faire sur les formes de la liturgie quelques concessions semblables à celles qui avaient suffi pour apaiser les scrupules d'une partie des Lithuaniens et des Polonais, ralliés aujourd'hui à l'Église sous le nom de *Grecs unis?*

En un mot, adopter la cause de Démétrius, c'était travailler à l'agrandissement de la Pologne et préparer le triomphe de la foi.

Il n'est pas improbable que pour séduire, en flattant leur vanité nationale, les Polonais qui se refusaient à croire que Démétrius fût le fils d'Ivan, une nouvelle fable fut imaginée pour rendre intéressant l'aventurier justement suspect. Le bruit se répandit que ce jeune homme était un fils naturel d'Étienne Batthori. Son audace, son intelligence, la facilité avec laquelle il parlait la langue polonaise semblaient confirmer cette origine. Elle devait peut-être lui gagner plus sûrement l'affection des vieux soldats qui avaient combattu sous les ordres d'Étienne, et l'idée d'asseoir un Polonais sur le trône des tsars flattait trop leur orgueil pour qu'ils ne devinssent pas les complices d'une sublime fourberie [1].

L'empire turc était menaçant pour l'Europe au xviie siècle. En 1683, Vienne vit une armée ottomane

---

1. Baer, p. 104, rapporte, que Jean Sapieha, vantant un jour la bravoure de ses compatriotes, lui dit ces paroles : « Nous avons donné aux Russes un aventurier pour tsar, et dussent-ils en crever de dépit, ils n'auront de maître que de notre façon. » — Baer tenait de plusieurs seigneurs polonais que le faux Démétrius était fils de Batthori, p. 32. — Petreïus répète cette version sans y ajouter foi.

à ses portes. Pour repousser les Turcs vers l'Asie, ou seulement pour préserver de leurs incursions les provinces qu'ils ravageaient périodiquement, il fallait une alliance solide entre les chrétiens orientaux, particulièrement entre les Polonais et les Russes. Rome sentait tous les avantages d'une telle alliance, ou pour mieux dire elle la regardait comme nécessaire au salut de l'Europe. Dans la dernière guerre entre la Russie et la Pologne, le pape Grégoire XIII avait arrêté Batthori au milieu de ses triomphes pour lui rappeler l'impiété d'une guerre entre les deux puissances que Dieu semblait avoir destinées à être le boulevard de la chrétienté contre les infidèles[1]. En même temps il avait envoyé à Moscou le père Pos-

---

1. « La paix étant déniée au Moscovite qui ne voulait pas rendre le reste de ce qu'il tenait en Livonie; il se servit de l'assistance du pape Grégoire XIII pour l'obtenir, sous promesse d'établir la religion catholique dans son État. » Le Laboureur, *Relation du voyage de la Royne de Pologne*, etc., 2ᵉ partie, p. 180. — Cette promesse ne fut jamais donnée. A la vérité, Ivan le Terrible accueillit l'envoyé du pape, le père Possevin, avec toutes sortes d'égards; il eut avec lui de fréquents entretiens sur des points de théologie. Il est fort probable que le père Possevin, qui se persuadait facilement ce qu'il désirait, ait cru avoir trouvé un catéchumène dans le tsar de Russie. Voir le récit de ces conférences dans la Relation du père Possevin: *A. Possevini, Moscovia.* Anvers, 1687.

sevin, jésuite, chargé d'offrir à Ivan la médiation du Saint-Siége. Le père Possevin était homme d'esprit et de grandes vues. Non content d'obtenir du tsar, qui avait besoin de lui, une tolérance particulière en faveur des catholiques, il s'était appliqué à préparer pour l'avenir les moyens d'étendre l'influence de l'église latine en Russie. Par ses soins des séminaires furent fondés en Lithuanie, à Vilna et à Dorpat, comme des postes avancés sur la frontière du pays schismatique [1]. Il ne cessait de solliciter l'impression de livres religieux en langue russe et surtout celle d'une Bible, car il n'y avait encore que deux traductions des Saintes Écritures imprimées à l'usage des Slaves, une Bible polonaise, et une autre dans le dialecte tchèque ou bohémien [2], l'une et

---

1. Lettre du Père Possevin au grand-duc de Toscane. *Esame critico*, p. 49.
2. Vers 1563, Ivan le Terrible voulut faire imprimer une Bible russe à Moscou; mais l'entreprise avorta, l'imprimeur ayant été obligé de quitter la Russie précipitamment après avoir commencé son œuvre, tourmenté comme il semble par les dévots qui voyaient dans cette entreprise je ne sais quelle impiété. V. *Esame critico*, note 17, p. 72 et suiv. — Il paraît, au reste, qu'à cette époque, et parmi les Grecs orientaux, on ne croyait pas qu'il fût licite de traduire les Saintes Écritures dans un dialecte vulgaire et non hiératique. Je ne sais si aujourd'hui, en Espagne, il est permis de vendre publiquement la traduction de la Bible en castillan.

l'autre probablement peu intelligibles pour les Russes. Que l'on attribue ces projets de conversion au zèle religieux ou bien à l'ambition tant reprochée de la Société de Jésus, on n'en pourra méconnaître la grandeur, et il faut avouer que leurs premiers résultats eussent tourné au profit de la civilisation et de l'humanité.

La cour de Rome, préoccupée d'autres soins plus pressants, ne leur accorda pas peut-être toute l'attention qu'ils méritaient. Le Père Possevin quitta la Russie, et les établissements qu'il avait fondés en Lithuanie, et qui déjà avaient contribué puissamment à propager le catholicisme parmi les Grecs de cette province, furent dirigés par des hommes qui n'avaient ni son mérite ni son zèle ardent pour la Foi. Néanmoins ses plans et ses instructions subsistaient encore, et il ne fut plus permis de les taxer de témérité lorsqu'on vit un tsarévitch demander à rentrer au giron de l'Église et promettre la conversion de ses sujets. Les jésuites, successeurs du Père Possevin, s'applaudirent d'un succès si inespéré, et le nonce, à leur persuasion, s'offrit pour présenter Démétrius au roi de Pologne.

Sigismond, déjà prévenu, consentait à le reconnaître pour le fils d'Ivan, mais à la condition qu'il abjurât d'abord le schisme d'Orient et qu'il s'engageât à introduire et propager la foi catholique en Russie. De son côté Mniszek songeait à ses intérêts particuliers, et stipulait sa récompense. Dans sa position équivoque, Démétrius n'eut garde de discuter les conditions qu'on lui proposait, et promit sans balancer tout ce qu'on exigeait de lui. Le 25 mai 1604, à Sambor, il signa une promesse de mariage à Marine Mniszek, par laquelle il lui faisait don des villes de Novgorod et de Pskof. Par le même acte il s'engageait à payer à son beau-père un million de florins polonais, dès qu'il serait monté sur le trône. En outre il permettait à Marine de professer librement le culte catholique et d'avoir des églises, des évêques et des prêtres latins dans ses seigneuries de Novgorod et de Pskof, en attendant que, selon son désir, il pût ramener toute la Russie à la foi catholique. Une clause assez étrange insérée dans cet instrument témoigne de la médiocre confiance que Démétrius inspirait alors à ses protecteurs. La promesse de mariage n'était valable *qu'à Moscou, et pour une année seulement,* à moins qu'au bout de ce terme, Marine et son père ne consentissent à la renouveler[1]. Peu de jours après, le

1. *Gos. Gramoty*, II, p. 159. L'original, écrit en polonais et

12 juin, Démétrius souscrivit un autre acte par lequel il cédait la ville de Smolensk et toute la Sévérie à Mniszek et au roi de Pologne qui devaient se partager cette province par moitié[1]. Toutes ces promesses signées, Démétrius se rendit à Cracovie pour y prononcer son abjuration dans le palais du nonce. Si l'on en croit un témoin oculaire dont il est difficile de soupçonner la bonne foi, elle eut lieu en présence d'un assez grand nombre de personnes[2]; mais évidemment ceux qui assistèrent à la cérémonie s'étaient engagés à garder le secret, car le tsarévitch continua toujours d'observer les formes extérieures du rite grec.

Ce fut, disent quelques historiens, par le conseil

en russe, est signé dans les deux langues de la main de Démétrius. Il ne prend d'autre titre que celui de tsarévitch, qui se trouve également inscrit sur le sceau. Après le serment d'observer fidèlement toutes les promesses contenues dans l'acte qu'il va signer, la version russe se termine par cette phrase qui n'existe pas dans le texte polonais : *et d'amener tous les Russes à la foi latine.* Au reste, cette phrase ne peut être une interpolation, car la même promesse est mentionnée un peu plus haut dans les deux langues.

1. *Gas. Gramoty*, II, 165. — La Sévérie comprenait la partie la plus importante de la Petite-Russie, c'est-à-dire les gouvernements actuels de Starodoub, Novgorod-Severski, et Tchernigof.

2. *Alla presentia di molti, tra questi mi trovai anche io.*

d'un jésuite, qu'il demanda la main de Marine, et sur l'espoir que personne ne douterait de sa naissance si le fier palatin de Sendomir l'acceptait pour gendre. Il me paraît plus vraisemblable que séduit par les attraits de Marine, Démétrius éprouva pour elle une affection véritable. Au reste, que cette résolution fût spontanée ou le résultat d'un calcul, elle était fort imprudente, car les Russes avaient alors une espèce d'horreur pour les alliances de leurs souverains avec des étrangères, et le choix d'une Polonaise ne pouvait que blesser leurs préjugés religieux et nationaux. En outre, Mniszek tint secrète la promesse de mariage[1], et si elle eût été connue, la clause qui en ajournait l'effet jusqu'à l'entrée du

---

Cilli, p. 11.—*Esame critico*, p. 18. — Voir encore la lettre du pape Paul V à Démétrius, datée du IV des ides de juillet 1605 où se trouvent les passages suivants : « Nunc vero catholicæ religionis lumine illustratum in regale solium patris tui vult (Deus) restituire..... Multa quidem de singulari tua pietate ac religione tua, nobis renunciata sunt..... quemadmodum Celsitudo tua antea fecit, ita et in posterum catholicam religionem, quam Ecclesia sancta Romana docet, integram inviolatamque custodierit, etc. » A. J. Turghenief, *Historica Russiæ Monimenta*, II, p. 73.

1. Le 26 septembre 1605, Neri Giraldi écrivait au grand-duc de Toscane : « La opinion comun è che debba S. M. pigliar una sua figlia (di Mniszek) per moglie, sebbene non ci è certezza alcuna. » *Esame critico*, p. 55.

8.

prétendant à Moscou, témoignait une défiance plus propre à confirmer qu'à détruire les soupçons sur son origine.

Aussitôt après cette abjuration, le nouveau converti fut présenté à Sigismond par le nonce en audience solennelle. Sigismond le reçut debout, une main appuyée sur une table selon l'attitude déjà classique des souverains. Démétrius s'avança fort ému et tout tremblant[1]. La tête découverte, après avoir baisé la main que le roi lui tendait, il dit en balbutiant, mais en assez bons termes, sa naissance, ses droits et ses malheurs. Puis, il supplia le roi de lui accorder protection et assistance pour recouvrer l'héritage de ses pères. Bien que préparé sans doute à cette harangue, Sigismond n'y fit pour le moment aucune réponse; sans doute l'étiquette ne le permettait point. Un maître des cérémonies fit un signe à Démétrius, qui se retira aussitôt dans une salle voisine où l'attendaient le palatin de Sendomir et la foule des courtisans. Le nonce demeura seul quelques instants avec le roi pour avoir l'air de délibérer. Bientôt on introduisit de nouveau Démétrius dans la salle d'audience. Il s'avança jusqu'au pied du trône,

---

1. «Scoperto et in piedi, tutto tremante.» Cilli, p. 12.

baissant la tête et joignant les mains sur la poitrine selon la manière de saluer des Moscovites, mais sans prononcer une parole. Alors Sigismond avec un sourire gracieux, lui dit : « Dieu te garde, Démétrius, « prince de Moscovie ! Ta naissance nous est connue « et attestée par des témoignages sincères, nous « t'assignons une pension de 40,000 florins, et comme « notre ami et notre hôte, nous te permettons d'ac- « cepter les conseils et les services de nos sujets. »

A ces paroles la joie et l'émotion de Démétrius furent si fortes qu'il ne put trouver un mot à répondre. Il s'inclina profondément et sortit aussitôt, laissant la cour un peu surprise de son manque d'assurance ainsi que de ses manières humbles et embarrassées, qu'on n'attendait guère du fils d'Ivan le Terrible. Au reste, le sort du proscrit venait de se décider, et en ce moment suprême il lui était permis de laisser paraître quelque trouble dans sa contenance. Il fallut que le nonce l'excusât auprès du roi et fît de grands efforts pour vanter le mérite de son protégé. Au fond, peut-être, Sigismond ne lui savait pas mauvais gré de son manque d'assurance, mais l'impression qu'il garda de cette entrevue ne fut pas favorable à Démétrius, et il ne cacha pas l'intention de se borner à lui donner les secours dus à ses malheurs, sans l'aider lui-même de ses armes. « Quant « au palatin de Sendomir, ajouta-t-il, qu'il consulte « ses intérêts. Ce sont affaires personnelles et qui « ne regardent que lui[1]. »

Ces termes un peu obscurs ne laissaient pas de donner libre carrière aux projets de Démétrius et de Mniszek. La pension que Sigismond venait d'accorder était un secours bien illusoire, car elle devait être payée par Mniszek, débiteur de Sigismond, et débiteur à peu près insolvable[2]; mais c'était beaucoup que le roi de Pologne eût reconnu l'exilé pour l'héritier du trône de Moscovie, et qu'il lui eût permis d'accepter *les conseils et les services* des Polonais. Il l'autorisait ainsi à lever des troupes et à préparer une expédition contre Boris. Le nonce exhorta Démétrius à profiter au plus vite de la bonne volonté du roi, et à passer la frontière avant que Sigismond eût le temps de se rétracter.

Déjà, en effet, une grande agitation régnait dans toute la Sévérie. On y annonçait hautement l'arrivée prochaine du tsarévitch. Dès le commencement de

---

1. Cilli, p. 12 et suiv. Cilli assistait à cette scène. Il ne dit pas dans quelle langue s'exprimait Démétrius; vraisemblablement en polonais.
2. *Gos. Gramoty*, II, p. 295.

l'année 1604, des partis de Cosaques et de Zaporogues s'étaient montrés dans cette province, et avaient commencé les hostilités contre les agents de Boris. Au mois de janvier, une de ces bandes qui s'était jetée dans la Russie Blanche, rencontra près de Poutivle Stephane Godounof, un parent de Boris, et faillit l'enlever. Les Cosaques avaient tué ou pris la plupart des gens de sa suite et pillé ses bagages. Puis ils avaient relâché leurs prisonniers en les chargeant d'annoncer à Boris qu'ils allaient sous peu ramener à Moscou le tsarévitch Démétrius leur légitime souverain [1].

Ces brigandages de Cosaques n'avaient rien de bien inquiétant, et leurs hordes indisciplinées étaient coutumières de pareils excès ; mais le nouveau cri de guerre qui s'élevait dans leurs steppes donnait une importance extraordinaire à cette prise d'armes. Boris, sans perdre un moment, envoya des troupes sur la frontière de Lithuanie, changea les gouverneurs des villes dont il soupçonnait la fidélité, et disposa partout des postes d'observation qu'il confia à ses plus fidèles officiers. En même temps, il se hâta d'écrire à Sigismond pour se plaindre de l'ac-

---

1. Baer, p. 36.

cueil fait à un imposteur au mépris des trèves solennellement jurées[1].

Probablement Boris ne savait pas plus que personne quel pouvait être ce prétendant tombé des nues qui, en peu de mois, s'était créé un parti redoutable. Son attention était partagée entre l'inconnu à qui les seigneurs polonais donnaient des fêtes, et le moine fugitif dont les prédications soulevaient les Cosaques. Quant à ce dernier, il avait un nom. On l'apelait Grégoire (ou *Grichka*) Otrepief. Il était fort méprisé parmi le clergé russe pour les désordres de sa conduite. Ivrogne, débauché, insolent, c'était un tel moine qu'une horde de Zaporogues aurait pu choisir pour son aumônier. Son père, capitaine de strelitz, avait été tué à Moscou dans une querelle de cabaret. Enfin, un de ses oncles, Smirnoï Otrepief, vivait à la cour du tsar, on ne sait en quelle qualité, mais jouissant d'une privauté singulière auprès du souverain[2].

Il s'agissait de perdre sans retour le faux Démétrius dans l'opinion du peuple disposé à le recevoir en libérateur, et Boris se flatta d'y parvenir en l'identifiant avec ce moine apostat méprisé de tout le

---

1. Peyerle, p. 78.
2. *Gos. Gramoty*, interrogatoire de Khrouštchof, II; p. 177.

monde. En conséquence, ses envoyés auprès de Sigismond avaient ordre de réclamer l'imposteur comme un religieux fugitif, et Smirnoï, l'oncle de Grégoire Otrepief, fut adjoint à l'ambassade comme pour démasquer plus sûrement son neveu. Au reste, il faut observer qu'en ce moment Démétrius se trouvait sur la frontière de Lithuanie, ce qui rendait une confrontation difficile. La demande d'extradition était appuyée par une excommunication fulminée par le patriarche contre le prétendu Démétrius qu'il qualifiait de moine apostat, rebelle et *magicien*, convaincu de vouloir introduire l'hérésie latine en Russie, et bâtir des églises catholiques dans le pays orthodoxe [1].

L'identité du faux Démétrius avec le moine Otrepief a été adoptée comme un fait constant par la plupart des historiens modernes; mais, parmi les contemporains, elle ne paraît pas avoir obtenu de créance, même auprès de ceux qui ne doutaient point que cet homme ne fût un imposteur. En effet, elle ne repose que sur l'assertion de Boris, qui, à mon avis, ne supporte pas un examen sérieux. La relation suivante, qui paraît émaner de la chancel-

---

[1]. Karamzine, XI, p. 191.

lerie du tsar, mérite d'être exposée au lecteur, comme faisant connaître les antécédents du faux Démétrius, selon l'opinion que la cour de Moscou voulait accréditer. On verra bientôt qu'ils ne peuvent se rapporter au personnage qui se donnait pour le fils d'Ivan.

« Le tsar a été informé qu'en Lithuanie, un certain coquin se faisait appeler le tsarévitch Démétrius, prince d'Ouglitch, fils d'Ivan. Ledit coquin n'est autre qu'un certain moine défroqué nommé Grichka Otrepief, fils du capitaine de strelitz Bogdan Otrepief. Après avoir été tonsuré au monastère de Tchoudof, l'année 7711 (1603), il passa la frontière, vint en Lithuanie, et entra au monastère de Petchera en compagnie d'un autre moine nommé Michel Povadine. Là, par une ruse diabolique, il feignit d'être malade, et, suppliant l'abbé de le confesser, lui dit qu'il était Démétrius d'Ouglitch, fils du tsar Ivan; qu'il avait pris des habits de moine pour se cacher du tsar Boris, mais qu'il n'avait pas fait profession. Puis il pria l'abbé de publier sa confession s'il mourait. Après quoi, il se leva, parla et se trouva mieux. L'abbé, déçu par cet imposteur, écrivit au roi de Pologne et aux sénateurs; sur quoi cet apostat, jetant son froc, s'en vint à Sendomir prenant le nom du tsarévitch; et dans toute la Sévérie comme dans les villes de Pologne, il se trouve des gens qui ajoutent foi à cette imposture.¹ »

Cette pièce a son importance en ce qu'elle fixe la date de l'arrivée en Lithuanie du moine Otrepief, ou plutôt celle de son apostasie, car il n'est guère probable qu'il soit venu à Petchera pour gagner de là les bords du Don. C'est en 1603 qu'il s'enfuit, et c'est la même année que le faux Démétrius se révéla au prince Adam Viszniowiecki. Jusqu'alors, dit-on, Otrepief avait erré de couvent en couvent dans le fond de la Russie, ou bien il avait résidé à Moscou². Or, quelle apparence qu'un moine eût pu apprendre là à parler et à écrire le polonais avec autant de facilité que sa langue maternelle? Dans quel monastère serait-il devenu l'excellent écuyer, l'adroit escrimeur qu'on vit en Pologne? Comment expliquera-t-on la présence d'un moine du nom de Grégoire Otrepief parmi les Cosaques du Don et du Dnieper, lorsque, dans le même temps, le véritable Otrepief, sous le nom de Démétrius, se serait montré à Sambor ou à Cracovie?³

Au reste, ni les proclamations de Boris ni les

1. *Gos. Gramoty*, II, p. 163.
2. Karamzine, XI, p. 160 suiv.
3. Je reviendrai plus tard sur ce point.

lettres encycliques du patriarche, ne purent désabuser la multitude. Un certain nombre de gentilshommes russes exilés ou suspects au gouvernement, des débiteurs insolvables, et ces hommes, toujours prêts à se jeter dans les révolutions, parce qu'ils ont de l'*amertume au cœur*, selon les paroles du prophète, s'étaient déjà réunis en Lithuanie et formaient une cour à Démétrius, qui bientôt allait devenir une armée. A ces transfuges se joignirent beaucoup de nobles polonais, attirés, les uns par l'amour des aventures, les autres par l'espoir des grandes récompenses que Mniszek promettait à ses compatriotes. Lui-même il avait engagé ses biens, ses pierreries, et entraînait à sa suite cette foule de clients qui, à cette époque, entouraient un grand seigneur polonais. Il s'occupait avec la plus grande activité de tous les préparatifs d'une expédition, enrôlait des soldats, achetait des armes et des munitions de guerre. Aux manifestes de Boris, on répondait par d'autres manifestes. Cependant les ministres de Sigismond avaient toujours des atermoiements à opposer aux réclamations des envoyés moscovites. Tantôt le roi feignait d'ignorer les armements de Démétrius, tantôt il répondait : « que les nobles polonais étaient maîtres absolus de leurs actions, et qu'il ne pouvait les empêcher de montrer de l'intérêt à un étranger malheureux; qu'au surplus, il veillerait à ce qu'ils ne fissent rien contre les traités existants[1]. » Quant à Smirnoï Otrepief, il n'eut garde d'aller se montrer à Démétrius au milieu de son camp sur la frontière de Lithuanie.

Sur ces entrefaites un parti de Cosaques enleva un gentilhomme russe nommé Khroustchof, familier de Boris, à ce qu'on disait, et député par lui aux hordes du Don pour combattre l'effet des prédications du moine fugitif. Les Cosaques l'envoyèrent aussitôt chargé de chaînes à Démétrius, comme un prisonnier d'importance. Le tsarévitch le reçut avec clémence, lui fit ôter ses fers, et voulut le questionner lui-même. Amené en sa présence, Khroustchof tomba la face contre terre, en s'écriant qu'il voyait devant lui le portrait du feu tsar Ivan, et avec de grosses larmes l'appela son maître et son légitime souverain. « Grâce ! disait-il, je n'ai péché que par ignorance. » Puis il s'empressa de répondre aux questions qu'on

---

[1]. Stan. Lubienski *epi. Plocensis op. historica*, p. 29, 30. — « Cæterum in tanta Nobilitatis Polonæ libertate, prohiberi non potuisse ne aliqui privatim illi studerent: si qui tamen modum ea in re excesserint, aut aliquid contra pacta admiserint, daturos ex formula fœderis pœnas. »

lui adressa, tandis qu'un scribe tenait note de toutes ses déclarations, sans doute pour les communiquer au roi de Pologne. Les renseignements qu'il apportait sur la situation de la Russie étaient de nature à encourager les espérances de Démétrius. Il est vrai que Boris rassemblait des troupes de tous côtés, employant les promesses et les menaces pour avoir des soldats, et contraignant la noblesse et le clergé même à lui envoyer leurs paysans pour grossir son armée[1]; mais on n'obéissait qu'à contre-cœur, et les boyards qui avaient un commandement sur la frontière de Crimée, se félicitaient tout haut de n'avoir pas à tirer le sabre contre leur légitime seigneur. Le bruit courait que Boris, effrayé des dispositions du peuple et des soldats, et ne se croyant déjà plus en sûreté à Moscou, faisait partir son trésor pour Astrakhan, d'où il voulait l'envoyer en Perse. Depuis quelque temps on ne remarquait plus en lui la même activité; il marchait avec peine, et semblait épuisé. Tandis qu'on publiait par son ordre que le tsarévitch était un imposteur, lui-même avait

---

1. *Gos. Gramoty*, II, p. 164. Boris rappelle dans sa proclamation qu'autrefois, dans le danger de la patrie, les ecclésiastiques eux-mêmes prenaient les armes, mais que cette fois il se contentera des contingents de serfs armés qu'ils lui enverront.

mandé à Moscou, du couvent où il la tenait reléguée, la tsarine religieuse, veuve d'Ivan, et l'avait longuement interrogée en présence du seul Patriarche. Personne ne doutait qu'elle ne fût en correspondance avec son fils. Ce qu'elle avait dit, on l'ignorait, mais Boris n'osait le révéler et faisait redoubler la surveillance autour d'elle. Déjà à Moscou même on ne doutait plus que le tsarévitch ne fût vivant. Deux seigneurs avaient été mis à mort pour avoir bu à sa santé, trahis par les domestiques qui les servaient.

Dans le même temps la sœur de Boris, Irène, veuve de Fëdor, était morte presque subitement dans le monastère qu'elle avait choisi pour retraite, et le peuple croyait qu'elle avait été empoisonnée par son frère, dont elle détestait l'usurpation et qu'elle aurait exhorté à rendre la couronne au prince légitime. Quant au bruit répandu par Boris, qu'un certain moine Otrepief se faisait passer pour le tsarévitch, personne à Moscou n'y ajoutait foi. Si Grégoire Otrepief, disait-on, avait eu tant d'audace, le tsar n'eût pas manqué d'exterminer sa famille tout entière. Or, son oncle Smirnoï était en grande faveur[1]. Pour qui

1. *Gos. Gramoty*, II, p. 173. Interrogatoire de Khroutschof, 3 sept. 1604.

connaissait le caractère soupçonneux et vindicatif de Boris, c'était un argument sans réplique [1].

Telles étaient les nouvelles que donnait le prisonnier, un peu suspectes peut-être d'exagération, mais que confirmaient cependant de nouveaux rapports arrivant de tous les côtés. Si Démétrius eût été mieux pourvu d'argent, il aurait sans doute passé sur-le-champ la frontière; mais malgré tous ses efforts et ceux de Mniszek, ce fut seulement vers la fin d'octobre qu'il se trouva en mesure d'entrer en Russie [2]. Il avait alors auprès de lui environ onze cents lances polonaises [3] et cinq cents fantassins de la même nation, outre un millier de Russes transfuges ou exilés. Sur le territoire moscovite il était attendu par un corps de trois ou quatre mille Cosaques du Don ou Zaporogues. A la tête de cette petite troupe il s'avança résolument contre son ennemi qui avait déjà rassemblé en avant de Moscou une armée de plus de cent mille hommes.

1. Cet argument, qui peint les mœurs de l'époque, est de Khroustchof lui-même.
2. Il est possible que Démétrius ait voulu attendre l'époque des neiges, plus favorable dans le Nord aux expéditions militaires que l'automne qui est ordinairement pluvieux.
3. C'est-à-dire plus de trois mille chevaux. Chaque gentilhomme polonais était suivi de plusieurs cavaliers.

## V.

La petite armée de Démétrius, qui s'était concentrée dans le palatinat de Kiovie, passa le Dnieper le 23 octobre 1604, au-dessus de Kïef, se dirigeant vers le nord [1]. Sa marche fut lente, car le 31 seulement elle entra sur le territoire russe, et se porta sur Moravsk, petite ville fortifiée du gouvernement actuel de Tchernigof, sur l'extrême frontière. Dès que les habitants virent briller les lances des Cosaques de l'avant-garde, ils ouvrirent leurs portes, et coururent présenter à Démétrius l'offrande du pain et du sel, symbole de soumission [2]. Les voïévodes ou gouverneurs de Boris avaient voulu résister, mais le peuple les avait garrottés et les amenait en triomphe

---

1. *Gos. Gramoty,* Journal de Mniszek, II, p. 168. — Ms. de Zolkiewski, p. 3.

2. On observe aujourd'hui le même cérémonial non-seulement à l'égard de l'empereur quand il fait son entrée dans une ville, mais encore à l'égard d'un seigneur qui vient visiter son village.

au tsarévitch. Celui-ci les traita humainement. Il se montra affable, prodigue de promesses, plein de confiance dans la justice de sa cause et le succès de son entreprise. Quatre jours après, Tchernigof et quelques autres villes se rendirent de même sans coup férir. A chaque étape Démétrius recevait des députations accourues pour le féliciter et lui livrer les gouverneurs de Boris chargés de chaînes. Des déserteurs, des aventuriers arrivaient par petites troupes. Le point d'attaque, pour être éloigné du centre de l'empire, avait été bien choisi. La province de Sévérie, remplie de Cosaques et de longue main travaillée par les émissaires de Démétrius, paraissait disposée à l'accueillir comme un libérateur [1].

Ce fut seulement aux portes de Novgorod-Severski qu'on s'aperçut que Boris régnait encore. A l'approche du prétendant, le gouverneur Pierre Basmanof, envoyé peu de temps auparavant avec une troupe d'élite de six cents strelitz, mit le feu à la ville basse, et se retira dans la citadelle. Sommé de se rendre, il répondit fièrement qu'il avait prêté ser-

1. Baer, p. 45. — Peyerle, p. 6. — Journal de Mniszek. — La route la plus courte eût été de partir de Vilna pour se diriger sur Smolensk, mais cette route l'eût éloigné des Cosaques ses plus sûrs alliés.

ment d'être fidèle au tsar Boris, et qu'il ne connaissait pas d'autre souverain. — « Celui qui t'envoie, dit-il au parlementaire polonais, n'est qu'un imposteur, et le pal l'attend ainsi que ses complices. Hâte-toi de t'éloigner, si tu tiens à la vie[1]. » L'arrivée du tsarévitch avec toutes ses forces, les sommations réitérées, les tentatives de séduction, ne purent obliger Basmanof à changer de langage. Après lui avoir laissé quarante-huit heures de réflexion, un assaut fut tenté, qu'il repoussa vigoureusement. Démétrius n'avait pas de canons d'un calibre assez fort pour détruire les palissades qui formaient la principale défense de Novgorod. Ses ingénieurs polonais passèrent trois semaines à préparer des matières incendiaires et des artifices pour mettre le feu à ces retranchements de bois ; mais la nuit fixée pour l'expédition, les strelitz, prévenus par des transfuges, se trouvèrent sur leurs gardes et accueillirent les assaillants par des décharges meurtrières, qui bientôt les contraignirent à renoncer à leur projet. Cette suite d'échecs devant un misérable fort en bois, jeta le découragement parmi les Russes et les Polonais de la petite armée assiégeante. Déjà les vivres et les

---

1. Peyerle, p. 9 et suiv.

munitions devenaient rares, et l'on annonçait que la grande armée de Boris marchait au secours de Novgorod. Seul, Démétrius ne partageait pas l'abattement général, et s'efforçait de ranimer le courage et l'espoir de sa troupe, lorsqu'un succès inattendu vint lui fournir de nouvelles ressources. Ses coureurs s'emparèrent d'un convoi de 80,000 ducats que Boris envoyait à son armée, ou, selon un récit assez vraisemblable, le trésorier nommé Massalski, s'alla volontairement rendre au camp de Démétrius[1]. En même temps Poutivle, une des principales villes de la Sévérie, se déclara en sa faveur. En moins de trois jours, Rylsk, Sievsk, Voroneje et une quarantaine de villes ou de bourgs fortifiés suivirent cet exemple[2]. La défection si opportune de Poutivle était due au moine Otrepief, qui, depuis plusieurs mois, parcourait la Sévérie, où son éloquence paraît avoir exercé une grande influence sur la multitude.

A Poutivle, ce moine et le prétendant se trouvèrent réunis; moins d'une année auparavant, ils s'é-

---

1. Cfr. Nikon, p. 61. — Petreïus, p. 300. — Karamzine, XI, p. 200 et suiv. — Niemcewicz, IV, p. 253, rapporte que l'argent était caché dans des tonneaux de miel, et que Démétrius en envoya une partie en Pologne au prince Wisniowiecki pour avoir de nouvelles recrues.

2. Peyerle, p. 11; Baer, p. 45.

taient quittés, disait-on, sur la frontière de Lithuanie, l'un pour soulever les Cosaques, l'autre pour séduire la noblesse polonaise[1]. Chacun avait réussi de son côté, chacun pouvait s'attribuer le succès et en revendiquer le mérite pour lui seul. Quelles étaient leurs relations auparavant, c'est ce que tout le monde ignorait. Mais Démétrius prenait déjà au sérieux son rôle de souverain. Otrepief, qu'il fût ou non sa dupe, s'attendait à retrouver un compagnon, ce fut un maître qui s'offrit à lui. Ses habitudes basses, son penchant à l'ivrognerie, son insolence, dégoûtaient Démétrius, qui loin de récompenser ses services, paraît avoir cherché à l'éloigner de lui. Dès ce moment le moine cesse d'occuper une place dans l'histoire. Quelques mois plus tard on le retrouve exilé à Iaroslavl, lieu de sa naissance, puis il retombe dans l'obscurité[3].

Cependant Démétrius épuisait inutilement ses boulets contre les palissades de Novgorod. Enfin Basmanof envoya demander une trêve de quinze jours. Il attendait, disait-il, des nouvelles de Moscou, et s'il n'était pas secouru avant le terme fixé, il promettait de rendre la place[3]. Dans la situation où se

---

1. Margeret, p. 156. — 2. *Id., ibid.*
3. Peyerle, p. 13.

trouvait le prétendant, cette proposition ne pouvait pas être rejetée; elle lui fournissait le moyen de sortir avec honneur d'une entreprise où il s'était engagé un peu témérairement. D'ailleurs on lui signalait l'approche de la grande armée moscovite, et, selon le rapport des coureurs, c'était plus de cent mille hommes qu'il allait avoir sur les bras. Malgré l'infériorité du nombre, le tsarévitch résolut de l'attendre et de tenter le sort des armes, sentant bien qu'un pas en arrière serait suivi d'une défection générale. Les Polonais, ennuyés de la longueur du siége, se promettaient plus de succès en rase campagne; en outre, la plupart des espions affirmaient que cette armée si nombreuse était plutôt disposée à passer sous les drapeaux du tsarévitch qu'à défendre la cause de Boris.

En effet, les généraux moscovites, témoins de l'anxiété de leur maître, et se défiant de la fidélité de leurs soldats, incertains d'ailleurs du caractère et des ressources de l'homme qu'ils allaient combattre, s'avançaient avec une excessive lenteur et des précautions qui trahissaient moins leur prudence que leur timidité [2]. Pendant cinq jours ils demeurèrent

---

1. *Gos. Gramoty*, Journal de Mniszek, II, p. 171.

campés à quatre lieues de Novgorod, plus occupés à se retrancher au milieu des bois qu'à préparer leurs attaques. A l'exception des strelitz et de quelques enseignes de gens de pied allemands, l'armée de Boris n'était qu'une cohue sans discipline. Son immense cavalerie mal montée, et armée d'arcs et de flèches [1], ne savait ni manœuvrer ni fournir une charge. Les soldats avaient conscience de leur infériorité militaire; et, contraints par le fouet [2], pour la plupart, à prendre les armes, ils montraient une extrême répugnance à marcher contre un homme qui était à leurs yeux, sinon leur souverain légitime, du moins l'ennemi de Boris qu'ils détestaient.

Le 25 décembre 1604, une tentative des Moscovites, pour jeter des renforts dans Novgorod, fut chaudement repoussée. Le prince Fëdor Mstislavski, commandant l'armée de Boris, écrivit à Mniszek, comme au général des forces polonaises, pour le sommer de quitter sur-le-champ le territoire russe envahi au mépris de la trêve, et d'abandonner la cause d'un imposteur, rebelle à un souverain allié

---

1. Herberstain, *Rer. moscovit. commentarii*, p. 49.
2. « On leur cinglait les épaules si bien qu'on ne leur eût pas trouvé sur l'échine une place saine où mettre une aiguille. » Baer, p. 46.

du roi de Pologne. Comme on le pense, cette sommation ne produisit aucun effet[1]. Le 28, les Moscovites se portèrent en avant, mais s'arrêtèrent aussitôt à la vue des coureurs qui engageaient l'escarmouche. Quelques gentilshommes russes passèrent du côté de Démétrius. Il s'attendait à une défection plus considérable, cependant tout ce qu'on lui rapportait de la situation de l'armée ennemie était de nature à l'encourager. Malgré les hésitations des généraux moscovites, on était trop rapproché pour qu'une action générale ne fût pas inévitable. Elle eut lieu le 31 décembre.

Le prétendant avait environ quinze mille hommes, Cosaques, Russes, Polonais; le prince Mstislavski plus de quarante mille[2]. Au point du jour, Démétrius quitta son camp et se mit en bataille dans une plaine découverte, avec une hardiesse qui, si elle ne dénotait pas une ignorance complète de l'art de la guerre, semblait témoigner de sa part la certitude de la victoire. Sa principale force consistait en six ou sept cents cavaliers polonais qu'on appelait *Hussards* ou *Towarzysz*, c'est-à-dire compagnons. C'était un corps de gentilshommes montés sur des

1. *Gos. Gramoty*, Journal de Mniszek, II, p. 171.
2. Margeret, p. 114.

chevaux de grande taille, couverts d'une armure complète, et armés de longues lances qu'ils maniaient avec une adresse singulière[1]. Ils étaient suivis chacun d'un certain nombre de serviteurs presque aussi bien armés que leurs maîtres, et nommés *Pocholiki*, mot que quelques auteurs français du XVIIe siècle ont changé en celui de *Pacolets*. Au moment du combat les hussards formaient la première ligne destinée à enfoncer l'ennemi. Leur accoutrement, bizarre mélange des modes de l'Orient et de l'Occident, semblerait fort extraordinaire à nos cavaliers d'aujourd'hui. Des manteaux de peaux de bêtes sauvages flottaient sur leurs épaules; leurs chabraques étincelaient d'or et d'argent, souvent de perles et de pierreries. Au dos de leurs cuirasses, les hussards portaient de grandes ailes d'aigle ou de vautour qui dépassaient de beaucoup leurs têtes. D'autres ailes étaient fixées sur leurs casques, quelquefois même il y en avait d'attachées à la selle, et il ne fallait pas une médiocre adresse pour monter à cheval avec un semblable harnachement[2].

1. Maskiewicz, p. 42.
2. C'est ainsi qu'on représente les guerriers polonais dans les gravures du XVIIe siècle. On voit quelques-unes de ces armures dont les ailes sont en bronze ou en fer-blanc. — Les hussards de Sobieski avaient encore des ailes.

Démétrius, à la tête de cette troupe d'élite et d'un gros de gentilshommes russes, harangua ses soldats et les engagea à bien faire. Son visage, rayonnant de joie, respirait un enthousiasme guerrier. « O mon Dieu! s'écria-t-il à haute voix, si ma cause est injuste, que ton courroux tombe sur moi seul! Mais tu sais mon bon droit, et tu prêteras à mon bras une force invincible[1]. » A ces mots, les hussards polonais s'élançant avec la rapidité de la foudre sur l'aile droite des Russes, l'enfoncèrent du premier choc en la culbutant sur le centre. Le désordre se mit dans toute l'armée moscovite : les soldats se débandaient en jetant leurs armes et criant : le tsarévitch, le tsarévitch! Leurs chevaux, dit un annaliste russe, effrayés à la vue des Polonais couverts de pelisses d'ours, le poil en dehors, refusaient d'avancer contre ce qui leur semblait une armée de bêtes féroces[2]. En vain le prince Mstislavski, plus brave soldat qu'habile capitaine, s'efforça de rallier sa cavalerie épouvantée. Mêlé un moment au milieu des Polonais, il reçut quinze coups de sabre, fut renversé de cheval et eût été pris, sans une douzaine d'arquebusiers qui le dégagèrent et l'emportèrent tout

---

1. Peyerle, p. 13. — De Thou, lib. cxxxv.
2. Margeret, p. 113. — Karamzine, XI, p. 214.

sanglant loin du champ de bataille. La déroute était complète et l'armée moscovite entièrement dissipée, si l'infanterie de l'aile gauche n'eût arrêté l'impétuosité de la cavalerie polonaise. Dans le même temps, Basmanof sortant de Novgorod, appuyé de quelques compagnies allemandes sous la conduite du suédois Lorenz Biugge, assaillait le camp de Démétrius et y mettait le feu. Il fallut renoncer à poursuivre l'armée russe pour repousser cette attaque, et les généraux de Boris purent opérer leur retraite à la faveur des bois [1].

Le combat de Novgorod était glorieux sans doute, mais c'était une victoire stérile. L'ennemi abandonnait le champ de bataille couvert de quatre mille morts, perte facile à réparer. Un petit nombre de prisonniers avait été ramené par les Cosaques, presque point de déserteurs. Démétrius s'était flatté, et c'est ce qui explique son audace, que toute l'armée moscovite allait passer sous ses drapeaux. Il l'avait vue fuir devant lui, épouvantée mais non soumise. A quelques milles de Novgorod, une autre armée plus nombreuse, arrivant de Moscou, allait rallier les fuyards, et dans quelques jours pourrait reprendre

---

1. Cfr. Margeret, p. 113. — Peyerle, p. 15. — Baer, p. 47. — Petreïus, p. 299.

l'offensive. Il est vrai que le lendemain du combat un corps de douze mille Zaporogues était venu joindre le vainqueur, amenant quatorze canons attelés; mais on trouva qu'ils auraient pu faire plus de diligence, et leur fidélité parut un peu suspecte[1]. D'un autre côté, bien que fort enorgueillis par la victoire, dont ils s'attribuaient tout l'honneur, les Polonais commençaient à remarquer le peu d'empressement des Russes à se déclarer pour le souverain légitime, et les difficultés de leur entreprise leur apparaissaient pour la première fois dans toute leur réalité. D'ailleurs ils se plaignaient que Démétrius tînt mal ses promesses. L'argent qu'avait apporté Massalski avait été en grande partie distribué aux Cosaques et aux Sévériens, et les hussards murmuraient de voir que la meilleure part du butin n'appartenait pas à ceux qui avaient le poste d'honneur au moment du combat[2]. C'est dans cette disposition qu'ils reçurent un message de Sigismond, qui leur enjoignait de rentrer dans leur patrie sous peine de confiscation de leurs biens. Sans doute cet ordre avait été arraché au roi de Pologne par les instances ou les menaces des envoyés de Boris. Nul doute qu'il n'eût été retardé

1. Peyerle, p. 16.
2. Petreïus, p. 300.

si la victoire de Novgorod eût été connue à la cour de Cracovie, mais la prolongation inconcevable du siége d'une bicoque, et l'annonce des immenses préparatifs du tsar, avaient fait désespérer de la cause du prétendant. Enfin, à la même époque, une de ces révoltes autorisées par les lois de la Pologne sous le nom de *Confédération*[1], faisait sentir à Sigismond le besoin de ses palatins fidèles, et ce motif seul suffisait pour qu'il rappelât Mniszek et ses compagnons.

La plupart des Polonais résolurent d'obéir au commandement de leur souverain. Tous les palatins et les principaux gentilshommes, Mniszek lui-même et ses parents, abandonnèrent Démétrius. Pour colorer leur retraite, ils lui promirent de revenir bientôt avec des forces plus considérables. En attendant, ils allaient faire tous leurs efforts pour obliger Sigismond et la république à déclarer la guerre à Boris. Une centaine de hussards seulement, peu soucieux d'obéir aux ordres de leur roi, restèrent auprès du tsarévitch, et lui formèrent une espèce de garde.

---

1. Ces Confédérations (Rokosz) étaient des insurrections de l'armée de la couronne ou de celle de Lithuanie, motivées en général par le refus de subsides demandés. On peut voir dans Maskiewicz le récit d'une de ces Confédérations à laquelle il prit part.

Le reste prit la route de Pologne quatorze jours après le combat de Novgorod[1]; mais, soit honte d'abandonner leur chef d'adoption au moment du danger, soit espoir de faire leur fortune en Russie, environ quatre cents de ces cavaliers revinrent sur leurs pas et rejoignirent Démétrius comme il se préparait à combattre de nouveau l'armée moscovite[2].

Dénué d'argent et de presque toutes ressources, obligé de compter avec ses soldats comme avec ses capitaines, il n'avait pas cessé de tourner sa vue vers Moscou et le trône des tsars. Son assurance ne se démentit point, et il attendait impassible le choc d'une armée immense, deux fois plus nombreuse que celle qu'il avait déjà combattue. Il calcula froidement ses chances. Maintenant il ne pouvait plus être question de continuer le siége de Novgorod. S'enfermer dans une des villes fortifiées qui venaient de se déclarer en sa faveur, lui parut plus dangereux que de hasarder une nouvelle bataille. Un coup de désespoir pouvait réussir, et la seconde armée de Boris se montrerait peut-être moins fidèle que la première. Enfin il ne se dissimulait pas qu'un pré-

---

1. *Gos. Gramoty*, Journal de Mniszek, II, p. 172. — Peyerle, p. 16.
2. *Id.*, p. 17.

tendant doit agir, et qu'il est perdu dès qu'il paraît douter de sa fortune. Déterminé à tout risquer, il leva son camp, et, après avoir passé quelques jours à Sievsk pour rafraîchir ses troupes, il se remit en campagne avec moins de vingt mille hommes, Cosaques pour la plupart ou habitants de la Sévérie.

Boris n'avait appris la défaite de son armée devant Novgorod que par le bruit public, car le prince Mstislavski était hors d'état d'écrire ou de dicter, et, parmi les autres généraux, pas un seul n'avait voulu se charger d'annoncer une si mauvaise nouvelle. C'est ainsi que les despotes sont servis par leurs agents [1]. La colère du tsar ne fut égalée que par son inquiétude. Contre son ordinaire, il se borna à réprimander ses boyards, mais il n'en punit aucun, car il se sentait, pour ainsi dire, entre leurs mains, et sa rigueur eût peut-être précipité une défection générale. Il envoya son médecin au prince Mstislavski, qui, du moins, s'était conduit en brave soldat, et l'assura de son intérêt et de sa reconnaissance. Basmanof, le seul de ses officiers qui eût soutenu l'honneur de ses armes, nommé boyard du

1. V. dans Saint-Simon un fait tout semblable à l'occasion de la bataille d'Audenarde.

conseil et comblé de présents, fut mandé à Moscou, comme pour défendre la capitale en cas d'un nouveau revers. Boris chargea le prince Basile Chouiski de prendre le commandement de l'armée nouvelle qui marchait contre l'imposteur. Dans l'extrémité où il se voyait, le tsar avait fait taire sa haine et ses soupçons pour employer un homme qui passait pour habile, et dont le nom illustre devait assurer l'obéissance du reste de ses généraux.

Chouiski n'était pas homme de guerre, et, sur ce point, se rendait justice. Sa marche fut encore plus prudente, sa conduite encore plus timide que celle de son prédécesseur. Bien qu'il eût sous ses ordres près de quatre-vingt mille hommes et beaucoup d'artillerie, il ne s'approcha de Sievsk qu'avec des précautions extraordinaires, se fortifiant chaque soir par des abatis de bois et s'entourant de ses chariots comme d'un rempart. Les coureurs de Démétrius le découvrirent ainsi fortement retranché au milieu des bois, près du village de Dobrynitchi, aujourd'hui Dobroun, sur la Sieva, à quelques milles de Sievsk[1].

Au bout de trois jours seulement, Chouiski s'enhardit jusqu'à engager une escarmouche que la nuit ter-

---

1. Peyerle, p. 17.

mina bientôt. Il était facile de s'apercevoir que les Moscovites étaient mal servis par leurs espions, et qu'ils ignoraient complétement les forces réelles de leurs adversaires. L'audace des hussards et des Cosaques terrifiait les milices peu aguerries de Boris, et des milliers de cavaliers couraient s'enfermer dans leur camp à la vue de quelques fourrageurs. Dans le dernier engagement, les Russes avaient perdu plus de deux cents hommes, mais ils avaient pris un Polonais. Cet homme, dit un chroniqueur, était ivre, et à toutes les questions des généraux moscovites, il ne répondait qu'en demandant de la bière et de l'eau-de-vie. On eut beau le charger de coups pour le faire parler; il mourut sous le bâton en criant « à boire! » Chouiski le fit pendre à un sapin au milieu du camp comme pour prouver aux Russes que les Polonais n'étaient pas immortels. Ce misérable ivrogne montrait cependant qu'ils étaient des soldats déterminés [1].

Après de longues délibérations, les généraux de Boris, pressés par les lettres de leur maître, et animés par la présence de plusieurs capitaines étrangers, résolurent de livrer bataille, et, le 20

---

1. Petreïus, p. 301.

janvier 1605, développèrent leur immense armée dans la plaine de Dobrynitchi. Démétrius ne leur laissa pas l'honneur de l'attaque. Il divisa sa troupe en trois corps. Son infanterie composée de quatre mille Cosaques occupa une hauteur avec son artillerie. huit mille Zaporogues à cheval formaient le corps de bataille. Démétrius lui-même, avec quatre cents hussards polonais et deux mille cavaliers russes, se plaça de sa personne à l'avant-garde. Dès que les Russes, sortant des bois, commencèrent à se former, il fondit au galop sur leur centre. A ce mouvement, la cavalerie russe plia, soit par crainte du choc, soit pour démasquer l'artillerie et l'infanterie qui firent aussitôt une décharge générale. Quatorze canons et seize mille arquebusiers tirant à la fois avec la précipitation de la peur, n'abattirent qu'une dizaine d'hommes, et au même instant, parmi la fumée que le vent leur chassait au visage, les Moscovites virent briller devant leurs yeux les lances des hussards. L'avant-garde de Démétrius, de son premier élan, culbuta l'infanterie, sabra les canonniers, et fit une large trouée au milieu de la ligne ennemie. Si, en ce moment, les Zaporogues eussent chargé avec la même vigueur, on croit que Démétrius remportait une victoire complète. Mais ces Cosaques demeurèrent immobiles, et bientôt tournèrent le dos sans rendre de combat. Cependant deux enseignes de gens de pied étrangers, commandées par le Livonien Walther de Rosen et le Français Margeret, arrêtèrent la charge impétueuse de Démétrius et donnèrent aux Moscovites le temps de se rallier et de revenir au combat. Les Allemands, qui composaient la majeure partie des auxiliaires de Boris, criaient dans leur langue : *Hilf Gott!* Dieu nous soit en aide! C'était leur cri de guerre. Il devint le cri de ralliement des Russes qui le répétaient sans le comprendre. Après avoir payé bravement de sa personne, Démétrius, dont le cheval était blessé, tourna bride et s'enfuit, chaudement poursuivi. Heureusement son infanterie cosaque arrêta un moment les vainqueurs; pour lui, sans se soucier de renouveler une lutte désormais désespérée, il courut jusqu'à Sievsk, suivi des débris de ses hussards. Quant aux Cosaques à pied, enveloppés par toute l'armée moscovite, ils se firent tuer jusqu'au dernier en défendant leurs canons [1].

Si Démétrius fut trahi par les Zaporogues, achetés, dit-on, par l'or de Boris, Boris lui-même fut mal

---

1. Cfr. Baer, p. 48. — Peyerle, p. 20. — Margeret, p. 116. — Petreïus, p. 302.

servi par ses généraux qui, au lieu de suivre leur succès, arrêtèrent leurs troupes sur le champ de bataille, et favorisèrent ouvertement la fuite du prétendant. « Qu'on cesse le carnage et qu'on sonne la retraite, disaient-ils; la poule est dans le pot[1]. » Rien n'était fait cependant tant que Démétrius vivait encore. Il avait perdu quatre mille hommes, toute son artillerie, tous ses bagages, mais le prestige de son nom lui restait, et c'en était assez pour recommencer la guerre.

Il ne fit que traverser Sievsk, qui ne pouvait faire de résistance sérieuse, et poussa trente milles plus loin, jusqu'à Rylsk. De là, il gagna Poutivle, toujours accompagné de ses Polonais, car il ne se fiait plus aux Zaporogues. Bientôt cependant, ces lâches qui le suivaient à la trace se présentèrent aux portes de Poutivle, mais au lieu de les laisser entrer, on les accueillit par des volées de canon. Ils se dispersèrent

---

1. L'expression employée par Petreïus, qui sans doute l'a prise à Baer, lequel l'a traduite du russe, est en allemand : *Sie hetten schon den rechten Hahn gefangen*; Pétreïus, p. 302, M. Oustrialof l'a retraduite ainsi en russe : *Popalsia kour vo chtchi*, la poule est tombée dans la soupe aux choux. Chouiski et les chefs russes voulaient faire croire aux soldats que Démétrius était pris, ayant intérêt à ce que la victoire de Boris ne fût pas complète. V. Baer, 48 et note 52, p. 245 et suiv.

alors, et regagnèrent leurs campements habituels sur les bords du Dnieper [1].

Pendant que Démétrius déployait toute son activité à mettre Poutivle en état de défense, qu'il rassurait ses partisans et cherchait partout de nouveaux soldats, les généraux moscovites ne songeaient qu'à se faire payer leur victoire. A la lenteur de leurs mouvements, on eût dit qu'ils voulaient éterniser la guerre, et sans doute telle était leur intention, persuadés que tant qu'elle durerait, Boris aurait à compter avec eux. Aussitôt après la victoire de Dobrynitchi, Chouiski avait renvoyé une partie de ses troupes qui, disait-il, faute de vivres, ne pouvaient tenir plus longtemps la campagne. En effet, à cette époque on ne savait en Russie ce qu'étaient des magasins et des approvisionnements militaires. Chaque soldat pourvoyait à sa subsistance par sa propre industrie [2]. Quoique fort réduite, l'armée russe, bien dirigée, suffisait à exterminer les débris des rebelles. Mais Chouiski, au lieu d'aller chercher le prétendant à Poutivle, s'amusa à faire le siége de Rylsk. Boris, mécontent de lui et le soupçonnant peut-être de trahison, rendit le commandement à Mstislavski à

1. Peyerle, p. 21.
2. Herberstain, p. 51.

peine rétabli de ses blessures, mais aussi peu habile et presque autant désaffectionné. Telle était l'inexpérience ou la mauvaise volonté des généraux russes, qu'après avoir pris toutes leurs dispositions pour bloquer Rylsk, ils laissèrent cinq mille Cosaques sortis de Poutivle surprendre, en plein jour, un de leurs quartiers, et ravitailler la place[1]. Découragés par cet échec honteux, ils s'en vengèrent par ravager la Sévérie, brûler les villages, pendre ou fusiller les habitants, hommes ou femmes, soupçonnés d'avoir accueilli l'imposteur[2]. Puis, pour avoir à se vanter auprès de Boris d'un succès qu'ils croyaient facile, ils se jetèrent sur Kromy, petite ville fortifiée seulement par une enceinte de palissades, dans la persuasion qu'ils l'emporteraient au premier assaut. Mais il y avait dans Kromy un vieil ataman nommé Korela, rusé partisan, venu des bords du Don avec la réputation d'un insigne sorcier[3]. Les chroniqueurs nous ont conservé quelques-uns de ses tours magiques, qui sans doute n'étonneront pas beaucoup nos ingénieurs modernes. La place investie, les Russes mi-

---

1. Peyerle, p. 22. — Il exagère fort, comme il semble, ce succès de Démétrius.

2. Baer, p. 49. — Peyerle, p. 23.

3. Ein grosser Zauberer. Petreïus, p. 304.

rent le feu avec des flèches incendiaires aux palissades et aux huttes de paille où logeait la petite garnison de Kromy qui ne consistait qu'en six cents Cosaques du Don. Derrière les palissades brûlées, on fut bien étonné de trouver un large fossé et un rempart en terre. Postés dans des trous au pied de ce rempart, les Cosaques tiraient à couvert et fusillaient l'ennemi à bout portant. Il fallut renoncer à une attaque de vive force. Mais alors, nouvelle invention diabolique : du grand fossé d'enceinte, Korela poussa de longues tranchées çà et là dans la campagne. Dès qu'un poste moscovite montrait quelque négligence, une bande de Cosaques, sortant de dessous terre, venait l'égorger, puis, à la vue des renforts, disparaissait plus rapidement qu'un renard dans son terrier souterrain. Sans cesse harcelés par un ennemi invisible, les généraux de Boris passèrent deux mois devant cette bicoque, plutôt assiégés qu'assiégeants [1].

Démétrius, qui se sentait hors d'état de reprendre la campagne, n'en faisait pas moins à son ennemi une guerre active et des plus dangereuses. De Pou-

---

[1]. On ne connaît pas la date exacte de l'investissement de Kromy. Je suppose qu'il eut lieu au commencement du printemps, car il serait difficile de comprendre toutes ces terres remuées pendant un hiver de Russie. V. Baer, p. 51.

tivle dont il avait fait son quartier général, il parvint à lier des intelligences secrètes avec quantité d'officiers du camp devant Kromy. Ses lettres et ses manifestes inondaient l'armée et pénétraient jusque dans Moscou. Il y racontait comment, échappé aux poignards de Boris, il avait dû cacher sa vie et sa retraite jusqu'au jour où la Providence lui avait permis de redemander, l'épée à la main, l'héritage de ses pères. Il assurait que le roi de Pologne, son allié, lui envoyait une armée nombreuse, et qu'au printemps il marcherait sur Moscou avec des forces irrésistibles[1]. Les ravages et les cruautés exercées dans la Séverie par l'armée de Boris avaient exaspéré les habitants. De toutes parts des recrues arrivaient à Poutivle, ne respirant que vengeance, et prêtes à mourir pour leur tsarévitch. Dans toutes les bourgades de cette province, une des plus peuplées de la Russie, on exaltait la bravoure, la clémence, l'affabilité de Démétrius. Dès qu'il rentrera dans Moscou, disait-on, il n'est chose qu'il ne fasse pour ses fidèles sujets, martyrs de la bonne cause. D'un autre côté, des émissaires nombreux et habiles cherchaient à gagner les soldats étrangers, l'élite de l'armée de

---

1. Baer, p. 49.

Boris, gens qui, faisant de la guerre un métier, étaient toujours prêts à changer de parti sur l'espoir d'une solde plus avantageuse et d'un plus riche butin[1].

Ces menées n'échappaient point à la pénétration de Boris. Dès les premiers progrès de Démétrius, il avait dit à ses boyards, en les regardant *dans le blanc des yeux*, selon l'expression d'un vieux chroniqueur : « Voilà votre ouvrage ! vous voulez me détrôner.[2] » Maintenant il sentait que tout lui manquait à la fois. Sa fortune l'abandonnait, et ses forces physiques ne répondaient plus à l'énergie de son âme. Malade, découragé, trahi par ses propres créatures, il ne voyait plus autour de lui que des regards perfides, étudiant sa contenance et chacun de ses gestes pour y chercher les indices de sa fin prochaine. Ses plus intimes conseillers lui étaient devenus suspects, et sans cesse il croyait les voir occupés à calculer si la trahison leur serait plus profitable que la fidélité. Tout tournait contre lui : il avait félicité les soldats étrangers de leur belle conduite à Dobrynitchi, leur avait donné de l'argent et des habits, et leur promettait pour l'avenir des pensions et des terres. « Avec

---

1. Peyerle, p. 30.
2. Baer, p. 45.

vous, disait-il, je suis prêt à partager ma dernière chemise¹. » Ces éloges et cette libéralité blessaient les Russes, toujours jaloux des Allemands.

Basmanof, appelé à Moscou pour recevoir la récompense de sa vaillante défense de Novgorod, semblait être devenu le favori du tsar. En lui seul Boris mettait sa confiance. Il annonçait l'intention de l'envoyer à l'armée qui assiégeait Kromy, avec une autorité égale à celle du prince Mstislavski, le premier boyard du conseil, et peut-être le plus grand seigneur de l'empire. Diviser le commandement, en toutes circonstances est une faute, en ce moment c'était un danger immense, car les boyards ne voyaient dans l'intrépide gouverneur de Novgorod qu'un parvenu dont la faveur naissante leur portait ombrage. Tandis qu'il prodiguait à Basmanof les récompenses les plus flatteuses, Boris adressait des réprimandes, peut-être injustes, au prince Mstislavski encore souffrant de ses blessures, et le rendait responsable du mauvais succès de ses armes devant une forteresse de bois défendue par une poignée de désespérés. A la fin, soit qu'il craignît d'offenser les boyards en leur donnant Basmanof pour chef, soit

---

1. Baer, p. 50.

qu'il voulût garder ce dernier auprès de sa personne pour une éventualité fatale qu'il craignait déjà, il envoya devant Kromy le prince Katiref, avec l'ordre exprès d'en finir avec la horde de Korela ; de la sorte il blessait l'amour-propre de ses généraux, et leur donnait un supérieur qui n'avait pas plus qu'eux d'expérience et d'habileté dans l'art de la guerre. Toutes ces mesures, prises à la hâte et comme à la dernière extrémité, augmentaient le nombre des mécontents et révélaient à tous l'anxiété de Boris. Autrefois les boyards maudissaient tout bas les ordres du tsar, maintenant ils les bravaient, tenant sa cause comme perdue. Plusieurs seigneurs de marque et quantité de soldats quittèrent le camp de Kromy, et vinrent à Poutivle offrir leurs services au prétendant [1].

Le clergé seul demeurait fidèle à Boris. Il savait que deux jésuites polonais accompagnaient Démétrius dans son expédition, et qu'ils avaient part à ses conseils : c'en était assez pour alarmer l'orthodoxie russe. Il est vrai que Démétrius professait publiquement le culte grec, mais il avait, pour ce qu'on appelait à Moscou *l'hérésie latine*, des complaisances

---

[1]. Margeret, p. 117 et suiv. — Karamzine, p. 226-27.

propres à faire soupçonner qu'il la chérissait au fond de son cœur. C'est ainsi qu'à Poutivle il avait permis aux Polonais catholiques de sa garde de célébrer publiquement, selon leur rite, la fête de l'Annonciation, et, scandale inouï dans les idées de l'époque, on avait tiré le canon à cette solennité. Il avait donné des images à des prêtres latins, et décoré leurs autels d'étoffes précieuses[1]. Pour les dévots moscovites, Démétrius était un ennemi de l'Église, et il se trouva des fanatiques prêts à gagner la palme du martyre pour délivrer la sainte Russie du fléau qui la menaçait.

Trois moines, partis de Moscou, arrivèrent à Poutivle, porteurs de lettres pour plusieurs habitants de cette dernière ville avec lesquels ils s'abouchèrent en grand secret. Elles leur étaient adressées par Boris, qui promettait aux bonnes gens de Poutivle une amnistie plénière, des priviléges et des récompenses magnifiques s'ils voulaient lui livrer Démétrius mort ou vif, ainsi que les Polonais de sa garde. Ces moines, s'il fallait les croire, avaient résidé longtemps dans le monastère d'où s'était échappé l'imposteur qui se donnait pour le tsarévitch. « C'est un impie et un re-

---

1. Barèze, p. 29.

négat, disaient-ils. Son vrai nom est Grichka Otrepief, et nous, ses supérieurs, l'avons maintefois puni pour s'être adonné à la magie et autres méchantes pratiques. » Tous les habitants de Poutivle étaient dévoués à Démétrius; aussi, à leur première confidence, les trois moines furent arrêtés. On les conduisit dans une salle où se trouvait, assis au milieu d'une foule de gentilshommes et d'atamans debout, un jeune homme revêtu de riches habits et qui semblait l'objet du respect général. C'était un Polonais nommé Iwanicki, auquel Démétrius avait pour un moment cédé son rôle. « Connaissez-vous le tsarévitch? » demanda-t-on aux prisonniers. Les moines, s'armant de hardiesse, s'écrièrent que le prétendu tsarévitch était un imposteur, et probablement ils reconnurent dans Iwanicki leur ancien compagnon Grichka Otrepief[1]. On les mit à la question. Deux furent inébranlables sous les plus cruelles tortures[2]; mais le troisième faiblit et demanda grâce,

---

1. Cfr. Peyerle, p. 26, 27.
2. Sur la fermeté incroyable des Moscovites à souffrir la torture, voir *Diarium in Moscoviam P. I. ac M. D. Ign. Xpi de Guarient et Rall. Viennæ*, p. 207. L'auteur, envoyé de l'Empereur auprès de Pierre-le-Grand, raconte qu'en 1696, un colonel de strelitz fut quatre fois appliqué à la question sans qu'il fût possible de lui arracher un aveu. Le tsar, alors l'em-

promettant de faire des révélations. On le conduisit à Démétrius. A sa vue, il tomba la face contre terre et s'écria : « Oui, tu es le tsar ! » Puis il déclara que le plus jeune de ses compagnons était porteur d'un poison subtil caché dans la semelle de ses bottes, qui, par la connivence de deux boyards, transfuges prétendus, devait être mêlé à l'encens offert à Démétrius dans l'église de Poutivle. « Celui qui respire cette vapeur empestée, ajouta le moine, enfle et meurt au bout de dix jours. Voilà les instructions que Boris envoie aux traîtres qui t'entourent. » Probablement personne en Europe, à cette époque, ne

brassant, lui dit : « Je sais que tu as conspiré contre moi, mais tu as assez souffert. Je te pardonne. Tu conserveras ton grade. Maintenant confesse ton crime, non par crainte, mais par reconnaissance pour ton maître qui t'estime. » — Cet homme, tout à l'heure impassible, se prit à pleurer, et rendant au tsar son baiser de paix : « Voilà, dit-il, un genre de torture auquel je ne sais pas résister. » Puis, il lui avoua qu'il avait fait partie d'une société secrète, dont tous les affiliés s'exerçaient à souffrir des tourments; que pour lui, avant d'obtenir le grade élevé qu'il avait dans la société, il avait enduré six épreuves, auprès desquelles les tortures des bourreaux de Pierre n'étaient, disait-il, que jeux d'enfants. Ce n'est rien que la flagellation et le feu dans le dos. Parmi nous, on sait résister à d'autres douleurs. On nous met un charbon dans l'oreille, ou bien, on nous verse sur la tête rasée de l'eau glacée, tombant goutte à goutte d'une grande hauteur, etc. »

se fût avisé de révoquer en doute l'effet de ce poison merveilleux. Les deux boyards dénoncés furent appliqués à la question ; ils avouèrent, et la populace de Poutivle ayant demandé et obtenu d'en faire justice, on les attacha à des poteaux, et on les tua lentement à coups de flèches et d'arquebuses. Quant au révélateur, il reçut une récompense ; les deux autres moines furent renfermés dans une prison, leur caractère sacré empêchant sans doute qu'ils ne fussent punis du dernier supplice [1].

De pareilles tentatives tournaient à la honte et à la confusion de leurs auteurs, et servaient la cause du prétendant plus qu'une victoire. On assure qu'après le supplice des traîtres, Démétrius écrivit au patriarche Job et à Boris, pour leur reprocher les indignes moyens qu'ils employaient si maladroitement. « Pour moi, disait l'imposteur avec une ironie poignante, je veux bien user de clémence à votre égard. Que Boris se hâte de descendre d'un trône usurpé, qu'il cherche dans la solitude d'un cloître à se réconcilier avec le ciel, j'oublierai ses crimes, et je l'assure même de ma toute-puissante protection [2]. » Boris lut cette lettre avec un transport de rage. Il se

---

[1]. Peyerle, p. 23, 24. — Barèze, p. 26, 27.
[2]. Grevenbrouch, p. 18. — De Thou, cap. 135.

sentait hors d'état de punir ces bravades, et il recevait coup sur coup les nouvelles les plus affligeantes. Dans son fort de terre, Korela continuait à se jouer d'une armée de quatre-vingt mille hommes. On s'était flatté de le prendre par famine ; mais soit négligence, soit trahison, cinq cents Cosaques firent entrer en plein jour dans Kromy un convoi de poudre et de farine [1]. D'un autre côté, les renforts arrivaient en foule à Démétrius. Un grand nombre d'aventuriers polonais accouraient à Poutivle, publiant que Sigismond rassemblait une armée formidable, à la tête de laquelle il ramènerait à Moscou son allié, le fils légitime du tsar Ivan. Les généraux russes mandaient à leur maître qu'ils ne répondaient plus de la fidélité de leurs soldats. Ils exagéraient les forces de l'ennemi, et s'accusaient les uns les autres, d'accord sur un seul point, leur impuissance à comprimer la rébellion. Accablé par ces tristes nouvelles, Boris faisait des efforts surhumains pour cacher son désespoir. Déjà peut-être ne pensait-il plus qu'à mourir en roi. Le 13 avril 1605, il présida le conseil comme à son ordinaire, mais tous les boyards furent frappés de l'altération de ses traits. Son âme toujours éner-

---

1. Baer, p. 51.

gique ne dominait plus son corps brisé par la fatigue.
Tout à coup il chancela et s'évanouit. Au bout d'un
instant, il reprit connaissance, mais il se sentait
frappé à mort. Revêtu d'une robe de moine, comme
un malade désespéré, il reçut les sacrements, et,
selon l'usage du temps, prit un nom de religion [1].
Le même jour il expira entre les bras de sa femme et
de ses enfants. Il est probable qu'épuisé par le
travail et les veilles, il usa le reste de sa vie dans
ses efforts pour montrer un front serein à sa cour.
Cependant il ne trompa personne. Le peuple crut
même qu'il s'était empoisonné. — «Il s'est fait justice, disait-on. Il a prévenu la vengeance du prince
dont il a usurpé le trône. Il a vécu en lion, régné en
renard, il meurt comme un chien.[2]» Tel fut le sou-

1. *Bogolèp*, Agréable à Dieu. Lettre du patriarche Job. *Gos. Gramoty*, II, p. 189.

2. Baer, 58.—Peyerle, p. 33.—Margeret, p. 118. Lubienski, *Op. Posth.*, p. 155.—Selon quelques annalistes, Boris s'évanouit en sortant de table et cette circonstance a pu donner lieu au bruit d'un empoisonnement. Dans la suite on accusa Basmanof de l'avoir empoisonné; mais il ne semble pas qu'aucun de ses contemporains ait partagé cette opinion. Le suicide est très-invraisemblable à mon avis, cependant il n'est pas impossible que Boris ait voulu se dérober par une mort volontaire aux traitements ignominieux que le vainqueur pouvait lui ré-server. Depuis longtemps il était attaqué de la goutte et les

venir que laissait à ses contemporains cet homme dont l'administration et le règne contribuèrent puissamment à préparer la grandeur de la Russie. Pas une larme ne coula sur sa tombe ; les services qu'il avait rendus à son pays étaient depuis longtemps oubliés. La calomnie qui l'avait poursuivi pendant toute sa carrière n'épargna pas sa mémoire. On le maudit pour son ambition, son despotisme, sa sévérité, pour le crime enfin, peut-être supposé, auquel il dut le trône. Aujourd'hui on peut se demander si son amour de l'ordre et sa ferme volonté d'introduire d'utiles réformes dans son pays ne furent pas les motifs réels de la haine que lui vouèrent ses contemporains.

cruelles émotions qu'il éprouva pendant les derniers jours de sa vie suffisaient bien pour occasionner une crise fatale. V. Karamzine, XI, p. 234.

## VI.

Dès le lendemain de sa mort, le corps de Boris fut porté dans la sépulture des tsars, où il ne devait pas demeurer longtemps, et cet ensevelissement précipité ne contribua pas peu à confirmer le bruit de son suicide[1]. Aussitôt après, le patriarche Job, et les boyards du conseil prêtèrent serment de fidélité à son fils Fëdor, âgé de seize à dix-sept ans. A leur exemple, tous les fonctionnaires publics et les strelitz de Moscou s'empressèrent de *baiser la croix* devant le nouveau tsar[2]. La mort de Boris avait été si prompte, si inattendue, que les partisans de Démétrius n'avaient pas eu le temps de se préparer.

1. Baer, p. 51.
2. La formule de ce serment, qui s'est conservée, défend d'obéir au bandit qui prend le nom de Démétrius, mais on ne l'appelle plus Otrepief. Karamzine, XI, p. 247, prétend que ce fut un oubli de la part des boyards ; ne serait-ce pas plutôt parce que la fable du moine apostat ne trompait déjà plus personne? *Gos. Gramoty*, II, p. 192.

D'ailleurs, avant d'essayer de soulever le peuple de la capitale, il fallait attendre que l'armée se déclarât. La cérémonie des funérailles et celle de la prestation d'hommage étant terminées à Moscou, Basmanof partit pour le camp devant Kromy, chargé de recevoir des troupes le serment de fidélité au nouveau tsar. En effet, le sort de l'empire dépendait du parti qu'elles allaient prendre, et la tsarine veuve de Boris, ainsi que le patriarche, son conseiller, crurent obéir aux dernières volontés du tsar défunt, en confiant son fils et son armée au meilleur de ses généraux et au plus fidèle de ses sujets. Rien alors ne permettait de mettre en doute le dévouement de Basmanof. Il venait de résister aux séductions comme aux armes de Démétrius. Avec le renom d'habile capitaine, de loyal soldat, il semblait le seul homme qui pût étouffer la rébellion. Il quitta Moscou plein d'espoir, et résolu de combattre pour le fils de son bienfaiteur.

A son arrivée au camp devant Kromy, Basmanof trouva la place réduite aux abois par le manque de vivres et de munitions, mais l'armée assiégeante, travaillée par la dyssenterie et déjà instruite de la mort de Boris, lui parut découragée et plus qu'à moitié séduite. Le prince Fëdor Mstislavski était en querelle ouverte avec Ivan Godounof, frère de Boris, qui commandait une partie des troupes. Les boyards et les gentilshommes n'étaient pas moins divisés que les généraux. Personne ne se souciait plus d'obéir maintenant que Boris était mort; chacun prétendait gouverner l'empire, en exploitant à son profit la faiblesse de l'enfant qu'on venait de couronner. Cependant Basmanof rassembla l'armée et proclama le tsar Fëdor Borissovitch, sans qu'il s'élevât le moindre murmure. On lut la lettre du patriarche, la formule de serment; officiers et soldats baisèrent la croix avec le cérémonial ordinaire. Le prince Mstislavski et Chouiski retournèrent à Moscou, mandés par le jeune tsar qui voulait donner au conseil de l'empire l'autorité de leurs noms [1]. Après leur départ, le commandement de l'armée fut divisé entre le prince Galitsine, Ivan Godounof et Basmanof. En voyant arriver au camp le héros de Novgorod, on crut que les opérations militaires

---

[1]. J'ai suivi la version de tous les annalistes russes. Suivant le seul Zolkiewski, Chouiski aurait fait prêter serment aux troupes, et leur aurait déclaré que le prétendant était un imposteur, prenant à témoin un des Nagoï, qui disait avoir enseveli lui-même son neveu. Il me paraît plus probable que Chouiski au contraire évita, selon son usage, de se déclarer ouvertement dans cette circonstance. Ms. de Zolkiewski, p. 12.

allaient prendre une face nouvelle; il n'en fut rien. Le siége, ou plutôt le blocus, fut conduit avec la même mollesse qu'auparavant, mais en même temps les secrets pourparlers entre les insurgés de Poutivle et les assiégeants continuèrent avec plus d'activité que jamais.

Trois semaines se passèrent de la sorte sans que Démétrius parût se mettre en peine de secourir la garnison de Kromy, sans que les Moscovites tentassent un nouvel assaut contre Korela, ou songeassent même à battre la campagne aux environs. Enfin, vers le milieu de mai 1605, Démétrius fit sortir de Poutivle un escadron de hussards polonais et cinq cents Circassiens[1] qu'il venait d'enrôler. A leur tête était un capitaine polonais nommé Zaporski, qui marcha audacieusement contre le camp moscovite, semant partout le bruit que sa troupe formait l'avant-garde d'une immense armée. Il était précédé par un Cosaque porteur d'une lettre de Démétrius pour l'ataman Korela et les notables de Kromy, dans laquelle le prince

1. Peyerle, p. 27 et suiv. *Piatigortsi*, gens des cinq montagnes. Sous ce nom sont désignés dans la carte de Fëdor Borissovitch les hordes du Kouban et du Térek. Ces montagnards se louaient pour combattre à qui voulait les payer. Les *Piatigortsi* sont les Kabardiens actuels, branche de la nation circassienne, soumise à la Russie.

leur annonçait l'approche de son avant-garde, composée, disait-il, de deux mille hussards et de huit mille cavaliers russes. Lui-même n'attendait, pour venir à leur secours, que l'arrivée des forces polonaises, au nombre de quarante mille hommes, éloignées de seize milles seulement de Poutivle. Selon toute apparence, cette lettre n'était qu'un prétexte offert par Démétrius aux généraux russes que ses agents secrets avaient déjà séduits. Il fallait effrayer les esprits timides et chancelants, et d'ailleurs on eût rougi de se soumettre à un prince qui n'avait pour armée que quelques bandes de Cosaques[1].

Les Moscovites occupaient deux camps autour de Kromy, séparés par un des affluents de l'Oka. Le premier, sous le commandement de Basmanof et de Galitsine, le second aux ordres d'Ivan Godounof, un peu plus éloigné de Poutivle. Le Cosaque expédié

---

[1]. Peyerle, p. 31. — Baer, p. 52. — Peyerle prétend contre toute vraisemblance que la lettre de Démétrius fut supposée par Zaporski et que Galitsine et Basmanof en furent dupes. Mais la manière dont fut conduit le siége de Kromy, depuis l'arrivée de Basmanof, ne laisse pas de doutes sur les intelligences de Démétrius avec les chefs de l'armée assiégeante. Je suppose que Peyerle tenait son récit de Zaporski lui-même, mais on sait que les subalternes s'attribuent toujours le rôle principal dans leurs relations.

par Zaporski, bien au fait du rôle qu'il avait à jouer, se fit prendre par les avant-postes de Basmanof, livra ses dépêches, et, avec une imperturbable assurance, donna tous les détails qu'on voulut sur les forces innombrables de Démétrius, et l'arrivée prochaine de ses prétendus auxiliaires polonais. L'interrogatoire du prisonnier avait lieu en présence d'un grand nombre d'officiers. Il se fit un profond silence, quand le Cosaque eut achevé son récit, chacun cherchant à pénétrer les sentiments de ses compagnons. Enfin Basmanof s'écria : « La Providence s'est déclarée ! C'est Démétrius qu'elle veut nous donner pour maître. Ne résistons plus à ses décrets ! » Le prince Galitsine s'empressa d'avouer qu'il était du même sentiment, et dès lors il ne fut plus question que des mesures à prendre pour entraîner l'armée.

La défection de Basmanof ne fut pas soudaine et provoquée par la lettre de Démétrius, mais elle fut sans doute le résultat des observations qu'il fit depuis son arrivée devant Kromy. Témoin du désordre qui suivit la mort de Boris, pénétré de mépris pour la faiblesse du nouveau tsar, et craignant l'ambition de la nombreuse famille des Godounof, il jugeait qu'il valait mieux, pour lui d'abord, et peut-être pour la Russie elle-même, se jeter dans les bras d'un prétendant dont il n'était pas la dupe, mais dont l'audace et le courage lui arrachaient une admiration involontaire. Il respectait le vaincu de Dobrynitchi et méprisait, au fond de l'âme, un enfant gouverné par une femme et par un vieux prêtre. Il dut se dire encore, que parvînt-il à conserver la couronne à Fëdor Borissovitch, le général vainqueur des rebelles ne serait jamais auprès de son souverain que dans un rang inférieur à celui du moindre de ses parents les Godounof, tandis qu'un aventurier, sans famille, accorderait la première place au capitaine qui lui ouvrirait les portes de Moscou.

Sûr de l'assentiment des principaux officiers russes, Basmanof jugea prudent de mettre dans ses intérêts le commandant des mercenaires étrangers, qui, disposant d'un corps de quatre mille soldats bien disciplinés, pouvait jeter un grand poids dans la balance, si la question devait se décider par les armes. En conséquence, il manda dans sa tente le baron de Rosen, que nous avons vu combattre vaillamment à Dobrynitchi, et, sans préambule, l'engagea à se joindre à lui pour proclamer le tsar Démétrius. Dans le premier moment, Rosen crut qu'on lui tendait un piége, et se récria en protestant de sa fidélité. Il se rendit bientôt cependant, dès qu'il eut reconnu les véritables dispositions des généraux russes. Ce fut chose facile de convaincre les officiers, mais les soldats montrèrent quelques scrupules. L'approche de la prétendue avant-garde polonaise, c'est-à-dire de la petite troupe commandée par Zaporski, acheva de décider les incertains. Entraînées par leurs chefs, les troupes de Basmanof et de Galitsine crièrent : « Vive Démétrius tsar de Russie ! » trois semaines après avoir crié : « Vive Fëdor Borissovitch ! »

Au bruit de ces acclamations, au tumulte qui venait d'éclater dans le camp de Basmanof, les généraux qui occupaient l'autre bord de la rivière, mirent leurs troupes sous les armes, et envoyèrent demander la cause de ce mouvement inattendu. D'abord on leur répondit qu'une grande armée polonaise s'avançait, et qu'on se préparait à la recevoir. Bientôt Basmanof et Galitsine [1] parurent sur le

1. Karamzine (XI, p. 251), d'après les *Annales* de Nikon, rapporte que Galitsine feignit de ne céder qu'à la violence, et joua la comédie jusqu'à se faire garrotter. (Nikon, p. 66.) Ce récit est évidemment inexact. Démétrius, au contraire, dans une lettre qui s'est conservée, attribue à Galitsine la défection de l'armée. *Gos. Gramoty*, II, p. 198, lettre de Démétrius à madame Sophie Mniszek, starostine de Sanocz (la belle fille de George Mniszek).

pont qui séparait les deux corps d'armée. « Soldats,
« s'écria Basmanof élevant au-dessus de sa tête la
« lettre de Démétrius d'où pendait le sceau impérial,
« voici l'ordre de notre tsar Démétrius Ivanovitch,
« que le traître Boris avait voulu faire périr. Sauvé
« par la divine Providence, il est notre légitime
« souverain. Que les Russes fidèles passent de ce
« côté ! Quant aux traîtres, qu'ils s'attendent au sort
« de Boris et de ses complices ! » A ces mots s'éleva un
affreux tumulte. Les sabres furent tirés, et quelques
compagnies se chargèrent. Cependant le nombre
était pour les partisans de Démétrius, soutenus,
d'un côté, par les Polonais de Zaporski, et de l'autre
par une sortie des Cosaques de Korela. Les troupes
fidèles à Fëdor, intimidées, mirent bas les armes.
Plusieurs chefs s'enfuirent, beaucoup de soldats se
dispersèrent sans vouloir prendre de parti. Quelques
bataillons allemands gagnèrent Moscou en bon
ordre [1]. Ivan Godounof fut arrêté et chargé de chaînes, et Basmanof prit le commandement général.

1. Cfr. Baer, p. 53. — Peyerle, p. 27-32. Il résulte du récit très-circonstancié de Peyerle que le baron de Rosen et une partie des Allemands se déclarèrent des premiers pour Démétrius. Baer, qui ne veut pas qu'un de ses compatriotes puisse être un traître, attribue à tous les mercenaires allemands la conduite de quelques bataillons.

Dès le lendemain le prince Galitsine se rendit à Poutivle avec quatre mille hommes, emmenant avec lui Godounof prisonnier. Ce ne fut pas sans surprise que ses soldats virent que cette armée formidable dont on leur annonçait l'approche, ne se composait que d'une poignée de hussards et de quelques milliers de Cosaques; mais il était trop tard pour se dédire. Présenté à Démétrius, Galitsine se prosterna en le suppliant d'user de clémence envers des sujets égarés et repentants. — « Nous avons été tellement « séduits par les ruses de Boris, dit-il, qu'à sa mort « nous avons reconnu son fils. Nous avions promis « de combattre un certain Grichka Otrepief, mais « non pas notre tsar légitime. La formule de ser-« ment nous a été dictée autrement que nous ne « pensions. Nous ne pouvons tirer l'épée contre « notre souverain, et dès que nous avons connu la « vérité, nous sommes accourus auprès de toi. Re-« prends le trône de tes glorieux ancêtres, et règne « longtemps et heureusement sur nous![1] » Démé-

---

1. *Gos. Gramoty*, II, p. 196-8. Lettres de Démétrius à Stanislas Mniszek et à sa femme Sophie, 24 mai 1605. — On remarquera que dans ces lettres Basmanof n'est pas même nommé, mais seulement le prince Galitsine. Il n'en faut pas conclure, je pense, que Basmanof ne joua qu'un rôle secondaire; la

trius reçut ses nouveaux sujets avec son affabilité ordinaire. Il chargea Basmanof de prendre le serment des troupes rassemblées autour de Kromy, et lui-même se disposa à marcher à leur tête sur la capitale, où ses émissaires lui annonçaient qu'il était impatiemment attendu.

Cependant Fëdor occupait encore le Kremlin, et Moscou lui obéissait. Une grande ville bien fortifiée, renfermant une garnison nombreuse et une population immense, ne pouvait être enlevée par un coup de main, et il semblait téméraire de se présenter sous ses murs avec une armée plutôt surprise que séduite. Démétrius voulut sonder les dispositions de ses habitants. Les premières lettres qu'il leur adressa furent interceptées, et ses émissaires égorgés par les Godounof qui commandaient au nom de Fëdor. Sans se laisser intimider par cet exemple, le 1ᵉʳ juin 1605, deux gentilshommes russes Pouchkine et Plestcheïef, porteurs de nouveaux manifestes, arrivèrent à Krasnoé Sélo, gros bourg

---

faveur dont il jouit dans la suite auprès de Démétrius, prouve que celui-ci appréciait toute l'importance du service rendu. Mais le prétendant voulait faire croire, même à ses amis, qu'il était proclamé par l'enthousiasme populaire, et il se garde de faire mention de ses principaux agents.

près de Moscou, habité par beaucoup de riches marchands qui avaient leurs comptoirs dans la capitale. Là, ayant réuni les anciens et les notables, ils donnèrent lecture d'une lettre de Démétrius contenant la promesse d'une amnistie en cas de soumission immédiate, et la menace d'un châtiment terrible si l'on différait à obéir. «Si mes envoyés ne reviennent pas avec une réponse satisfaisante, disait-il en terminant, je ne ferai quartier à personne, non pas même aux enfants à la mamelle.[1] »

Pouchkine et Plestcheïef, accompagnés d'un grand nombre d'habitants de Krasnoé Sélo, qui devaient leur servir de sauvegarde, entrèrent à Moscou, et, appelant le peuple sur la grande place, l'invitèrent à reconnaître et à proclamer leur légitime souverain, Démétrius, fils d'Ivan. La plupart des boyards du conseil se joignirent à eux ainsi que plusieurs exilés illustres, qui, sur le bruit de la mort de Boris, s'étaient empressés de revenir à Moscou. Le peuple, déjà travaillé par les émissaires de Démétrius, fit retentir la place de ses acclamations, et en un instant la révolution fut consommée. Un contemporain raconte que Basile Chouiski, celui-là même qui avait

---

1. Baer, p. 54.

présidé l'enquête sur les événements d'Ouglitch, fut sommé par les Moscovites de déclarer s'il était vrai que Démétrius ne fût pas mort. Sans hésiter, Chouiski répondit que le cadavre exposé à ses yeux n'était pas celui du tsarévitch, mais celui du fils d'un pope égorgé à sa place [1]. Sur cette déclaration, accueillie avec enthousiasme, la populace se porta au Kremlin, se saisit de Fëdor, de sa sœur Xénia et de la tsarine veuve de Boris. On les conduisit hors du palais dans la maison que Boris occupait avant son avénement au trône. Ils y furent traités avec égards, mais en prisonniers, et une garde nombreuse veilla autour d'eux pour prévenir toute tentative d'évasion, jusqu'à ce que le nouveau maître eût ordonné de leur sort. Quant aux Godounof, frères ou parents de Boris, tous furent chargés de fers, et, au milieu de mille outrages, envoyés à demi nus, sur de méchantes charrettes, au camp du vainqueur [2]. Aucun d'eux n'essaya de résister, et pas une épée ne

---

1. *Er berichtete dasz Demetrius des Boris Gudenows Nachstellung entkommen, und eines Priestes Sohn an seiner Stadt erschlagen, und fürstlich begraben worden*, Petreïus, p. 310. — Chouiski n'aimait pas Boris; il savait que Démétrius s'avançait à la tête de cent mille hommes, et il ne se souciait nullement d'être martyr pour la cause de la vérité.

2. Baer, p. 55. — Petreïus, p. 312.

sortit du fourreau pour défendre le jeune prince auquel moins d'un mois auparavant tous les Moscovites avaient prêté serment de fidélité.

A cette manifestation populaire succéda une orgie. Personne ne commandait plus à Moscou, car des boyards du conseil, les uns attendaient l'événement cachés dans leurs maisons, les autres s'étaient empressés d'aller à Kromy saluer le nouveau souverain. Le patriarche Job pleurait prosterné aux pieds des autels[1]. Libre pour un jour, la populace envahit le Kremlin et se mit en devoir d'enfoncer les caves du palais. Boris vaincu, le pillage de ses biens semblait un droit légitime. Cependant, sur les représentations de quelques notables, la multitude renonça à son projet; mais, pour se dédommager, elle se répandit dans le quartier des Allemands, força les boutiques et se livra à mille désordres. Si l'on en croit le pasteur luthérien Martin Baer, qui alors habitait Moscou, un boyard nommé Bielski, autrefois favori d'Ivan, puis disgracié par Boris, et revenu depuis peu de son exil, ameuta la canaille et l'excita à boire le vin des Allemands. Il agissait ainsi par esprit de vengeance, et voici le motif de sa haine :

---

1. Nikon ; — Karamzine, XI, p. 261.

Quelques années auparavant Boris avait condamné Bielski, pour je ne sais quel méfait, à avoir la barbe arrachée, et l'exécution de la sentence avait été remise à un docteur allemand, car à la cour de Moscou, à cette époque, on ne faisait pas une distinction bien précise entre les fonctions de chirurgien et celles de barbier. Bielski ne pouvant se venger du docteur qui l'avait épilé, car il était mort, s'en prit à tous ses compatriotes, comme Aman qui voulut rendre tous les juifs responsables de l'insulte de Mardochée. Il harangua la populace, et lui dit que Démétrius pourrait bien s'offenser de trouver ses celliers vides, mais qu'il y avait dans les caves des Allemands, ces auxiliaires zélés de Boris, de quoi boire à la santé du tsar que la Providence rendait à la Russie [1]. Quoi qu'il en soit de cette anecdote, que je ne cite que parce qu'elle peint les mœurs de l'époque, les désordres même qui suivirent la révolution, témoignent de la douceur du peuple moscovite. Les Allemands, bien traités par Boris, passaient pour lui être dévoués ; beaucoup d'entre eux étaient riches et jalousés par leurs voisins Russes; aucun cependant ne subit de mauvais traitements; pas un

---

1. Baer, p. 56.

assassinat ne fut commis. Quelques magasins, il est vrai, furent enfoncés et pillés, mais c'était surtout au vin des *païens* qu'en voulait la populace moscovite. Pour célébrer le joyeux avénement du nouveau tsar, le vin coula à flots, mais ce jour-là, du moins, il ne s'y mêla point de sang [1].

Le 3 juin, l'ordre étant déjà rétabli, une députation sortit de Moscou pour *demander grâce* à Démétrius; c'est la forme consacrée d'un compliment de bienvenue dans la langue russe [2]. On devait encore le supplier d'entrer dans sa capitale, où il ne verrait plus un seul de ses ennemis. En effet, avant que Démétrius eût quitté son quartier de Serpoukhof, Fëdor et la tsarine sa mère avaient cessé de vivre. Leurs corps, renfermés dans des bières de bois sans ornements, furent transportés à petit bruit dans un monastère hors de la ville, avec les restes de Boris, maintenant indigne de reposer dans la sépulture des tsars de Moscou [3]. On répandit le bruit qu'ils s'étaient empoisonnés, et l'on publia même des détails assez peu vraisemblables sur leur mort. Suivant ces récits officiels, la tsarine, voulant épargner à ses enfants

---

1. *Baer*, p. 56.
2. *Milosti prosim*, nous demandons grâce.
3. Nikon ap. Karamzine, XI, p. 269.

la honte de la captivité, leur avait préparé, à leur insu, un poison violent qu'elle partagea avec eux. La jeune Xénia, effrayée par le goût du breuvage, avait rejeté la coupe fatale au moment où sa mère et son frère expiraient à ses yeux [1]. D'autres historiens, probablement mieux informés ou moins crédules, assurent que les malheureux captifs furent étranglés dans leur prison. Ils nomment les exécuteurs de l'assassinat, auquel le prince Galitsine aurait présidé en personne [2]. Fëdor, assailli par quatre strelitz, ne succomba, dit-on, qu'après une résistance désespérée et dans une lutte épouvantable. Petreïus affirme qu'il a observé lui-même sur leurs cadavres exposés en public des marques évidentes de strangulation [3].

1. Peyerle, p. 33.
2. Margeret, p. 124. — Baer, p. 57. — *Letopis o miatejakh*, p. 93.
3. *Zeichen nach dem Stricke damit Sie gewürszert wären, gnugsam ausweiseten, welches Ich mit leidlichen Augen, nebenst viel hundert Menschen geschen hab.* Petreïus, p. 314. — Je ne sais si le témoignage de Petreïus est bien digne de confiance, et d'abord on peut se demander s'il était à Moscou, en 1605 ? Il y vint en 1608, comme envoyé de Charles IX, roi de Suède, selon M. Oustrialof. (Note 91, p. 274 de la chronique de Baer.) Mais, ailleurs (Préface de Baer, p. XVII), M. Oustrialof nous dit que Petreïus avait vécu quatre années à Moscou, sous Boris, Démétrius et Basile Chouiski. Tout pourrait se concilier en supposant que Petreïus, habitant Moscou, comme

Bien que le suicide ne fût pas une action inouïe dans les mœurs russes, à cette époque [1], l'assassinat présente malheureusement beaucoup plus de vraisemblance. Peut-être ne fut-il pas commandé par Démétrius lui-même, comme la plupart des chroniqueurs l'en accusent sur des présomptions assez vagues [2] ;

simple particulier en 1605, fut chargé d'une mission diplomatique en 1608. Au reste, que Petreïus ait été ou non présent à Moscou en 1605, ce n'est point un témoin sur lequel on puisse s'appuyer avec certitude. Sa chronique est une compilation fort indigeste ; il pille Baer sans scrupule et la plupart du temps redit en plus de mots et avec moins de précision les faits rapportés par le pasteur de Neustadt.

1. En 1578, à la bataille de Wenden, les canonniers russes, abandonnés par les troupes qui devaient les soutenir, se pendirent aux timons de leurs pièces pour ne pas les voir tomber au pouvoir des Polonais et des Suédois qui leur offraient quartier. (Karamzine, XI, p. 361.) J'ajouterai que pour que Boris fût soupçonné de suicide, il fallait que cette action ne fût pas absolument contraire aux mœurs des Moscovites qui la lui imputèrent.

2. Petreïus, p. 313, prétend que Démétrius chargea le *diak* (secrétaire) Ivan Bogdanof de cet ordre cruel. — Baer, p. 57, rapporte que le tsar répondit à une députation qui le pressait de venir à Moscou, « qu'il n'entrerait dans sa capitale que lorsque ses ennemis seraient exterminés jusqu'au dernier. » (Il est bon de remarquer qu'un seul des Godounof fut mis à mort par son ordre.) — La *Chronique des troubles* se borne à dire que le *maudit* se réjouit de la mort de la tsarine et de son fils, mais elle ne l'accuse pas de l'avoir ordonnée. *On je okaïannyi rad byst*. Letopis o Miatejakh, p. 94.

mais le zèle de ses agents n'avait pas besoin, sans doute, d'instructions positives. La suite du récit montrera que ce jeune aventurier, loin d'être cruel, avait une douceur naturelle et une générosité bien rare à cette époque, même chez les nations les plus policées. J'aime à croire que les hommes qui, dans l'espace d'un mois, avaient prêté deux serments et trahi successivement Boris et Fëdor, s'empressèrent, sans ordre, de débarrasser leur nouveau maître d'ennemis qui, vivants, eussent été pour eux-mêmes un objet de remords et d'effroi.

Au reste, il faut avouer que Démétrius avait laissé le champ libre à ses agents, car sa marche sur Moscou fut d'une excessive lenteur. Il s'arrêta assez longtemps à Toula, d'où il expédia des courriers dans tout l'empire pour faire reconnaître son autorité et demander le serment d'hommage. Dans toutes ses proclamations, il défendait aux peuples d'obéir à la femme de Boris ou à son fils, qu'il appelait *Fëdka*, diminutif méprisant du nom de Fëdor [1]. Déjà il por-

---

[1] *Gos. Gramoty*, II, p. 202, Formule de serment envoyée par Démétrius dans les provinces.—Le style de cette pièce est assez étrange; entre autres promesses exigées par le nouveau tsar de ses sujets, on trouve celle-ci : *Je baise la croix*, c'est-à-dire, *je jure de ne point donner de poison à Sa Majesté*, etc.

tait ses vues sur la politique extérieure, se croyant dès lors maître absolu dans ses États. Un ambassadeur du roi Jacques II venait de quitter Moscou, pour retourner en Angleterre avec des lettres de Boris. Démétrius fit courir après lui, reprit les lettres de Boris, et lui en remit d'autres pour son souverain, avec lequel il avait hâte d'établir des relations politiques [1]. De Toula, il rendit des oukases, nomma des gouverneurs, distribua les grâces et les châtiments. D'ailleurs, il usa de sa victoire avec clémence. Un seul des parents de Boris, Semen Godounof, fut mis à mort par l'ordre de Démétrius, et probablement cette rigueur ne fut pas de sa part une vengeance personnelle, mais plutôt une satisfaction donnée à la noblesse russe qui exécrait Semen, le chef de la police secrète de Boris, et le conseiller ordinaire de ses ordres les plus rigoureux. Les autres membres de cette famille furent exilés en Sibérie ou relégués dans des forteresses; et, si l'on considère qu'à cette époque il n'était pas rare d'exterminer toute une maison pour le crime de son chef, il faut avouer que Démétrius fit preuve d'une modération qui surprit ses ennemis eux-mêmes.

1. Karamzine, XI, p. 275.
2. *Id.*, X, p. 158.

Les historiens russes ont blâmé sévèrement sa conduite à l'égard du patriarche Job, et les annalistes ecclésiastiques particulièrement ne trouvent pas de termes assez forts pour exprimer leur indignation. Quant à moi, il m'est impossible de la partager. Job était une créature de son ennemi, et le patriarcat même une institution de date récente, introduite sous le règne de Fëdor par Boris, dans une pensée de politique toute personnelle. Pour dominer plus sûrement le clergé, le régent avait voulu lui donner un chef suprême, créer une espèce de pape de l'église russe, à la nomination du tsar, résidant à la cour, et toujours prêt à couvrir de son autorité les décrets impériaux. C'est ainsi que Boris était parvenu à réunir dans sa main tous les pouvoirs de l'État. Démétrius comprit les avantages politiques de l'institution; il conserva le patriarcat, mais il ne pouvait faire moins que de changer le patriarche. N'était-ce pas Job qui l'avait excommunié, dénoncé comme moine apostat, qui peut-être même avait suscité contre lui des assassins fanatiques? Il est vrai qu'à l'exemple de tous les dignitaires laïcs et ecclésiastiques, le patriarche, revêtu de la pourpre qu'il tenait de Boris, s'était incliné devant les décrets de la Providence, et qu'aussitôt après le mouvement populaire de Moscou, il avait prêté serment de fidélité à l'homme contre lequel peu de jours auparavant il lançait l'anathème[1] ; mais cette faiblesse ne pouvait faire oublier sa conduite précédente. Il eût été imprudent de laisser à la tête du clergé un partisan déclaré de la maison déchue. Démétrius usa du pouvoir que les tsars de Russie ont toujours exercé ; il destitua le patriarche et l'exila dans un couvent. Rarement le clergé grec a essayé d'entrer en lutte contre le pouvoir temporel ; cette fois encore il céda sans murmure devant la volonté du souverain. On ne peut nier que l'exécution du décret qui retirait à Job sa haute dignité ne fut accompagnée de violences qui attirèrent quelque intérêt sur le prélat décrédité par sa rapide palinodie. Il célébrait la messe dans l'église cathédrale, lorsqu'une troupe de soldats vint lui signifier l'ordre du nouveau souverain. A défaut de courage, Job avait de la résignation ; il détacha lui-même sa *panagia*, c'est-à-dire l'image de la Vierge

---

1. *Gos. Gramoty*, II, p. 200. Manifeste de Démétrius. — Platon (***Kratkaïa tserkovnaïa rossiiskaïa istoriïa***, II, p. 140) essaie de justifier Job ; mais il ne trouve d'autre motif pour nier sa soumission si prompte, attestée par plusieurs contemporains, que de la déclarer improbable, *vu la grande piété du prélat*.

que le patriarche portait suspendue sur sa poitrine comme un signe de sa dignité, et la déposa devant la Vierge de Saint-Vladimir, en priant le ciel de protéger la Russie et l'Église orthodoxe. Aussitôt on le dépouilla de ses habits pontificaux, et sa dégradation fut proclamée au nom du tsar. Revêtu d'une robe de bure, il fut entraîné hors de l'église et conduit dans un mauvais chariot au monastère de l'Assomption, où il devait prononcer ses vœux [1].

Démétrius conféra la dignité de patriarche à Ignace, évêque de Riazan, et l'on dit qu'en cette occasion, il céda à l'influence des jésuites polonais qu'il avait à sa suite. Ignace était un Grec, autrefois archevêque de Chypre. Lorsque l'île fut envahie par les Turcs, il passa en Italie et fit un assez long séjour à Rome. On assurait qu'il s'y était secrètement converti au catholicisme [2]. Sous le règne de Fëdor Ivanovitch, il était

1. Platon, III, p. 142.
2. Le fait ne serait plus douteux, si c'est d'Ignace qu'il est question dans la lettre suivante du cardinal Borghèse au nonce apostolique en Pologne. Rome, 3 décembre 1605. « Favorisca V. S. appresso il serenissimo Re (di Polonia) il *Patriarca Ruteno*, perchè si mostra cosi obediente à questa Santa Sede, e non lasci di fare officio che le possa giovare, esortandolo a difendere l'*Unione* con tutto lo Spirito. » Tourghenief, *Historica Russiæ Monimenta*, II, 77. — Il est vrai que le mot latin *Rutenus* ou mieux *Ruthenus*, en italien *Ruteno*,

venu en Russie, et sur le récit de ses malheurs, le pieux monarque l'avait nommé à l'évêché de Riazan[1]. Quoi qu'il en soit de son changement de croyance, la faveur qu'Ignace avait trouvée, tantôt auprès du Saint-Siége, tantôt à la cour d'un prince fermement attaché à la religion grecque, prouve la souplesse de son caractère et son talent à prendre différents masques selon son utilité particulière. A part les soupçons que le clergé russe pouvait avoir sur son orthodoxie, le choix d'un prélat étranger ne pouvait que choquer les préjugés populaires et confirmer les bruits déjà répandus par Boris sur l'attachement de Démétrius aux doctrines de l'église romaine.

Malgré cette faute, la conduite de Démétrius depuis la défection du camp de Kromy avait été en général habile et bien calculée. Je ne sais s'il avait lu *le Prince* de Machiavel, mais on eût dit qu'il avait

est employé par quelques auteurs de cette époque comme synonyme de *Russus* ou *Moscovita*. Cependant on remarquera qu'il s'agit dans cette lettre de la faveur du roi de Pologne et de l'*Union*. Or, le patriarche de Moscou n'avait point affaire à Sigismond ni aux Lithuaniens. Il me semble évident que le cardinal Borghèse veut parler du prélat qui gouvernait pour le Saint-Siége l'église *Grecque-Unie* de Lithuanie et d'Ukraine. C'était, je crois, l'évêque de Vilna.

3. Platon, II, p. 148. — *Letopis o Miatejakh*, p. 95.

voulu suivre à la lettre les préceptes de ce grand politique. Toutes les mesures de rigueur avaient été prises rapidement, exécutées à la fois avant son entrée à Moscou, et, débarrassé de tous ses ennemis, l'usurpateur n'avait plus que des grâces à distribuer en prenant possession du trône [1]. C'est alors qu'il voulut faire son entrée triomphale. Un grand nombre de boyards étaient venus à Toula pour le supplier de ne pas refuser plus longtemps à ses sujets le bonheur de voir leur souverain. Il les accueillit d'un air un peu hautain et avec une certaine brusquerie militaire, qui déplut à la noblesse russe habituée à la gravité de commande d'Ivan et de Boris. D'ailleurs ces courtisans empressés avaient essuyé bien d'autres mortifications. Il leur avait fallu traverser une haie de Cosaques farouches, fiers d'un tsar de leur façon, et qui se croyaient tout permis après la victoire. Les boyards connus par leur ancien attachement à Boris avaient été accueillis par des railleries grossières ou des menaces effrayantes. « Misérables juifs ! leur criaient les Cosaques, vous osiez résister

---

[1]. Voir *le Prince de Macchiavel*, cap. VIII. *Di quelli che per sceleratezze sono pervenuti al principato.* Ce livre était très-répandu à cette époque, et selon toute apparence il en existait déjà des traductions en polonais.

à votre tsar ? [1] » Puis dans le palais même la députation des boyards s'était rencontrée avec quelques atamans du Don, envoyés par leurs hordes pour complimenter le nouveau souverain. Démétrius devait tout aux Cosaques ; il leur donna sa main à baiser avant de l'offrir aux boyards qui dévorèrent l'affront, mais il demeura gravé dans leur mémoire [2].

Le 20 juin 1605, satisfait de la sincérité des hommages qui lui parvenaient de toutes parts, Démétrius consentit enfin à faire son entrée dans sa capitale. Les notables de toutes les classes de la population allèrent fort loin à sa rencontre, porteurs de riches présents parmi lesquels figuraient sur un plateau d'or le pain et le sel, hommage symbolique du vassal à son souverain. — « Tout est prêt pour te recevoir, « lui dirent-ils, réjouis-toi ! Ceux qui voulaient te « manger, ne peuvent plus mordre à présent [3]. » Démétrius répondit en peu de mots et avec affabilité, qu'il oubliait le passé et qu'il voulait être pour ses

---

1. Les Cosaques appelaient ainsi par mépris les habitants des villes, et surtout les Moscovites. Palytsine, p. 24. Selon la *Chronique des troubles*, quelques boyards furent rudement battus. *Letopis o miatejakh*, p. 91.

2. Nikon, p. 68. — Karamzine, XI, p. 273.

3. Baer, p. 60. Ces mots n'ont rien de bas en russe ; c'est une métaphore tout orientale.

Moscovites, non pas un tsar mais un père, toujours préoccupé du bonheur de ses enfants. Parmi les différentes députations sorties de Moscou, il distingua celle des soldats étrangers qui après la défection du camp de Kromy étaient demeurés fidèles à Fëdor jusqu'au dernier moment. Ils venaient supplier le tsar de pardonner leur attachement à un prince qu'ils avaient cru légitime, et promettre une fidélité semblable à son successeur, si leurs services étaient agréés. — « Votre conduite vous honore, leur dit Démétrius; je sais qu'en vous je trouverai de braves soldats et de loyaux serviteurs. » Puis il voulut qu'on lui présentât l'officier allemand qui, à la bataille de Dobrynitchi, portait la bannière du bataillon contre lequel s'était brisée la charge impétueuse de ses hussards. L'enseigne sortit des rangs, et le tsar lui frappant sur l'épaule, lui dit avec un sourire gracieux : « Seigneur, garde-nous du mal ![1] »

La marche commença, éclairée par un détachement de cavalerie qui devait reconnaître les rues que le cortège allait traverser. A chaque instant des ordonnances passaient et repassaient au galop avec le

---

[1]. Baer, p. 60. Je ne sais si ces mots sont une sorte de salutation pieuse, ou bien si Démétrius faisait ainsi allusion au cri de guerre des Allemands : *Hilf Gott!*

rapport que tout était tranquille. A l'avant-garde marchaient les hussards polonais armés de pied en cap, sur vingt de front, la lance sur la cuisse, précédés de leurs trompettes et de leurs timballes. Venaient ensuite dans le même ordre les soldats étrangers, les Cosaques et les strelitz. Démétrius, affectant de s'entourer de ses sujets russes, paraissait monté sur un cheval magnifique, au milieu d'une foule de boyards vêtus de leurs habits de gala. Toutes les cloches étaient en branle, et les rues remplies d'une foule compacte; les toits même étaient couverts de spectateurs qui faisaient retentir l'air de joyeuses acclamations. Partout sur le passage du tsar la foule se prosternait, en s'écriant dans le langage poétique familier au peuple russe : « Vive notre père! Que le « Seigneur te couvre de son ombre dans le chemin « de la vie!—Qu'il te donne toujours la même misé-« ricorde qui déjà t'a sauvé des méchants! — Nous « étions dans les ténèbres, voilà notre rouge soleil « qui reparaît! » — « Levez-vous, mes enfants, di-« sait Démétrius, et priez Dieu pour moi.[1] » Arrivé

---

1. Petreïus, p. 315 et suiv. Le même mot russe : krasnoe (solntse), signifie rouge et beau. C'est une de ces métaphores originales si fréquentes dans une langue qui n'a pas encore été travaillée par les pédants.

sur la grande place devant le Kremlin, Bogdan Bielski, à qui sa qualité d'exilé sous le règne précédent donnait une sorte de prééminence parmi les boyards, ôtant son bonnet, rendit grâces à Dieu pour la conservation miraculeuse du tsar, et adjura le peuple de lui être fidèle ; puis tirant de son sein une image de saint Nicolas, il la baisa comme pour sanctifier son serment et s'écria d'une voix forte : « Peu-
« ples ! honorez et défendez votre seigneur ! » La foule répondit tout d'une voix : « Dieu soit en aide
« au seigneur tsar et confonde tous ses ennemis [1]. »
En ce moment un tourbillon de vent soulevant des flots de poussière obscurcit la place et déroba le tsar et son cortége à la multitude aveuglée. Les Moscovites superstitieux s'effrayèrent du présage. « Malheur ! » s'écrièrent quelques voix [2] ; mais le tourbillon passa et le sinistre augure fut aussitôt oublié. Tous les cœurs se livraient à l'espérance. Démétrius était jeune, bon cavalier ; il avait cet air affable et hardi qui plaît toujours à la multitude ; chacun avait cherché et cru voir sur son visage les signes connus qui attestaient son origine. « C'est notre vrai tsar, disait-on, la race de Rurik ne périra point. »

1. Baer, p. 61.
2. Petreïus, p. 317.

A la porte de la cathédrale, le clergé en habits de fête s'avança portant les saintes images. Démétrius mit aussitôt pied à terre et les baisa avec dévotion; mais en ce moment, soit par ignorance des usages russes, soit par une malice militaire, les trompettes des Polonais sonnèrent une fanfare qui couvrit les chants de l'Église [1]. Outre le scandale choquant pour les dévots, ces trompettes rappelaient aux Moscovites que leur souverain leur était ramené par des étrangers.

Démétrius, après avoir entendu l'office dans la cathédrale, au lieu d'entrer aussitôt dans le palais qu'on lui avait préparé, voulut s'arrêter dans l'église de Saint-Michel-Archange pour prier devant le tombeau d'Ivan le Terrible. Il s'agenouilla, versa des larmes, et baisant le marbre avec un transport bien joué : « O mon père, s'écria-t-il, ton orphelin règne, et c'est à tes saintes prières qu'il le doit ! » Son émotion fut communicative, et tous les assistants pleurèrent avec lui en répétant : « Il est bien le fils du Terrible ! [2] »

1. *Letopis o miatejakh*, p. 95.
2. Karamzine, XI, p. 280.

## VII.

Le premier soin de Démétrius fut de rappeler les exilés, non-seulement les Nagoï, qu'il nommait ses parents, mais encore tous les personnages qui avaient, à quelque titre que ce fût, encouru la disgrâce de Boris Un prince tartare dépossédé, Siméon Bekboulatovitch, vain fantôme de souverain, avait été relégué loin de Moscou, et même, disait-on, privé de la vue par Boris, impitoyable dans ses soupçons [1].

1. Margeret a confondu le tsar Siméon dont il s'agit ici avec le tsar dépossédé de Kazan, Yédighar Makhmed, qui, étant converti au christianisme, reçut le nom de Siméon. Ce dernier mourut en 1565. Le tsar Siméon, fils de Bekboulat, prince de Kassimof, était beau-frère du prince Mstislavski. Voici, selon Margeret, comment il devint aveugle : « Étant en exil, ledit empereur Boris lui envoya une lettre par laquelle on lui donnait espérance qu'il serait en bref restitué, et celui qui portait la lettre avec du vin d'Espagne qui lui était envoyé quant et quant par Boris, lui en ayant fait boire à la santé de l'empereur, comme aussi à son serviteur, lesquels, peu de temps après, devinrent aveugles, et l'est encore ledit czar Siméon. — Ie lui en ay ouy faire le récit de sa propre bouche. » Margeret, p. 95.

Rappelé à la cour, il eut permission de reprendre le titre de tsar, qui ne blessait pas la vanité de Démétrius, qui, en effet, méditait de s'en attribuer un plus élevé encore. Cet acte de clémence lui était facile, car il y avait longtemps que Siméon ne donnait plus d'inquiétude; mais Démétrius fit preuve d'une générosité plus grande en pardonnant aux parents de Boris, arrêtés, comme on a vu, aussitôt après la déposition de Fëdor. Peu de temps après, plusieurs d'entre eux obtinrent même des charges de voïevodes, à la vérité dans des provinces éloignées de la capitale [1].

A peine établi au Kremlin, Démétrius se hâta de constituer le conseil de l'empire et de fixer les rangs et les fonctions des personnes qu'il y appela. Ce conseil fut divisé en plusieurs sections. Dans la première furent les ecclésiastiques, savoir : le patriarche, trois métropolitains, sept archevêques et trois évêques, en tout quatorze dignitaires appartenant à l'Église. La seconde section comprenait les grands officiers de la couronne et les boyards de première classe au nombre de trente-six. Il y eut, dans la troisième section, dix-sept *okolnitchi*, ou boyards

---

[1]. Karamzine, XI, p. 282.

de seconde classe; enfin, six gentilshommes furent autorisés à siéger derrière les boyards, probablement en qualité de secrétaires ou maîtres des requêtes[1]. L'introduction des évêques dans le conseil de l'empire fut une innovation évidemment empruntée à la cour de Pologne, qui pour Démétrius était un prototype qu'il croyait ne pouvoir faire mieux que d'imiter. D'ailleurs il semble qu'il fit trop peu d'attention au choix de ses conseillers ecclésiastiques. Il ne pouvait ignorer la répugnance du clergé à lui obéir, et cependant, lorsqu'il dicta la liste des membres de son conseil, il est évident qu'il eut égard à l'importance des siéges épiscopaux beaucoup plus qu'à l'attachement plus ou moins prouvé des titulaires à sa personne. Hormis le patriarche, qui en sa qualité d'étranger avait sa fortune étroitement unie à celle du nouveau souverain, tous les prélats le servirent, non-seulement sans zèle, mais avec une désaffection flagrante.

La même légèreté présida au choix des fonctionnaires laïcs. Plein de confiance en lui-même (et qui n'eût été aveuglé après de si étonnants succès?), Démétrius se sentait l'énergie du commandement, et

---

[1]. V. la liste de ce conseil, *Gos. Gramoty*, II, p. 207.

ne doutait pas qu'il ne pliât à sa volonté des hommes pour lesquels il n'avait qu'un superbe mépris. Le premier rang parmi les boyards fut assigné au prince Fëdor Mstislavski. Il l'occupait sous Boris. Après lui les deux frères Chouiski, Basile et Démétrius [1]. Ces trois personnages n'avaient rien fait pour mériter cette distinction, si ce n'est Basile Chouiski, pour avoir avoué qu'il s'était parjuré autrefois en signant de sa main l'enquête d'Ouglitsh. Mstislavski, battu honteusement devant Novgorod, pouvait passer pour un exemple de la magnanimité du tsar, qui élevait au premier rang son ancien adversaire, mais il était facile de se montrer généreux à l'égard d'un personnage si médiocre, et ce fut peut-être à sa défaite autant qu'à son illustre naissance que le prince Fëdor dut son élévation. Il est à remarquer que Pierre Basmanof, à qui Démétrius avait tant d'obligations, ne siégea dans le conseil qu'au dix-huitième rang. D'ailleurs il y fut le premier admis parmi les boyards qui n'avaient pas le titre de prince, si l'on excepte les Nagoï, que leur parenté prétendue avec le tsar pla-

---

1. *Ibid.* Comment croire que Démétrius eût admis Basile Chouiski dans son conseil, si ce dernier l'avait déclaré imposteur devant l'armée de Kromy, ainsi que Zolkiewski le prétend?

çait nécessairement dans une position toute particulière. Au reste, cette distinction de préséance n'était qu'une affaire de pure étiquette, et, en réalité, Basmanof fut l'homme de confiance dans le nouveau sénat. L'élévation de ce général d'une naissance obscure, commencée par Boris et achevée par Démétrius, ne fut pas agréable à la vieille noblesse russe. On avait encore beaucoup de peine à s'accoutumer à ne classer les hommes que d'après une liste arrêtée par le souverain, et les préjugés aristocratiques luttaient toujours pleins de force contre la politique des tsars.

La liste des membres du conseil d'État institué par Démétrius s'est conservée. Elle est écrite de la main de son secrétaire, Jean Buczinski, et en langue polonaise, car le tsar se servait toujours de cet idiôme pour ses affaires les plus importantes [1]. L'intitulé de cette pièce mérite quelque attention. Elle porte pour titre : Liste des membres ecclésiastiques et séculiers du conseil de Sa Majesté *césarienne*. C'est la première fois que Démétrius prend le titre de César, et il semblerait qu'il a voulu établir

[1]. Le fait est d'autant plus remarquable qu'il est souvent difficile d'écrire un nom russe en lettres romaines, dont se servent les Polonais.

à dessein une confusion entre les mots de *César* et de *Tsar*, qui dans les langues slaves ont une certaine ressemblance de son [1]. Le mot de tsar est synonyme en russe de celui de roi, ou plutôt de prince, car ce titre était, même à cette époque, accordé à plusieurs chefs tartares vassaux du souverain de la Russie. Les grands-ducs ou grands princes de Moscovie le prenaient eux-mêmes, et quelquefois il leur était donné par les chancelleries étrangères comme une qualification nationale et partant sans conséquence. Il n'en était pas de même du titre de *César*, synonyme d'empereur, et jusqu'alors réservé au chef de l'empire d'Allemagne. Cette innovation de Démétrius, qui d'abord pouvait passer pour une faute d'orthographe, était un acheminement à des prétentions que nous allons bientôt voir paraître.

Les charges de grands officiers donnant entrée et rang au conseil de l'empire furent accordées, soit à des boyards autrefois en faveur, sous le règne d'Ivan IV ou au commencement de celui de Fëdor Ivanovitch, soit à des hommes qui avaient joué un rôle actif dans la dernière révolution. Michel Nagoï,

---

1. On prononce *Tséçar*.

soi-disant oncle du tsar, eut la charge de grand écuyer, mais non les attributions immenses dont Boris avait joui sous le même titre. Basile Galitsine, dont on a dit la conduite à Kromy et à Moscou, fut grand maître d'hôtel; Bielski grand maître de l'artillerie; Skopine-Chouiski porte-glaive; Pouchkine grand fauconnier; Sotoupof garde des sceaux; Vlasief trésorier et secrétaire du conseil. La plupart de ces offices étaient nouveaux en Russie. Démétrius modelait sa cour sur celle de Sigismond; évidemment il n'en connaissait pas d'autre. Afin de s'attacher les fonctionnaires publics, il augmenta leurs appointements. Il doubla la solde de l'armée; et, ce qui sembla alors une munificence vraiment royale, il annonça qu'il paierait toutes les dettes contractées par son père Ivan IV. Ni Fëdor ni Boris n'y avaient songé. Obligé de professer du respect pour la mémoire d'Ivan, Démétrius acceptait les charges de son héritage [1].

Les grandes calamités qui avaient pesé sur la Russie pendant les dernières années de Boris, la famine et la guerre civile, avaient jeté dans la société une perturbation profonde. Un nombre considérable de

---

1. *Gos. Gramoty*. Lettre de Jean Buczinski à Démétrius; II, p. 261. — Karamzine, XI, p. 283.

paysans avaient abandonné leurs villages ; les uns s'étaient donné de nouveaux maîtres, d'autres se prétendaient hommes libres. En autorisant les poursuites des propriétaires contre les fugitifs, Démétrius s'efforça d'adoucir autant qu'il était en lui la condition des paysans, et posa les bases de la législation qui, si je ne me trompe, régit encore le servage en Russie. Il voulut que la liberté fût présumée, et que le maître qui réclamerait un individu comme serf, fût obligé d'établir juridiquement son droit de propriété. En outre, partant de ce principe que le seigneur doit une protection efficace à son serf, et que faute d'exercer cette protection, il perd ses droits de maître, le tsar affranchit tous les paysans abandonnés par leurs seigneurs pendant les dernières années de famine. Enfin il institua des châtiments sévères pour les attentats contre la liberté, assez fréquents à cette époque comme il semble. Il arrivait souvent, en effet, que des hommes libres, qui d'abord avaient loué leurs bras pour un temps déterminé, fussent retenus ensuite comme serfs par les seigneurs qui les avaient engagés. Alors la situation du travailleur volontaire n'était pas nettement distinguée de celle du paysan né serf. A l'avenir les titres des propriétaires durent être constatés sur des registres placés sous la surveillance du gouvernement [1].

On a vu qu'à la suite de l'enquête sur les événements d'Ouglitch, la tsarine, veuve d'Ivan le Terrible, avait été contrainte de prendre le voile et reléguée par ordre de Boris dans un monastère éloigné de la capitale. Depuis près d'un mois Démétrius était reconnu dans tout l'empire sans la moindre opposition, il était établi au Kremlin, et cependant sa mère n'était pas sortie de son humble retraite ; il n'était pas accouru auprès d'elle pour la ramener triomphante à Moscou. Quelques murmures s'élevèrent. Tant que Boris ou ses agents avaient publié que le prétendant était un imposteur, un moine fugitif, personne n'avait voulu ajouter foi à ce qui semblait une calomnie inventée par la haine et la terreur. Maintenant, l'étrange insouciance de Démétrius donnait quelque consistance à l'accusation portée contre lui, et l'on commençait à dire que la tsarine religieuse, trop certaine de la mort de son fils, se refusait à reconnaître l'aventurier qui en prenait le nom. Les Nagoï, il est vrai, s'étaient empressés d'entourer le nouveau

---

1. Karamzine, XI, 284. — Loi des Boyards de 1606, dans le *Guide des Lois russes*, I, p. 129.

tsar et de se prévaloir de leur parenté, mais ils n'étaient ni aimés ni considérés par personne, tandis que les malheurs de la tsarine et le saint caractère qu'elle avait revêtu en faisaient un témoin irréprochable.

Toutes ces sourdes accusations allaient être solennellement démenties. On sut que le tsar avait mandé sa mère du couvent de Vyksa qu'elle habitait, et que lui-même allait à sa rencontre jusqu'à Toïninsk. Selon toute apparence elle avait déjà reçu plus d'un message de son prétendu fils, et elle ne les avait pas mal accueillis; mais nulle explication n'avait encore eu lieu; Démétrius n'avait livré son secret à personne, et il ne s'en fiait qu'à lui-même pour obtenir la réception si nécessaire à ses projets. Le 18 juillet il sortit de Moscou en grande pompe, suivi par une foule immense dont la curiosité était excitée au plus haut degré et qui venait chercher dans la contenance de la mère et du fils la solution d'une énigme qui préoccupait tous les esprits [1].

Le tsar se fit précéder par son porte-glaive, Michel

---

1. Selon toute apparence, les Nagoï, frères de la tsarine, s'étaient chargés spontanément de la préparer à une entrevue et de lui représenter tous les avantages que leur famille gagnait à favoriser l'imposture.

Skopine Chouiski, et le choix de ce messager était habile, car il appartenait à une famille considérable, assurément mieux informée qu'aucune autre du sort du véritable Démétrius. L'imposteur voulait forcer les Chouiski à constater de toutes les manières son identité avec le fils d'Ivan. D'ailleurs la mission était toute d'étiquette, et se bornait à annoncer à la tsarine l'arrivée de son fils qui venait lui demander sa bénédiction [1].

Près du village de Toïninsk une riche tente avait été dressée; c'est là que Démétrius reçut la veuve d'Ivan; ils y demeurèrent seuls quelques instants cachés à tous les yeux; ce qu'ils se dirent personne ne put le savoir; puis ils sortirent de la tente, et se jetèrent dans les bras l'un de l'autre avec toutes les marques de la plus vive tendresse. A ce spectacle les acclamations de la multitude s'élevèrent de toutes parts; le doute avait disparu dans l'attendrissement général, si facile et si communicatif pour les grandes masses. Le respect du fils, l'émotion de la mère arrachèrent des larmes à la foule assemblée, et il ne se fût alors trouvé personne qui ne fût prêt

---

1. Cfr. Peyerle, p. 34. — Baer, p. 61. — Margeret, p. 125. — Karamzine, XI, 289.

à jurer que le tsar était bien le fils de la veuve d'Ivan [1].
Démétrius donnant la main à la princesse, la conduisit jusqu'à la voiture qui devait l'amener à Moscou, et refusa obstinément d'y monter auprès d'elle. Pendant la plus grande partie de la route, il l'accompagna à pied, marchant à sa portière et lui parlant sans cesse. Aux portes de la ville il monta à cheval et galopa en avant pour l'attendre à l'entrée du monastère de Saint-Cyrille, dans le Kremlin, qu'il lui avait assigné pour résidence en attendant qu'il fît bâtir un couvent magnifique exprès pour elle. Là ils se séparèrent après s'être de nouveau tendrement embrassés. Tout était préparé par son ordre pour qu'elle fût reçue avec les honneurs dus à la mère du souverain. Elle eut des revenus et un état de maison comme il appartenait à une tsarine douairière. Chaque jour il allait la visiter, et toujours avec les démonstrations du respect le plus profond et de l'affection la plus sincère [2]. On dit qu'il la consultait sur les affaires d'État, et les oukases étaient rendus au nom de la princesse et au sien [3]. Les incrédules étaient ré-

---

1. Baer, p. 61.
2. Id., ibid.
3. Il semble que ce fut alors une formule consacrée. On la voit employée à l'avénement de Fëdor Ivanovitch, et les pre-

duits au silence. Qui eût osé démentir le témoignage de la tsarine religieuse? Peu de jours après, Démétrius fut couronné en grande pompe dans l'église cathédrale et avec le cérémonial déjà consacré par Fëdor et par Boris.

S'il observait en de telles circonstances l'étiquette antique de la cour moscovite, sa conduite et toutes ses habitudes contrastaient singulièrement avec celles de ses prédécesseurs. Il voulait régner par lui-même, tout connaître, tout voir par ses yeux. Basmanof, traité toujours par lui avec la plus grande distinction, et même avec amitié, s'aperçut promptement qu'il ne serait pas facile de gouverner ce jeune homme de vingt-trois ans, dont il s'était flatté sans doute d'être le tuteur. Démétrius ne voulait ni favori ni maître. Il fallait que tout pliât sous sa volonté, et pourtant, tout despote qu'il était, il aimait la discussion et accordait à ses boyards la liberté la plus complète de le contredire. Tous les jours il présidait le conseil, et sa mémoire prodigieuse, sa facilité, sa pénétration confondaient ses ministres. On se demandait où il avait appris à connaître si bien son empire, ses besoins et ses res-

miers oukases de Démétrius, datés de Toula, la reproduisent déjà.

sources. Tolérant la contradiction et la recherchant même, il abusait trop souvent de sa supériorité pour railler sans mesure des adversaires qu'il avait convaincus d'erreur, ou que le respect avait réduits au silence. Ses plaisanteries laissaient des blessures aussi profondes que les injures d'un tyran capricieux et sourd à la raison. En outre il montrait trop ouvertement une préférence partiale pour les coutumes étrangères, qui choquait les préjugés des Moscovites. Il citait sans cesse la Pologne, cette antique ennemie de la Russie, vantant à tout propos la supériorité de ses lois et de sa civilisation. — « Voyagez, instruisez-vous, disait-il à ses boyards; vous êtes des sauvages; il faut vous policer. » On ne lui pardonnait pas ses railleries sur l'ignorance de ses sujets, car cette ignorance, aux yeux de beaucoup de gens, avait quelque chose de saint, comme la vieille religion et les vieilles coutumes.

Lorsqu'il entra dans Moscou, la famine y exerçait encore ses ravages, et la misère y était générale. Il parvint à y porter promptement remède par de sages règlements qui, favorisant le commerce et la circulation des denrées, firent succéder l'abondance à la disette. Il s'appliqua également, et dès les premiers jours de son règne, à réformer la justice et à mettre des bornes à la rapacité des juges, ainsi qu'à la lenteur de leurs procédures. A l'exemple de plusieurs tsars dont la mémoire demeurait chère dans les traditions du peuple, il se montrait le mercredi et le dimanche sur le perron de son palais, et là, recevait lui-même toutes les suppliques. Il interrogeait avec bienveillance les pétitionnaires, les écoutait patiemment, et souvent d'un mot terminait une affaire qui durait depuis des années. S'il devait rejeter une demande, il le faisait avec tant de douceur, qu'on lui savait presque autant de gré de ses paroles obligeantes que d'une grâce reçue.

Son infatigable activité d'esprit et de corps étonnait toute sa cour, mais les Moscovites, habitués à l'étiquette solennelle de leurs tsars, trouvaient qu'il manquait parfois de dignité. Ainsi, au lieu d'aller à l'église en carrosse, selon l'usage, il s'y rendait à cheval, et souvent sur un cheval difficile qu'il se plaisait à réduire. Quand Ivan, Fëdor ou Boris montaient à cheval (et cela n'arrivait que rarement) on leur amenait une haquenée bien dressée; un dignitaire de l'empire approchait un escabeau, un autre tenait l'étrier; on soulevait le tsar, et tout se passait gravement et lentement. Les choses avaient bien changé. Leste comme un enfant des steppes, Démétrius se faisait amener un étalon rétif; d'une main il empoignait la crinière du cheval, et il était en selle avant que ses officiers eussent eu le temps de s'acquitter de leur office. Autrefois les tsars ne passaient pas d'une chambre dans une autre, sans que plusieurs courtisans ne les soutinssent par dessous les bras. On les dirigeait, on les menait comme des enfants en lisière. Tout ce cérémonial incommode fut mis de côté. Le nouveau tsar sortait de son palais sans prévenir personne, presque toujours sans garde, exécutant sur l'heure la pensée qui lui venait à l'esprit. Il allait à pied par la ville, tantôt inspectant les travaux d'une fonderie de canons qu'il venait d'établir à Moscou, tantôt entrant dans les boutiques, causant avec les marchands, surtout avec les étrangers, et témoignant une grande curiosité de tout examiner et de connaître les instruments et les procédés de leur industrie. Souvent ses chambellans et ses gardes du corps le cherchaient de rue en rue, et avaient beaucoup de peine à le retrouver. Toutes les fois qu'il entendait parler d'une industrie nouvelle, il voulait aussitôt l'introduire en Russie, et faisait faire des offres avantageuses à des artisans habiles ou des commerçants éclairés pour qu'ils vinssent se fixer dans ses États. Il aimait les arts et particulièrement la musique. On dit qu'il fut le premier tsar qui eut à son service des chanteurs et des joueurs d'instruments. Pendant ses repas on exécutait des symphonies, mode de Pologne, toute nouvelle alors et presque scandaleuse pour les Russes. Bien des gens eussent trouvé bon qu'il s'enivrât avec ses bouffons, comme Ivan le Terrible, au lieu d'écouter des joueurs d'instruments allemands ou polonais. Contre l'usage, alors général en Russie, il ne faisait jamais la sieste après ses repas; il était toujours en mouvement. Ses divertissements même témoignaient de son besoin d'activité. Les exercices les plus violents étaient ceux qu'il préférait. La chasse au faucon, les courses de chevaux étaient ses délassements après ses travaux de cabinet. Écuyer hardi et consommé, il se plaisait à dompter les chevaux les plus rétifs. Un jour à Toïninsk, on voulut lui donner le spectacle d'un combat d'ours, amusement des grands seigneurs de cette époque. Un ours traqué dans les bois était lâché au milieu d'une espèce d'arène, et là, des chasseurs armés de piques le tuaient, ou étaient déchirés par l'animal furieux. Le pacifique Fëdor Ivanovitch prenait grand plaisir à ces cruels spectacles. Mais Démétrius n'était pas homme à regarder ces combats du haut d'un balcon.

Malgré les supplications de ses courtisans, il voulut descendre seul dans l'arène, se fit lâcher un ours énorme et le tua d'un coup d'épieu [1].

Son adresse dans les exercices guerriers et son intrépidité reconnue lui valurent l'admiration des soldats et surtout des Cosaques; mais la masse de la nation ne pouvait concilier cette inquiétude et ce goût des dangers inutiles avec l'idée qu'elle se faisait d'un tsar de toutes les Russies. Surtout, les gens scrupuleux trouvaient fort à redire à sa conduite, en ce qui concernait les pratiques religieuses. Il était distrait aux offices, souvent il manquait à saluer les saintes images avant de prendre ses repas, et quelquefois il se levait brusquement de table, oubliant de se laver les mains. Alors, cela passait pour une impiété. On lui faisait encore un crime de ne pas aller régulièrement au bain les samedis [2]. Le jour de son couronnement, un des jésuites polonais qui l'avaient accompagné lui fit un compliment en latin que personne n'entendit, et le tsar pas plus qu'un autre probablement ; mais les dévots ne doutèrent pas que ce discours ne contînt des blasphèmes horribles contre la religion nationale, car tous savaient que le

---

[1]. Baer, p. 64.
[2]. *Id.* p. 63. — Platon, II, p. 156.

latin est la langue des papistes [1]. Quelquefois il lui échappait de dire, parlant à des ecclésiastiques russes : « *Votre religion, votre culte* [2]. » On en concluait qu'il avait sa religion à lui, qui ne pouvait être autre que l'hérésie latine. Dans une séance du conseil de l'empire, on lui représenta qu'une proposition qu'il venait de faire était condamnée par le septième concile œcuménique; c'est le dernier que reconnaisse l'église grecque. « Eh bien! s'écriat-il, qu'importe? le huitième concile peut bien en décider autrement [3]. » Quelle était sa pensée en prononçant ces paroles imprudentes? Il se peut qu'il ignorât ce point de l'histoire ecclésiastique; mais cela parut un blasphème abominable et un aveu involontaire de catholicisme. On commença à dire tout bas que ce tsar si pétulant, si lpein de mépris pour les vieilles coutumes, pourrait bien n'être pas un Russe, et qu'assurément son orthodoxie était des plus suspectes. Comme il aimait la magnificence et qu'il prétendait encourager les arts, il avait fait placer à la porte d'un palais qu'il venait de faire construire un cerbère en bronze, dont la gueule, dit

---

1. De Thou, lib. cxxxv, p. 55.
2. Platon, II, p. 156.
3. Platon, II, p. 156.

un annaliste, rendait un bruit effrayant lorsqu'on le touchait. Cette invention, due à quelque mécanicien allemand, et qui fait médiocrement honneur au goût de Démétrius, parut aux yeux du peuple une espèce de diablerie et comme l'enseigne d'un laboratoire de sorcier. Le pieux annaliste auquel j'emprunte cette anecdote, écho probablement des propos des moines moscovites, y voit un présage de la demeure qui attendait le tsar dans l'éternité : « l'enfer et les ténèbres [1]. »

Cet amour du merveilleux et cette croyance à la magie existaient alors dans presque toutes les classes, et dans le reste de l'Europe, sous ce rapport, il n'y avait guère moins de superstition que dans la Russie. Bien que fort dévot, Boris entretenait des sorciers finnois à son service, et passait auprès de beaucoup de gens pour un sorcier lui-même. Arrivant à Moscou, Démétrius ne voulut pas entrer dans le palais de Boris, et même il donna l'ordre de le démolir, comme une demeure impie et souillée par des pratiques de sorcellerie [2]. Et l'on racontait que

1. Karamzine, XI, p. 297, répète assez complaisamment cet oracle peu charitable. — Maskiewicz, qui avait visité le palais bâti par Démétrius, dit qu'il était le plus beau du Kremlin, et construit à la polonaise. Maskiewicz, p. 68.

2. Selon Maskiewicz, c'était l'usage de tous les tsars de se

les ouvriers avaient trouvé dans une cave une statue tenant une lampe à la main, construite avec un tel artifice qu'au bout d'un certain temps, calculé d'après la quantité d'huile que contenait la lampe, le vase devait se briser et faire tomber la mèche encore enflammée sur une grande quantité de poudre à canon disposée autour de la statue. C'était une invention de Boris ou de ses magiciens pour faire sauter en l'air Démétrius avec toute sa cour, lorsqu'il viendrait occuper ce palais. Heureusement, ajoute un grave historien, la mine fut découverte avant le temps fixé pour l'explosion, et la statue fut brisée par ordre du tsar, grand sujet de regrets, sans doute, pour tous les antiquaires à venir. — Cette histoire, que l'illustre de Thou a consignée dans ses annales[1], lui avait été, sans doute, apportée de Russie par le capitaine Margeret. J'ai pensé qu'elle pouvait donner une idée des superstitions de l'époque.

La défiance et le mécontentement des dévots augmenta et trouva un motif bien plus plausible lorsqu'on apprit que Démétrius avait l'intention d'épouser

---

faire construire un palais à leur avènement, et de ne jamais habiter celui de leur prédécesseur. Il faut se rappeler que tous ces palais étaient de bois. Maskiewicz, p. 68.

1. De Thou, lib. 135, VI, p. 333.

Marine Mniszek, et que le secrétaire du conseil, Afanassi Vlassief, allait se rendre en Pologne avec des présents magnifiques pour la fiancée. Une femme latine sur le trône de Russie, une Polonaise *non baptisée!* il y avait là de quoi révolter toutes les consciences orthodoxes. Les prêtres et les moines surtout colportaient avec activité parmi le peuple tous les bruits calomnieux ou exagérés qui pouvaient faire douter de la foi du tsar et de ses droits au trône d'Ivan. Dans leurs discours, ils le comparaient à Julien l'Apostat, et toutes les qualités vraiment royales qu'il leur fallait bien reconnaître en Démétrius devenaient de nouveaux traits de ressemblance avec le persécuteur des chrétiens [1].

Démétrius servait la malice de ses ennemis par ses imprudences, et ses efforts mêmes pour se rendre agréable aux Russes tournaient fatalement à son désavantage. A peine installé au Kremlin, il congédia ses gardes du corps polonais, afin de prouver publiquement sa confiance dans la fidélité des Moscovites. Mais il ne pouvait oublier que les soldats qu'il licenciait s'étaient attachés à sa fortune dans un moment où elle semblait désespérée, alors que

---

1. Platon, II, p. 147.

Mniszek et les Palatins l'avaient abandonné devant Novgorod. Il les combla de présents et continua à les traiter avec les égards dus à de si fidèles serviteurs. A toute heure il les admettait auprès de sa personne et ne leur adressait jamais la parole qu'en les appelant camarades. Fiers de cette distinction, les Polonais prenaient avec les Russes des airs de supériorité qui blessaient profondément la vanité nationale [1].

Un usurpateur a besoin de gloire, et est pour ainsi dire forcé de devenir conquérant. Le grand projet de Démétrius était celui d'Étienne Batthori ; il voulait réunir toutes les forces de la race slave pour les jeter sur les Turcs et les Tartares. Il y travaillait dès le lendemain de son arrivée à Moscou. Agrandissement de ses États, gloire immense pour lui-même, affermissement de son autorité, tels étaient les résultats qu'il se promettait de cette vaste entreprise. Mais elle offrait bien des dangers, dont les plus considérables n'étaient pas les hasards de la guerre. Pour former la coalition dont il aspirait à devenir le chef, Démétrius était obligé à de grands ménagements à l'égard du roi de Pologne et du pape [2]. Avec

1. *Gos. Gramoty*, II, p. 258. Lettre de J. Buczinski à Démétrius. — Lubienski, p. 71.

2. Voir la correspondance du pape Paul V avec Démétrius,

le Saint-Siége surtout son rôle était difficile. En Pologne, il avait promis la conversion de ses sujets et était devenu catholique lui-même; à Moscou, il lui fallait amuser le pape par un zèle prétendu pour les intérêts de l'Église latine, et en même temps cacher soigneusement son changement de croyance à ses sujets déjà trop portés à douter de son orthodoxie. De là, une correspondance difficile et compromettante avec Rome, où l'on ne se faisait guère une idée des obstacles contre lesquels il avait à lutter. D'un autre côté, ses préparatifs militaires exigeaient des dépenses très-considérables. L'argent venant à lui manquer, il eut recours au moyen qui lui sembla le plus expéditif. De même que Charles Martel, il se crut le droit de faire peser sur le clergé une partie des charges d'une expédition qui avait pour but la gloire et le triomphe du christianisme. Il voulut connaître exactement les revenus des nombreux monastères de son empire, et déclara hautement qu'il n'entendait pas que tant de moines oisifs vécussent dans l'abondance, lorsqu'il s'agissait de délivrer une partie de la chrétienté du joug musulman. Les ré-

---

et celle du cardinal Borghese avec Claudio Rangoni, nonce du pape en Pologne. — Tourghenief, *Historica Russiæ Monimenta*, II.

formes commencèrent, et avec elles, les confiscations. Plusieurs couvents furent supprimés, et l'on annonça pour l'avenir de grandes réductions dans leurs revenus temporels. Enfin, le tsar, voulant avoir près de lui tous les gens de sa maison et particulièrement ses musiciens étrangers, fit déloger les moines des couvents d'Arbate et de Tchertol, voisins de son palais, afin d'en agrandir les dépendances [1].

Partout et de tout temps les moines ont fait payer cher les entreprises contre leurs biens temporels. Les derniers décrets de Démétrius achevèrent d'exaspérer les esprits, et une conspiration se forma pour détrôner le nouveau Julien. Plusieurs boyards s'y associèrent, et parmi ces derniers quelques-uns des hommes qui avaient montré le plus d'empressement à déserter la cause de Boris. En réalité, la plupart des seigneurs russes s'étaient peu souciés que Démétrius fût ou ne fût pas l'héritier légitime d'Ivan le Terrible, ne demandant qu'à être délivrés d'un despote contre lequel ils n'osaient eux-mêmes se soulever. Boris mort, chacun crut le moment venu de se partager ses dépouilles. Chacun prétendit gouverner l'empire à son profit, et au nom de ce tsar encore inconnu que le ciel leur

---

1. Baer, p. 67.

envoyait pour libérateur. Les uns se seraient contentés du rôle de régent ou même de favori ; quelques-uns, témoins et envieux de la haute fortune de Boris et du succès inespéré de Démétrius, ne songeaient à rien moins qu'à ceindre eux-mêmes une couronne qui en si peu de temps avait si souvent changé de maître. Le nouveau tsar avait mécontenté toutes ces ambitions. Ce n'était pas un roi fainéant comme Fëdor, mais un despote aussi absolu que Boris, heureusement plus doux, moins soupçonneux, moins prudent. Il s'était empressé de congédier les nombreux espions que son prédécesseur entretenait avec tant de soin. Le renverser tandis qu'il était encore mal affermi sur son trône, semblait chose facile avec l'appui du clergé et de la populace fanatique. Enfin, en cas de non succès, on comptait encore peut-être sur sa clémence et sa douceur, qui dans cette cour sauvage passaient plutôt pour l'effet de sa faiblesse que de sa grandeur d'âme.

Le principal et le plus habile des conjurés fut le boyard Basile Chouiski, autrefois président de l'enquête d'Ouglitch, et que nous avons vu attester et démentir tour à tour la mort du jeune Démétrius. Suspect à Boris, peut-être parce qu'il était maître d'un secret terrible, peut-être seulement à cause de sa naissance illustre et de ses immenses richesses, il s'était rangé du parti au vainqueur sans empressement exagéré, mais assez à temps toutefois pour obtenir un poste élevé et les bonnes grâces du nouveau maître, qui lui savait gré des sourdes persécutions dont il avait été victime sous le règne précédent. Mais l'ambition de Chouiski était immense; s'il n'avait pas disputé le trône à Boris, il ne s'en croyait pas moins le seul digne, car il se prétendait le plus proche descendant du sang de Rurik. Audacieux dans ses plans, il était timide à les exécuter; peu scrupuleux d'ailleurs sur les moyens de parvenir à son but. Dès qu'il s'aperçut de la haine croissante des Moscovites pour Démétrius, il comprit que s'il ne se mettait pas à la tête des mécontents, il laisserait à un autre les fruits d'une révolution près d'éclater. Partagé entre son ambition et sa circonspection naturelle, il se vit à la fin obligé de prendre un parti décisif, et son concours apportait tant de forces à la conjuration qu'il en devint aussitôt le chef reconnu. Il avait parmi le peuple de la capitale une clientelle immense, et pour l'orthodoxie et l'attachement aux vieilles coutumes, c'était un vrai Russe d'antique race. « A l'œuvre, dit-il aux mécontents, le mal pèse sur nos épaules [1]. »

---

1. *Pora za dielo, beda za pletchami.* Baer, p. 67.

Cependant il ne voulait rien précipiter, et selon sa politique ordinaire, il espérait contenir l'orage qui grossissait, jusqu'au moment où il serait devenu irrésistible. Ce moment, à son avis, c'était l'arrivée de Marine à Moscou, qui ne manquerait pas d'apporter un redoublement d'énergie à l'indignation populaire. La présence d'une tsarine infidèle et des nombreux étrangers qu'elle amènerait à sa suite, soulèverait les vieilles haines nationales des Moscovites et armerait toute la nation contre l'ennemi de la foi. On dit encore que se croyant infailliblement désigné pour remplacer l'usurpateur, il voulait laisser revenir en Russie les perles et les diamants amassés par Ivan et par Boris, et que Démétrius avait envoyés en Pologne pour les offrir à sa fiancée. Ces pierreries, d'une valeur immense, auraient été perdues pour lui et pour l'empire, si la révolte eût éclaté avant l'arrivée de Marine [1].

Quelque soin que prît Chouiski pour cacher ses trames, il ne pouvait imposer sa prudence à tous ses complices. Les conjurés se recrutaient dans toutes les classes et jusque parmi les strelitz, qui passaient pour être affectionnés au tsar. Le secret ne fut pas

---

[1]. Karamz., XI, p. 335.

longtemps gardé ; les indiscrétions et les vanteries des subalternes firent avorter le complot longtemps avant sa maturité. Quelques soldats, quelques popes obscurs furent d'abord arrêtés, qui mis sous le bâton dénoncèrent leur chef. Démétrius fit grâce aux ecclésiastiques par politique, ou peut-être par mépris. Pour les soldats il se montra sévère ; il passa en revue les strelitz, et se plaignit de leur trahison. — « Nomme-moi les traîtres, lui dit Grégoire Mikou-« line, colonel de cette milice ; c'est peu de leur cou-« per le cou ; je veux moi-même leur arracher les « entrailles à belles dents [1]. » Le tsar désigna les plus coupables et déclara qu'il pardonnait à leurs complices, pourvu qu'ils prouvassent leur repentir en châtiant les perfides qui les avaient entraînés. Aussitôt les strelitz se jetèrent sur les malheureux qu'on leur signalait, et les mirent en pièces à coups de sabre avec tant de fureur, que les bourreaux s'entre-blessaient en s'acharnant à frapper leurs victimes [2].

Démétrius procéda moins sommairement à l'égard de Chouiski, signalé comme l'âme du complot ; il le fit amener en sa présence, lui reprocha son crime, et

---

1. *Gos. Gramoty.* Interrogatoire de J. Buczinski, II, p. 297.
2. *Id., ibid.* — Petreïus, p. 324.

ayant pris l'avis du conseil des boyards, il le fit fustiger et prononça contre lui la sentence de mort. On le conduisit sur la place des exécutions devant le palais. Là un scribe lui lut sa sentence ; le bourreau le dépouilla de son cafetan et le fit agenouiller devant le billot. Déjà il brandissait sa hache, lorsqu'un officier accourut élevant un papier au-dessus de sa tête : Arrête ! cria-t-il au bourreau. L'officier s'approcha, monta sur l'échafaud, et remit une cédule impériale aux ministres de la justice. Le tsar, usant de sa clémence accoutumée, faisait grâce de la vie au coupable, *en considération de sa naissance, et sur sa promesse qu'il ne prendrait plus de part à de nouvelles rébellions.* En même temps on répandit parmi le peuple que c'était à la prière des Polonais que le tsar pardonnait au chef des conjurés. La tsarine-mère, disait-on, avait à leurs sollicitations intercédé pour le coupable. Basile Chouiski, après avoir promis tout ce qu'on voulut, monta sur un chariot qui devait le conduire en Sibérie [1]. Mais tel n'était pas encore le dénouement de la comédie préparée d'avance par Démétrius, selon toute probabilité ; un courrier rattrapa l'exilé sur la route, après quelques

---

1. Baer, p. 68. — Margeret, p. 128.

étapes, et le ramena dans la capitale, où l'attendait son pardon, complet cette fois. Le tsar lui rendit ses biens et même son rang, et sa place au conseil de l'empire, croyant sans doute que tant d'humiliations, que les verges, et la hache du bourreau un instant levée, lui avaient acquis un sujet fidèle. Il s'applaudissait d'avoir réconcilié les Moscovites et les Polonais, en attribuant à ces derniers une intercession en faveur d'un illustre représentant de la vieille noblesse russe. Démétrius n'était pas cruel, il avait même une douceur naturelle rare de son temps, et peut-être déplacée dans un usurpateur, car c'est le châtiment de ceux qui parviennent au pouvoir par la violence, de ne s'y maintenir que par la terreur.

Si ce n'est pas à ces parties incomplètes du caractère de Démétrius qu'il faut attribuer sa clémence, on peut lui supposer un autre motif purement politique : en faisant mourir le président de l'enquête d'Ouglitch, il eût donné lieu de croire qu'il voulait se débarrasser d'un témoin redoutable. Lui pardonner, c'était prouver au contraire qu'il n'avait rien à craindre de ses révélations. En outre il se flattait que la reconnaissance ou la terreur obligeraient Chouiski à confirmer le désaveu qu'il avait déjà fait de la mort du tsarévitch. Les serments ne coûtaient rien à Chouiski, et ses contradictions ne lui attirèrent pas alors, comme il semble, le mépris qu'elles exciteraient aujourd'hui. Il reparut à la cour sans beaucoup d'embarras, désarma les soupçons par une humilité feinte et cependant, passant pour un martyr parmi les mécontents, il continua de les diriger avec plus d'autorité que jamais.

Loin de conseiller d'épargner Chouiski, les plus avisés des Polonais et les plus attachés à la personne de Démétrius, l'engageaient à le garder dans une prison perpétuelle, ainsi que les Godounof. — « Ces « gens-là, lui disait son secrétaire Jean Buczinski, « vous forceront à vous repentir de votre clémence, « si vous leur rendez la liberté. » — « Non, répondit « Démétrius ; j'ai juré de ne pas répandre le sang « chrétien, je tiendrai mon serment. Crois-moi, il y a « deux manières de gouverner un empire. Par la ter« reur?... Mais je ne veux pas être un tyran.... Par « la générosité?... Je ne ménagerai pas l'argent ; j'en « donnerai à tout le monde [1]. » Ce langage est presque mot pour mot celui de César à ses confidents, lorsqu'il s'était rendu maître en quelques jours de

1. *Gos. Gramoty.* Lettre de Buczinski à Démétrius, II, p. 261.

l'Italie[1]. Ni César ni Démétrius ne désarmèrent leurs ennemis par la clémence, mais la postérité ne les confondra pas avec les tyrans sans grandeur qui sont morts dans leur lit.

Cette libéralité que Démétrius érigeait en système de gouvernement, épuisait ses ressources plus vite encore que ses préparatifs militaires; il accueillait toutes les réclamations. Lorsque d'anciens serviteurs d'Ivan venaient lui présenter leurs créances, il leur accordait le double de la somme qui leur était due[2]. Il voulait que quiconque l'approchait se retirât le cœur joyeux. Polonais, Allemands, Moscovites, puisaient à l'envi dans le trésor impérial. Jusqu'alors les souverains de la Russie s'étaient fait une loi, et presque un point d'honneur, d'amasser un trésor et de l'ajouter au dépôt qu'ils avaient reçu de leurs prédécesseurs. Pour la masse de la nation cet usage, emprunté aux sultans tartares, était le *nec plus*

---

1. Tentemus hoc modo si possumus omnium voluntatem recuperare et diuturna victoria uti : quoniam reliqui crudelitate odium effugere non potuerunt, neque victoriam diutius tenere, præter unum L. Sullam, quem imitaturus non sum. Hæc nova sit ratio vincendi : ut misericordia et liberalitate nos muniamus. — Lettre de César à Oppius et Balbus, Cic. ad. Att. 9, p. 8.

2. *Gos. Gramoty*, II, p. 261.

*ultra* de l'habileté politique ; aussi les profusions de Démétrius étaient-elles sévèrement blâmées par ses contemporains et passaient pour une faute énorme, sinon pour une trahison. Dissiper le trésor du Kremlin, c'était vouloir livrer l'empire sans ressources à ses ennemis [1].

---

[1]. Sed nihil magis Moschos in eum accendit, quam quod a multis retro seculis sacro et intacto veterum Moschoviæ principum ærario manus admoverit. Lubienski, *Op. posthuma*, p. 37.

## VIII.

Démétrius, fort peu de temps après son couronnement, avait envoyé en Pologne son trésorier Vlassief, suivi de près de son secrétaire intime Jean Buczinski, avec mission de conclure son mariage projeté avec Marine Mniszek, et d'engager le roi Sigismond à s'unir à lui pour faire la guerre aux Turcs et aux Tartares. Ils devaient encore essayer, par tous les moyens, d'obtenir du roi la reconnaissance du titre de César ou d'empereur que Démétrius venait de s'arroger.

Depuis quelque temps les relations des deux princes étaient devenues assez froides. Sigismond voyait dans ce nouveau titre une prétention blessante pour les autres souverains de l'Europe et surtout pour lui-même. Ce n'était pas sans un certain sentiment de jalousie qu'il avait appris l'étonnante fortune d'un homme qui naguère mendiait sa protection et ses secours. Il était irrité de le voir devenu son égal et l'accusait d'ingratitude pour le peu d'empressement que montrait Démétrius à épouser sa querelle avec la Suède. En effet, un ambassadeur polonais, Gonciewski, ayant pressé le tsar de se déclarer ouvertement contre le duc de Sudermanie, qui prenait le nom de Charles IX, n'avait obtenu qu'une réponse évasive. Il n'avait pas été plus heureux en se plaignant que Gustave Ericsen fût traité en prince, et que Démétrius lui continuât la pension accordée par Boris. Ces réclamations étaient accompagnées d'une communication secrète des plus extraordinaires. « Le roi, dit l'ambassadeur de Sigismond à Démétrius, est informé par un rapport digne de confiance que Boris est encore vivant. Désespérant de se défendre dans Moscou, et sur un oracle de ses devins, il a secrètement quitté la Russie pour se rendre en Angleterre, où il a porté des sommes considérables. » La nouvelle était si absurde qu'on pouvait croire qu'en invitant son allié à se tenir sur ses gardes, Sigismond cherchait en réalité à l'effrayer et à le menacer, pour ainsi dire, des propres armes que Démétrius venait d'employer avec tant de succès. Ressusciter Boris, c'était ranimer la guerre civile en Russie. Il est probable que Démétrius interpréta de la sorte cette révélation singulière; car il répondit avec quelque aigreur à Sigismond, qu'avant de réclamer un service au nom de leur amitié, il aurait dû d'abord prouver la sienne par la reconnaissance du titre de César [1].

Telles étaient les relations diplomatiques des deux souverains. Je ne trouve d'ailleurs, dans leurs négociations, rien qui ait trait à la cession de la principauté de Smolensk, consentie par Démétrius pendant son séjour en Pologne. Faut-il croire qu'un traité, demeuré inconnu, eût ajourné cette cession à une époque plus ou moins éloignée, ou bien que l'acte même fût resté secret entre les mains de Mniszek, intéressé à ménager son gendre futur [2] ? Sur ce point d'ailleurs, Démétrius n'eût pas manqué

1. *Gos. Gramoty*, II, p. 213 et 217. Note secrète remise par A. Gonciewski et réponse de Démétrius.—Cependant on trouve dans les archives du Vatican une lettre de Démétrius au duc de Sudermanie, dans laquelle, après lui avoir notifié son avénement, le tsar le somme de se démettre de son titre de roi, et de céder le trône à Sigismond, son allié. Il se peut que cette lettre n'ait jamais été envoyée au duc de Sudermanie, et que Démétrius *offrît seulement de l'envoyer*, dans le cas où Sigismond reconnaîtrait son nouveau titre. La cour de Rome devait intervenir dans la négociation. V. Tourghenief, *Historica Russiæ Monim.*, II, 82.

2. La cession d'une partie de la principauté de Smolensk au roi de Pologne, ne fut peut-être introduite par Mniszek dans

de prétextes pour se refuser à tenir ses promesses, car la conduite des Polonais, qui l'avaient abandonné au milieu de son expédition, le dispensait sans doute d'observer des engagements que ses alliés avaient été les premiers à enfreindre. Quant à la profession de catholicisme, qu'on avait exigée de lui l'année précédente, elle ne fut pas rappelée davantage. Il est vrai que dans la correspondance que le pape Paul V et son légat en Pologne, l'évêque Rangoni, avaient à cette époque avec Démétrius, on trouve de fréquentes allusions à son changement de croyance et à son zèle pour la foi, mais en même temps on y remarque fort peu d'impatience d'obtenir un témoignage public de sa conversion [1]. Le légat même se prêtait facilement à solliciter auprès du Saint-

---

son traité avec Démétrius, qu'afin d'obtenir pour lui-même l'autorisation d'accepter la suzeraineté que son gendre lui donnait. Or, Mniszek avait pu tenir cette clause secrète jusqu'à ce que le moment fût venu d'en réclamer l'exécution. Peut-être enfin cette clause était-elle subordonnée au mariage de Marine avec le tsar.

1. Le légat Rangoni s'exprime à ce sujet avec une grande réserve. Il recommande au tsar de lire dans une Bible latine qu'il lui envoie les chapitre IX et X de l'*Exode* et le chap. VII du *livre* II *des Rois* (menaces de Moyse à Pharaon et ordre donné par Nathan à David de bâtir le temple). *Gos. Gramoty*, II, p. 218.

Siége toutes les concessions propres à ménager les susceptibilités religieuses des Russes et à prolonger leur erreur au sujet de l'orthodoxie du tsar [1]. Il est vrai que Démétrius avait toujours traité avec distinction les jésuites polonais qui l'avaient accompagné dans sa campagne et l'avaient suivi à Moscou. Il leur avait accordé une faveur alors inouïe, la cession d'un enclos considérable dans l'enceinte sacrée du Kremlin, avec la permission d'y bâtir une église catholique et d'y célébrer leurs offices [2]. Mais bientôt il se montra tout aussi facile pour les Réformés allemands, qui, à leur tour, obtinrent bientôt après une chapelle

---

1. N. S. gli da facoltà di dispensare quanto alle nozze del Gran Duca, in evento che si dovessero celebrare nel tempo della quaresima, e lo avvisi anco ad eseguirle senza atto publico, ma segretamente, in foro conscientia che tanto basta... Lettre du cardinal Borghese à Rangoni, 24 déc. 1605.

N. S. ha date ordine che si vedono li punti sopra li quali Demetrio domanda risolutione, e si farà straordinaria diligenza per inviare la risposta quanto prima. In tanto ha fatto bene V. S. ad esortare la Gran Duchessa à conservarsi nel rito latino, per *chè se non si potià compiacer' Demetrio*, lei ancora mentre si mostrerà renitente, giustificherà tanto più la causa. — Du même au même. *Historica Russiæ Monimenta*, II, p. 80, 85.

2. Lettre de Neri Giraldi au grand-duc de Toscane, 22 oct. 1605. *Esame critico*, p. 58. — Platon, II, p. 155.

luthérienne non loin du palais[1]. Que ces concessions, peu agréables aux Russes, fussent de la part de Démétrius un acte de tolérance ou de politique, elles n'indiquaient nullement l'intention de contraindre ses sujets à changer leur croyance, et il est évident que sur ce point, comme pour la cession d'une partie de ses provinces, il ne se mettait guère en peine de ses serments.

On ne peut s'expliquer comment, dégagé de ces scrupules, d'ailleurs assez rares chez un aventurier, Démétrius ait persisté à épouser une Polonaise catholique, lorsqu'il ne devait pas se dissimuler combien cette union était odieuse à son peuple. Réduit à implorer par tous les moyens les secours des palatins de Lithuanie, on conçoit qu'il sollicitât avec empressement l'alliance de Mniszek; mais une fois assis sur le trône des tsars, cette alliance ne pouvait plus que lui être préjudiciable. Il fut le premier cependant à se souvenir de sa promesse, et à peine couronné à Moscou il invitait Marine à venir partager son trône. Lorsqu'il signait en Pologne la promesse de mariage, il était sans doute sous l'empire des charmes de Marine, mais à Moscou l'on ne peut attribuer à

---

1. Baer, p. 77.

l'amour son impatience de conclure l'union projetée. En effet, tandis que Vlasief, porteur de présents magnifiques pour la fiancée et toute sa famille, se rendait à Cracovie et pressait leur départ pour la Russie, le tsar avait une maîtresse reconnue, habitant le Kremlin avec lui, et cette maîtresse n'était autre que la fille de Boris.

« Xénia, écrit un auteur contemporain, enfant d'une intelligence extraordinaire, était rose et blanche de visage, et ses yeux noirs étincelaient. Quand la douleur lui faisait répandre des larmes, ils brillaient d'un éclat encore plus doux. Elle avait les sourcils joints ; le corps parfaitement formé, et si blanc qu'on l'eût pu croire moulé avec de la crème. C'était une personne accomplie, parlant plus élégamment qu'un livre. Sa voix était mélodieuse, et c'était plaisir de l'entendre chanter des cantiques [1]. » Cette beauté fut fatale à Xénia. Témoin de la mort de sa mère et de son frère, elle se réfugia d'abord dans un couvent, ou, suivant quelques annalistes, elle trouva

---

1. Koubasof, *Rousskiia dostopamiatnosti*, I, p. 174. On remarquera que les idées des Russes de cette époque sur la beauté sont celles des Orientaux. *Les sourcils joints* sont tellement appréciés qu'aujourd'hui les femmes turques et arméniennes se les font tels au pinceau.

un asile dans la maison du prince Mstislavski. Bientôt elle entra dans le palais de l'ennemi de sa famille, et pendant quelques mois elle fut la maîtresse favorite du tsar. Probablement c'est à son influence que plusieurs des Godounof durent la vie et même une espèce de faveur. Succomba-t-elle à la séduction, ou bien à la violence, comme l'ont prétendu plusieurs auteurs modernes, c'est ce qu'il est impossible de découvrir aujourd'hui. Il ne l'est pas moins de décider si Démétrius se laissa entraîner aux charmes de sa captive, ou si, vainqueur impitoyable, il la sacrifia à sa vanité de parvenu, et voulut, par un raffinement de vengeance, avilir la maison de son ennemi. Toutefois il paraît certain que Xénia exerça sur lui, pendant quelque temps, un empire assez marqué pour que Mniszek s'en alarmât et adressât des remontrances au tsar[1]. Ce ne fut que lorsque Marine était

1. *Gos. Gramoty*, II, p. 243. Lettre de Mniszek à Démétrius, 25 déc. 1605. «Mon sincère amour pour V. M. I., mon attachement pour vous, qui m'êtes un fils donné par Dieu, m'obligent à vous supplier d'user de plus de circonspection. Il est connu que la tzarevna, fille de Boris, demeure auprès de vous. Permettez-moi de vous supplier de prendre à ce sujet le conseil de gens qui vous sont dévoués et de l'éloigner d'auprès de vous. Veuillez vous rappeler que le monde remarque les plus petites faiblesses dans les princes, et qu'il en prend occasion pour perdre le respect à leur égard.

déjà en route pour Moscou que Démétrius se sépara de sa captive. Il l'envoya dans un monastère selon l'usage du temps. Elle fit profession dans le couvent de Saint-Serge, à Moscou, sous le nom d'Olga, et elle y mourut en 1622 [2].

Ces amours étranges, cette fidélité à ses engagements au milieu de l'inconstance et de la débauche même, cette hardiesse à tenter une entreprise désespérée, cet imperturbable sang-froid à soutenir une audacieuse imposture, cette bonne grâce à représenter le roi légitime, tant de brillantes qualités unies à une vanité puérile et à la plus imprudente légèreté, tels sont les contrastes que présente le caractère de Démétrius, explicables peut-être par sa grande jeunesse et son éducation d'aventurier. Rien de plus rare d'ailleurs qu'un caractère dont toutes les parties soient dans un accord parfait. Tout est contradiction dans la plupart des hommes, et il en est bien peu dont la vie réponde aux projets qu'ils ont formés ou aux espérances qu'ils ont fait concevoir. Qui sait si le plaisir de se montrer dans tout l'éclat de sa haute fortune aux yeux de ceux qui avaient vu sa bassesse n'eut pas la plus grande part aux résolu-

---

1. Platon, II, p. 144.

tions de Démétrius? Mniszek et Marine furent peut-être les premières personnes dont l'estime lui parût précieuse. Pour obtenir l'approbation de quelques palatins polonais, il risqua sa couronne ; mais chaque homme ne croit-il pas que l'opinion du monde est celle du petit cercle où il s'est accoutumé?

Les envoyés de Démétrius trouvèrent la cour de Cracovie encore plus mal disposée pour leur maître qu'ils ne s'y étaient attendus. Les uns y accusaient l'excès d'orgueil d'un grand-duc de Moscovie, qui osait usurper le titre de *César* et d'*imperator*. D'autres le raillaient sans pitié sur le protocole de ses lettres, où il se donnait l'épithète d'*invictissimus*. Quelques-uns lui supposaient les projets les plus perfides, et prétendaient que ses armements n'étaient point dirigés contre le Turc, mais bien contre la Livonie, qu'il voulait reprendre à la Pologne [1]. A la tête de la cabale qui se formait contre Démétrius, se trouvaient le palatin de Posnanie et le chancelier de Lithuanie [2]. Ces deux personnages, soit qu'ils fussent en relations avec les mécontents de Russie, soit que parmi les

---

1. *Gos. Gramoty*. Lettre de J. Buczynski à Démétrius, II, p. 258 et suivantes. — Lettre de Mniszek à Démétrius. *Ibid.*, p. 244.

2. *Gos. Gramoty*, II, p. 259. — Mss. de Zolkiewski, p. 17. — Karamz., XI, p. 176.

personnes attachées à l'ambassade de Démétrius il y eût des traîtres qui les instruisissent des dispositions du peuple à Moscou, accréditaient à la cour de Sigismond les bruits les plus fâcheux sur le compte du nouveau tsar, et représentèrent à leur maître la Russie comme déjà lasse du joug d'un imposteur, et prête à se jeter dans les bras d'un prince, même étranger, qui la délivrerait de son tyran. Il est possible, mais fort douteux, que dès cette époque quelques boyards eussent songé à demander un tsar à la Pologne et jeté les yeux sur le jeune Wladislas, fils de Sigismond. Au reste, le roi n'encourageait nullement ces ouvertures étranges, mais il permettait les moqueries et les attaques directes contre les prétentions de Démétrius [1].

Il accueillait avec bienveillance les familles des gentilshommes polonais ou lithuaniens qui avaient

1. « Chouiski eut l'art de faire envoyer en Pologne, auprès de Sigismond, Bezobrazof, qui était son confident. Celui-ci, après avoir fait au roi son compliment officiel, demanda à parler en secret au chancelier de Lithuanie, ce qui lui fut refusé. Alors il s'adressa à Gonciewski et lui révéla, de la part de Chouiski et des Galitsine, que Démétrius était exécré, qu'il allait être précipité du trône, et qu'on voulait lui donner pour successeur le prince Wladislas. — Le roi fit répondre en secret aux boyards qu'il apprenait avec peine la situation de la Russie; que, pour lui-même, il ne mettrait pas d'obstacle à leurs

pris part à l'expédition contre Boris, et qui se plaignaient qu'on eût mal récompensé leurs services; il promettait d'intervenir en leur faveur, et adressait d'amers reproches aux ambassadeurs moscovites. Au milieu de cette cour si mal disposée pour le nouveau tsar, Mniszek se trouvait dans une situation fort difficile, et ne savait comment répondre aux accusations de ses compatriotes. Persécuté par ses créanciers, vivement pressé par le roi lui-même, qui lui avait avancé des sommes considérables, il avait beau vanter la puissance de son gendre, il ne pouvait obtenir de crédit chez les marchands[1]. D'un autre côté, l'ambassadeur russe, Vlassief, indignait les palatins et Mniszek lui-même par sa hauteur. Heureusement ce n'était pas à lui que les négociations les plus délicates avaient été confiées. Le secrétaire intime de Démétrius, Jean Buczynski, arriva

projets; quant à son fils Wladislas, il désirait qu'il se contentât de sa position et s'en remît à la volonté de la Providence... Toutes ces communications avaient lieu par l'entremise du chancelier de Lithuanie. » Mss. de Zolkiewski, p. 15-17. Selon toute apparence, Zolkiewski confond les époques, ou bien cherche à disculper son maître de la guerre entreprise plus tard contre la Russie.

1. *Gos. Gramoty.* Lettre de Mniszek au tsar, II, p. 241 et suiv.

fort à propos porteur d'une grosse somme d'argent pour Mniszek, et d'une promesse formelle du tsar de le cautionner auprès de Sigismond, qui paraît avoir été un créancier fort impatient [1]. Buczynski était un esprit souple et fertile en expédients. Polonais lui-même, il pouvait mieux que personne plaider la cause du tsar auprès de ses compatriotes, et pénétrer les intrigues qui se tramaient contre lui. Démétrius avait encore un autre défenseur à la cour de Sigismond, c'était le comte Alexandre Rangoni, neveu du légat apostolique en Pologne. Ce seigneur revenait de Moscou, où il avait été envoyé par le Saint-Siége pour complimenter le nouveau tsar et probablement obtenir de lui des promesses favorables à la cause catholique. Le tsar, en retour, comptait sur son intervention et sur celle du nonce pour vaincre les répugnances de Sigismond. — « En refusant de me donner le titre de César, écrit-il dans une lettre confidentielle au comte Alexandre, le roi encourage les mauvaises dispositions de quelques-uns de mes sujets. Déjà l'on soupçonne que je me suis engagé à lui céder quelques-unes de mes provinces, et il serait également dangereux pour lui et pour moi que cette

---

1. *Id. ibid.*, p. 242.

partie de nos traités fût connue, avant le rétablissement complet de la tranquillité dans mes États. Je donnerai toute satisfaction au roi par ma conduite à l'égard des princes de Suède; quant à la question du titre que j'ai pris, elle ne sera jamais entre nous une cause de guerre; mais j'en appelle à son amitié de frère, et c'est un service personnel que je lui demande[1]. »

En épousant une catholique, le tsar ne se dissimulait pas qu'il heurtait violemment les préjugés religieux de ses sujets, mais il se flattait de les apaiser au moyen de quelques vaines démonstrations qui, à son sentiment, suffiraient pour en imposer au public

---

[1]. *Gos. Gramoty*, II, p. 226. — On voit que le pape favorisait les prétentions de Démétrius et qu'il faisait confusion entre les titres de tsar et César. — « Se V. S. crede che l'intercessione di N. S. possa persuadere a cotesta Maestà (Sigismundo) à compiacere à Demetrio del titolo di Czar, da lui tanto desiderato, e che la Maestà sua non abbia à sentire un minimo disgusto dell' offizio, si contenta la Santità sua, che lei ne tratti, presupponendo sempre che con tal mezzo si possa render piu pronto quel Gran Duca ad aiutare cotesto regno contra il Tartaro. Circa il dar nuovi titoli à Demetrio non si risolverà cosa che possa dispicere à S. M. e si farà diligenza per vedere se il nome di Czar è uscito dalla secretaria a tempo di papa Clemente VIII, di santa memoria, come a lei pare. » Lettre du cardinal Borghese à Rangoni, 4 mars 1606. — Tourghenief, *Histor. Russ Monim.*, II, p. 86.

et témoigner de son respect pour les habitudes nationales. Buczynski avait reçu de lui les instructions les plus minutieuses pour mettre Marine bien au fait de la conduite qu'elle avait à tenir en arrivant en Russie. Entrant dans tous les détails d'étiquette, Démétrius défendait à sa femme de laisser voir ses cheveux, car alors c'était pour une femme mariée un scandale de paraître sans une coiffure bizarre nommée *kakochnik*, encore en usage aujourd'hui parmi les paysannes russes [1]. Il lui envoyait une provision de chaînes et de mouchoirs brodés pour donner en cadeaux aux boyards qui viendraient la complimenter sur son passage; il y joignait des bracelets et des anneaux pour leurs femmes [2]. Rien n'avait été oublié du cérémonial qui devait s'observer dans les réceptions officielles. « Quand la tsarine me sera présentée, écrivait-il à Buczynski, je lui prendrai la main comme pour la lui baiser, mais elle aura soin de ne pas le permettre, et aussitôt après, Son Excellence, M. le Voiévode (Mniszek) me baisera la main [3]. »

Cette comédie n'était pas difficile à jouer; mais

1. *Gos. Gramoty*, 1re Note à Buczynski, II, p. 229. Le kakochnik fait partie du costume de cour actuel.
2. *Id.*, 2e Note, *ibid.*, p. 230.
3. *Id., ibid.*

Démétrius voulait non-seulement persuader au peuple que sa femme adoptait les coutumes russes; il prétendait encore lui faire croire qu'elle professait la religion grecque. A cet effet, il avait demandé au légat des dispenses secrètes, pour que Marine assistât à la messe du patriarche, ce qui était indispensable pour qu'elle fût couronnée. Il fallait encore qu'elle pût accomplir toutes les pratiques extérieures du rite grec, fréquenter les églises russes, faire gras le samedi et observer le jeûne du mercredi selon l'usage moscovite [1]. Il croyait ainsi sauver les apparences et tromper des dévots peu clairvoyants. Il n'y gagna que d'ajouter le crime d'hypocrisie à tous ceux qu'on lui imputait.

Le 14 novembre 1605, l'ambassadeur russe, Afanàssi Vlassief, reçu par Sigismond en audience solennelle, lui remit de la part de son maître ses lettres de créance et les présents accoutumés à cette épo-

---

1. *Gos. Gramoty*, 1re Note de Démétrius à Buczynski, II, p. 228-229. Le pape refusa quelques-unes des dispenses demandées, on ne sait lesquelles, après avoir pris l'avis d'une commission de cardinaux et de théologiens; mais il est certain que Marine assista à la messe grecque et observa quelques pratiques extérieures du rite moscovite. Tourghenief. *Hist. Russ. Monimenta.* Lettre du cardinal Borghese à Rangoni, 4 mars 1606, II, 87.

que entre souverains. C'étaient des armes enrichies d'or et de pierreries, des chevaux et des fourrures précieuses. La cour admira les cadeaux du tsar; mais en remarquant tout bas qu'autrefois Fëdor Ivanovitch en avait envoyé de plus magnifiques. Dans son discours, Vlassief, qui répétait à chaque phrase le nom de son maître avec les titres de *César*, d'*imperator*, et de *très-invincible*, offrit au roi l'aide des armes moscovites contre les rebelles suédois, et conclut en demandant la main de Marine. Le vice-chancelier, prenant la parole au nom du roi, dit que les lettres du *grand-duc de Moscovie* seraient examinées, et que Sa Majesté y ferait réponse [1]. Puis on reconduisit à son logement l'ambassadeur, outré de cette réception. Le nonce du pape et les palatins, amis de Démétrius, eurent beaucoup de peine à le calmer [2]. Peu de jours après, il obtint

1. Cilli, p. 59.
2. « Ils (les ambassadeurs de Moscovie) ont cette coustume de ne parler iamais si le Roy n'est habillé, quelqu'indisposition qu'il puisse avoir, et il faut, s'il ne sort du lict, qu'au moins il ait ses habits, et qu'il soit comme assis et soutenu par dessous les bras, autrement ils retournent sans parler. C'est pourquoy l'ambassadeur a toujours un assistant pour voir si l'on ne le trompe point, et particulièrement pour les qualités du Roi et de leur Prince, sur lesquelles il y a tousiours grande contestation. L'ambassadeur les lit pour ne rien oublier : son

une nouvelle audience où Sigismond lui annonça qu'il accordait au palatin de Sendomir la permission de marier sa fille au tsar de Russie, et, à cet effet, Mniszek reçut un passe-port royal qui l'autorisait à se rendre à Moscou pour ses affaires personnelles et celles du roi et de la république. Il y était spécifié que jusqu'à son retour, il serait sursis à toutes les actions judiciaires qui le concernaient, et qui pouvaient être pendantes dans les différents tribunaux de Pologne. Cette clause montre quelle était alors la position de Mniszek[1].

En prévenant Vlassief que la cérémonie du mariage par procuration aurait lieu le dimanche suivant, le roi ajouta qu'il ne retiendrait pas l'ambassadeur, ne voulant pas priver plus longtemps son jeune maître des utiles conseils d'un tel ministre. Le com-

assistant les lit aussi dans son mémoire. Si on leur en dispute quelqu'une, ils crient pour empescher qu'on ne poursuive, et bien souvent il faut recommencer et trouver quelque moyen d'accommodement pour faire cesser leur clameur. L'on leur fait aussi la mesme difficulté, et quand les qualitez sont terminées de part et d'autre, c'est le principal poinct de l'ambassade accomply. Que s'ils se relaschent sans subiect et qu'ils n'ayent pas assez soutenu le dignité de leur maistre, ils ont des centaines de bastonnades à leur retour. » Le Laboureur, *Voyage de la Reine de Pologne*, première partie, p. 198.

1. *Gos. Gramoty*, II, p. 239.

pliment fut pris pour un nouvel affront. Vlassief avait fort envie de faire un éclat, et Buczynski ne parvint pas sans peine à le retenir. Peu de jours après, Mnizsek présenta sa fille à Sigismond, en lui disant qu'après Dieu, c'était à Sa Majesté qu'il rendait grâces de l'honneur fait à sa famille. Marine tomba aux genoux de la reine, humilité peut-être excessive dans sa position, et qui augmenta la mauvaise humeur des Russes présents à l'entrevue. Elle fut à son comble lorsqu'on leur notifia que la cérémonie du mariage n'aurait pas lieu dans la cathédrale, à cause de la présence obligée d'un ambassadeur schismatique, mais dans une maison particulière [1]. Vlassief s'attendait au moins qu'on choisirait le palais du roi, mais on désigna la maison d'un simple négociant florentin, Messer Valerio Montelupi [2]. C'en était trop pour l'orgueil moscovite. L'ambassadeur protesta qu'il n'assisterait pas à la cérémonie, et il fallut l'ordre exprès de Marine pour l'y contraindre. L'évêque de Cracovie donna la bénédiction et tout se passa d'ailleurs avec la plus grande

[1]. Il semble évident par là que, même à Cracovie, on faisait semblant de croire publiquement que le tsar ne s'était pas converti.

[2]. Cilli. p. 62 et suiv.

pompe. Seulement le représentant de Démétrius, par sa gaucherie autant que par sa mauvaise humeur qui se trahissait à chaque instant, apprêta un peu à rire à la cour élégante de Sigismond. Pendant l'élévation, il demeura debout, comme pour protester contre l'union de son maître avec une catholique. Au moment de la bénédiction, l'évêque lui ayant demandé, selon la formule consacrée, si le tsar n'était pas déjà marié à une autre femme, Vlassief répondit qu'il n'en savait rien, n'ayant pas reçu d'instructions à cet égard. On ne put jamais lui persuader que pour ce jour il représentait son maître, et il s'obstina à rester debout sans manger à côté de la tsarine, pendant le dîner que donna Sigismond. Il refusa de danser avec elle au bal qui suivit le banquet. — « Moi! toucher la main de Sa Majesté! » disait-il en se reculant avec une sorte d'effroi comique. Brillante de beauté et de jeunesse, couverte de perles et de pierreries, Marine fut l'objet de l'admiration générale, et chacun la plaignait d'aller ensevelir tant de grâces dans une cour barbare. Cependant, à la fin de la fête, Vlassief prit sa revanche et réussit à éblouir les Polonais, en mettant aux pieds de sa nouvelle souveraine les présents que lui envoyait Démétrius. C'était une nef d'or valant 60,000 roubles, des figurines d'argent et d'or d'un prix égal, une pendule à musique, un collier de perles grosses comme des muscades, et enfin quantité de perles moindres, mais d'une valeur immense, pesant ensemble plus de cent vingt-cinq livres[1].

Toute cette magnificence ne tirait pas Mniszek de ses embarras. Heureusement, peu après le départ de Vlassief, une somme de 200,000 florins que lui remit un frère de Buczynski, arrivant de Moscou, lui permit de composer ses équipages et de donner une cour à la tsarine sa fille. Mais tous ces préparatifs exigeaient du temps. Ni Mniszek, occupé de composer avec ses créanciers et d'intriguer auprès de Sigismond en faveur de son gendre, ni Marine, charmée de montrer ses parures à ses compagnes, ne se pressaient de quitter la Pologne. A la première joie, à l'explosion de la vanité satisfaite avaient succédé les regrets de quitter le pays natal, les inquiétudes pour l'avenir sur une terre étrangère. Cependant l'impatience de Démétrius était grande; il accusait, non sans amertume, les lenteurs de son beau-père, l'indifférence de sa fiancée, et leur écrivait lettre sur lettre pour hâter leur arrivée dans ses États. — « Je

---

1. Journal de Marine, p. 9.

suis pressé, disait-il, de me mettre à la tête de mon armée, et si vous tardez encore, vous ne me trouverez plus à Moscou [1]. »

Mniszek partit enfin. Il y avait trois mois que les gouverneurs russes et les notables des villes frontières l'attendaient inutilement, par ordre du tsar, à la limite des deux États. Presque en même temps partirent pour Moscou deux ambassadeurs de Sigismond. La tsarine emmenait une suite de plus de quinze cents personnes, et les ambassadeurs n'en avaient pas une moins nombreuse [2]. Cela ressemblait un peu à une armée polonaise envahissant la Russie. A peine eut-on traversé le Dnieper que l'antipathie héréditaire des Polonais et des Russes commença à se manifester par des querelles sans cesse renouvelées, malgré les ordres très-sévères pour les prévenir. Tandis que leurs domestiques se battaient dans les cabarets avec des gens du peuple, les gentilshommes polonais se plaignaient du peu d'hospitalité qu'ils trouvaient chez les Moscovites. C'était alors l'usage que les ambassadeurs fussent défrayés de tout sur leur route:

---

1. *Gos. Gramoty.* Lettre de Démétrius à Mniszek, 2 mars 1606; II, p. 281. — Lettre de Stanislas Buczynski à Mniszek; *ibid.*, 246, etc., etc. — Journal de Marine, p. 12.

2. Journal de Marine, p. 14.

à cet effet, ils envoyaient d'avance un mémoire du nombre d'hommes et de chevaux qu'ils amenaient, et à chaque étape ils devaient trouver des préparatifs en conséquence. Cette formalité avait été remplie. Cependant, de part et d'autre on s'accusait de mauvaise foi. Les uns se plaignaient qu'on ne leur fournît pas les rations qui leur étaient dues; les autres, qu'on en exigeât plus qu'il n'avait été stipulé[1]. Partout, d'ailleurs, les Polonais faisaient trop sentir qu'ils s'attribuaient la gloire d'avoir ramené Démétrius sur le trône de ses aïeux, et aucune nation ne pardonne à des étrangers de se mêler de ses affaires. L'attirail militaire des Polonais choquait les Russes; ils n'aimaient pas à voir entrer dans leurs villes ces hussards bardés de fer, la lance haute, sonnant leurs fanfares guerrières. À Smolensk, un homme de la suite de Mniszek ayant mis le feu par mégarde à quelques livres de poudre qui se trouvaient dans les bagages, les habitants s'étonnèrent fort qu'en pays ami on voyageât avec de semblables provisions[2].

1. Journal des ambassadeurs, p. 117 et suiv.
2. Journal de Marine, p. 17.

## IX.

Tandis que Marine s'acheminait lentement vers Moscou, Démétrius partageait son temps entre les soins de son conseil, ses folles amours avec Xénia et les préparatifs de la campagne qu'il projetait contre les Tartares. Il faisait filer quantité de troupes sur la ligne de l'Oka, et rassemblait autour de Moscou même un corps d'armée considérable. Des revues, des exercices guerriers occupaient ses loisirs. Depuis la découverte de la conspiration de Chouiski, il avait senti le besoin d'avoir auprès de sa personne une troupe dévouée, et il s'était créé une garde entièrement composée d'étrangers, Allemands pour la plupart. C'était un petit corps de gentilshommes, divisé en trois compagnies, dont la première était commandée par le capitaine Margeret; la seconde, par un Livonien nommé Knutsen; la troisième, par un

Écossais appelé Bondman [1]. Officiers et soldats s'étaient bravement battus à Dobrynitchi contre Démétrius; maintenant, leur intérêt et leur honneur de soldat l'assuraient de leur fidélité. Il se plaisait à se montrer en public au milieu de cette garde habillée de velours et de satin, couverte de plumes et portant des hallebardes dorées. Toujours imprudent, le tsar aimait à opposer l'adresse de ces étrangers dans les exercices militaires à l'inexpérience des Russes, qu'il raillait impitoyablement. Un jour, il mena ses hallebardiers, quelques escadrons polonais et un grand nombre de jeunes gentilshommes russes au couvent de Viazema, à trente verstes de Moscou. En ce lieu, on avait construit un fort avec de la neige. Le tsar y fit entrer les Russes, et lui-même l'attaqua à la tête de ses gardes du corps. Il voulait, disait-il, montrer à ses jeunes officiers comment on prend une forteresse. Le siége commença, vrai jeu d'écoliers en vacances. De part et d'autre, les projectiles étaient des boules de neige. Les Russes, embarrassés de leurs longues pelisses et plus encore préoccupés du soin de ménager le tsar, avaient naturellement le désavantage. Bientôt, aux boules de neige les gar-

---

1. Baer, p. 66.

des du corps substituèrent, par méchante plaisanterie ou par inadvertance, des cailloux qui rendirent le combat encore plus inégal[1]. Enfin Démétrius, escaladant le premier le rempart, entra dans le fort où il trouva plus d'un blessé, et maint boyard portant sur son visage les marques sanglantes des pierres lancées par les Allemands. « Amis, s'écria Démétrius à ses courtisans, s'il plaît à Dieu, l'été prochain, nous prendrons de même Azof, et sans plus de peine. » On apporta des rafraîchissements, on but aux conquêtes futures du tsar; puis il voulut recommencer la petite guerre. Alors un jeune boyard, s'approchant de lui : « Il est temps, lui dit-il tout bas, de finir un jeu qui ne nous amuse guère. Songes-y : parmi ces princes et ces boyards, il y en a plus d'un qui te veut du mal; chacun d'eux porte à sa ceinture un grand couteau bien pointu, et tes Allemands n'ont que des pelotes de neige. » Démétrius devint pensif; il fit sonner la retraite, et ramena sa troupe à Moscou. Déjà le peuple commençait à murmurer, et le bruit s'était répandu dans la ville que le tsar voulait faire massacrer les principaux de

---

[1]. Sein Volk in die Schneeballen hatten Sand, Eiss und andere Materi eingemenget. Petreïus, p. 325.

la noblesse russe par ses Polonais et ses Allemands [1].

Au reste, la forfanterie de Démétrius, annonçant la prise d'Azof pour la campagne prochaine, avait jeté la terreur parmi les Tartares. Le khan de Crimée quitta sa capitale et se jeta dans les steppes, désespérant déjà de résister aux armes moscovites [2].

Parmi les familiers du tsar, la plupart encourageaient sa conduite imprudente, habitués à tout admirer dans le maître; mais quelques-uns aussi, faisant parade de leur attachement aux vieux usages russes, se donnaient dans le public le renom d'austères conseillers, et, rassurés par la douceur accoutumée de Démétrius, obtenaient de la sorte une popularité facile. Ainsi qu'on peut le penser, les flatteurs obtenaient toute confiance, et les représentations des partisans des anciennes coutumes ne faisaient qu'irriter les malices d'écolier d'un souverain de vingt-trois ans. C'était pour lui un plaisir de scandaliser ses rigides censeurs et de rire de leurs scrupules réels ou simulés. Ce jeu avait ses dangers, car tous ces usages qu'il aimait à braver s'appuyaient sur la religion nationale, et les plaisanteries semblaient autant de sacriléges. On raconte que le prince Basile

---

1. Baer, p. 69 et suiv. — 2. Baer, p. 64.

Chouiski, voyant un jour un rôti de veau sur la table du tsar, hasarda quelques observations respectueuses et témoigna sa surprise qu'une viande défendue par l'église orthodoxe fût servie devant l'empereur. Démétrius riait de ses scrupules; mais le boyard Tatischef s'étant avisé de déclamer contre le scandale en termes insolents, le tsar perdit patience, le fit chasser du palais et menaça de l'exiler [1]. C'est ainsi que finissent d'ordinaire les discussions entre un prince et ses courtisans. Quelques-uns pensèrent que les deux boyards s'étaient partagé les rôles, que Chouiski trompait l'empereur en affectant du regret pour une impiété dont il comptait bien tirer parti, tandis que Tatischef s'était chargé de pousser à bout la patience de Démétrius, afin de se faire passer pour une victime de son orthodoxie. Quoi qu'il en soit, la colère de l'empereur ne fut pas de longue durée; il rendit ses bonnes grâces à Tatischef, à la prière de Basmanof. On verra bientôt quel fut, pour ce dernier, le paiement de ses bons offices.

---

1. Margeret, p. 130. — Les docteurs prétendaient qu'égorger pour le manger un animal qui n'avait pas encore atteint toute sa croissance, c'était en quelque sorte s'opposer à la volonté de Dieu, et par conséquent une impiété.

2. Karamzine, XI, p. 338.

Tandis que Démétrius s'apprêtait à porter la guerre en Crimée, il était menacé d'une guerre civile, et un prétendant nouveau venait de paraître pour lui disputer le trône. L'exemple d'une imposture triomphante était trop tentant pour ne pas trouver des imitateurs. Les Cosaques du Volga furent jaloux de la gloire et des récompenses gagnées par leurs frères du Don et du Dnieper. A leur tour, ils voulurent avoir un tsarévitch, miraculeusement sauvé, dont ils feraient un empereur. Un jeune homme, dont le véritable nom est demeuré inconnu[1], se montra dans quelques villages de Cosaques aux environs de Kazan, se faisant passer pour le prince Pierre Fëdorovitch. C'était encore une victime de Boris. Il était fils, disait-il, du tsar Fëdor Ivanovitch et d'Irène. Enlevé à sa mère immédiatement après sa naissance, on l'avait confié à des Cosaques, soit pour effacer toutes les traces de son origine, soit pour le préserver du poignard de Boris, qui venait de frapper son oncle, le jeune Démétrius. Une fille avait été supposée à sa place et reconnue par l'aveugle Fëdor. Cette fille, comme on sait, était morte au berceau... Il n'en fallut

---

[1]. Palytsine, p. 31, d'après je ne sais quelle autorité, rapporte que cet homme était serf d'un capitaine de strelitz.—Karamzine dit qu'il était Cosaque, et l'appelle Ileïka.

pas davantage pour rassembler trois ou quatre mille Cosaques, qui se mirent à piller des villages au nom du tsarévitch légitime [1]. Dans un moment où la légitimité de Démétrius commençait à devenir fort suspecte, cette nouvelle fable n'obtint aucune créance à Moscou. Les Cosaques eux-mêmes ne paraissaient pas avoir beaucoup de respect pour l'élu de leur choix. Démétrius seul parut prendre la fable au sérieux. Il écrivit à ce jeune homme, instrument et jouet de quelques Atamans du Volga, pour l'inviter à venir à Moscou exposer ses droits prétendus, lui offrant une pension digne de son rang s'il prouvait son origine, et le menaçant de sa colère s'il avait usurpé un nom révéré. Cette proposition, accompagnée de quelques mouvements de troupes, suffit pour obliger le prétendu fils de Fëdor à s'enfoncer dans les steppes, d'où nous le verrons reparaître plus tard [2].

Il fallut à Marine près de trois mois pour se rendre de Cracovie à Moscou; elle s'avançait avec une

---

1. Margeret, p. 131. — Baer, p. 118.
2. Margeret, p. 131. — Baer, p. 118. Cette proposition de Démétrius est remarquable. Elle prouve qu'à cette époque le droit de succession dans la ligne directe n'était pas reconnu en Russie, puisque Démétrius, *frère* de Fëdor, ne se croyait obligé qu'à donner une pension au *fils* de ce dernier.

extrême lenteur, malgré les lettres réitérées du tsar. A chaque étape arrivaient de nouveaux courriers porteurs de présents pour la tsarine et sa famille ; ils lui offraient des pierreries, des meubles, des fourrures, et souvent des sacs de roubles que le tsar recommandait de distribuer à pleines mains. Mais tout s'achète, excepté l'affection des peuples. Les boyards, les gentilshommes et le clergé, obéissaient ponctuellement aux ordres de l'empereur ; ils faisaient cortége à leur nouvelle souveraine, lui présentaient le pain et le sel et se prosternaient sur son passage. Pourtant il était facile de voir que cet empressement était de commande et que la crainte seule les amenait en sa présence. Partout des ordres avaient été donnés pour établir des ponts, réparer les routes, balayer les rues ; souvent des palais de bois construits exprès attendaient la tsarine et sa suite au milieu de forêts désertes. Démétrius mit le comble à ses galanteries en venant incognito surprendre ses hôtes à Mojaïsk, et après avoir passé un jour avec eux, il retourna à Moscou pour surveiller en personne les préparatifs de leur réception [1].

Le palatin de Sendomir précéda sa fille au Krem-

---

1. Baer, p. 71.

lin, où il fut traité avec la plus grande magnificence. Un Polonais de sa suite a laissé la relation de son voyage à Moscou. J'en ferai quelques extraits qui pourront donner une idée des mœurs et des usages de l'époque. Ce fut Basmanof qui reçut Mniszek à son entrée dans Moscou, à la tête d'un pont de bois très-ingénieusement construit, *sans pilotis, et soutenu seulement par des câbles tendus*. En Amérique, plus d'un siècle auparavant, les Espagnols avaient trouvé des ponts suspendus, ouvrages des Incas. Les Russes de leur côté paraissent s'être avisés de la même invention [1].

Le tsar qui avait assisté, mais incognito, à l'entrée de Mniszek, le reçut le lendemain en audience officielle ; il était assis sur un trône d'or, vêtu d'une robe dont l'étoffe disparaissait sous une broderie de perles ; il avait la couronne en tête et le sceptre impérial à la main. Au-dessus du trône s'élevait un baldaquin porté sur des lions d'argent et des griffons de même métal. Des grappes de perles, des pierres précieuses servaient de franges au brocart du baldaquin, dont un aigle d'or formait l'amortissement. De chaque côté du trône se tenaient des officiers ar-

---

[1]. Journal de Marine, p. 20 et suiv.

més de pertuisanes, vêtus de cafetans de satin blanc doublés d'hermine, sur lesquels se croisaient de grosses chaînes d'or. A la droite du tsar était le patriarche, à sa gauche Basile Chouiski portant le glaive impérial [1]; un peu en arrière un boyard tenait un mouchoir, qui ne devait pas rester inutile dans la cérémonie. Un peu plus loin se pressaient en foule des évêques, des boyards du conseil, et un grand nombre d'officiers du palais, tous magnifiquement habillés.

Le palatin baisa la main du tsar et lui fit sa harangue qui le toucha tellement, que Sa Majesté pleura *comme un Castor* [2]. Ainsi conte, dans son style naïf, l'auteur de la relation que je traduis. L'étiquette ou l'émotion ne permettant pas au tsar de répondre lui-même, Afanassi Vlassief, au nom de son maître, complimenta Mniszek sur son heureuse arrivée. Le palatin prit place sur un siége à quelques pas en face du trône, pendant que son fils, le staroste de Sanocz et les princes Wisniowiecki étaient présentés en cérémonie. Alors Démétrius se levant, invita le palatin à dîner, tandis que Basmanof,

---

1. *Id. ibid.* Ne serait-ce pas plutôt *Skopine-Chouiski?* Ce dernier a le titre de Porte-glaive dans la liste du conseil de l'empire.

2. *On plakal kak Bobr.* Journal de Marine, p. 23.

par son ordre, annonçait aux gentilshommes polonais de sa suite, que le tsar leur faisait le même honneur. Tout semblait étrange dans cette cour aux nobles Polonais, déjà familiarisés avec les recherches de l'Europe occidentale. Le palais de Démétrius, en effet, réunissait les magnificences et la barbarie de l'Orient; il était construit en bois, comme la plupart des maisons de Moscou, mais les pentures des portes étaient recouvertes d'or de ducat; des poêles de faïence, entourés de grilles d'argent, échauffaient les appartements. Dans la salle à manger, les Polonais admirèrent la prodigieuse quantité de vaisselle d'argent, étalée sur des dressoirs : c'étaient des chevaux, des lions, des griffons, des licornes, des vases de mille formes bizarres s'élevant les uns au-dessus des autres, depuis le plancher jusqu'au plafond; d'énormes tonneaux d'argent avec des cercles de vermeil contenaient l'hydromel et le vin [1]. Le tsar s'as-

---

[1]. Non posso alla V. M. C. riferire abbastanza che infinito numero di bicchieri e tazze di oro si usorno, ed anco che quantità di vasi d'argento ed indorati stavano nell' anticamará. Questo banchetto, che duro dall' mezzo giorno fino alle tre hore di notte, fu servito con 1800 piatti di oro massicio, e le bicchieri furono parimenti tutti d'oro, senza pero toccare quelli che stavano nelle tavole delle credenze. *Relazione fatta all Imperatore da N° Warkotsch, ambasc. di S. M. C. mandato*

sit sur une estrade devant une table de vermeil, dressée pour lui seul, et recouverte d'une nappe brodée d'or. A sa gauche une autre table, disposée un peu plus bas, reçut le palatin, son fils, et les deux Wiszniowiecki, considérés comme les alliés de l'empereur. Enfin, en face du tsar, les gentilshommes polonais prirent place à une troisième table avec des boyards russes, chargés de leur en faire les honneurs. On ne donna pas *d'assiettes* aux convives de cette dernière table, c'était une distinction réservée au palatin et aux parents de la tsarine, encore le tsar prit-il soin de les avertir qu'en les traitant ainsi, il dérogeait en leur faveur à l'étiquette impériale. A défaut d'assiettes, le tsar envoya de sa main, à chacun de ses convives, de grandes tranches de pain *blanc*, dont ils se servirent à la façon des héros de l'*Énéide*[1]. Le dîner dura plusieurs heures, composé d'une interminable suite de plats se succédant sans

*all gran Duca di Moscovia*, 1594. Turgenief. *Monim. hist.*, I, p. 125.

1. J'ai vu en France, à une noce de paysans, des garçons de ferme faire des façons pour s'asseoir à table, et refuser de se servir d'assiettes. Les mauvaises manières d'aujourd'hui sont souvent les façons de cour d'autrefois. Voir dans Saint-Simon des détails sur les habitudes de Louis XIV, qui passeraient pour d'une abominable grossièreté aujourd'hui.

interruption à la manière orientale. *Vers la fin du repas*, on servit à boire [1]. Démétrius porta la santé du palatin et celle de ses parents, puis il envoya une coupe de vin à chacun des autres convives. L'officier porteur de la coupe prononçait à chaque fois la formule suivante : « Démétrius Ivanovitch, imperator, tsar et grand-duc de toutes les Russies, te fait cette grâce. » Enfin l'étiquette cessa, et les tables furent couvertes de cruches remplies d'hydromel, d'eau-de-vie, de bière et d'autres liqueurs dont chacun pût boire à son gré. Le témoin de cette fête moscovite remarque que les officiers de bouche apportaient les plats *sans cérémonie* et *sans se prosterner*. Ils n'ôtaient pas même leur bonnet en passant devant le tsar, et se contentaient de lui faire une inclination de tête.

Pendant le festin on présenta à l'empereur une vingtaine de ses nouveaux sujets arrivés de la Sibérie. Ils avaient été une année en route pour venir de leur pays à Moscou, et pendant leur voyage ils avaient, sans le savoir, trois fois changé de maître. C'étaient, dit l'auteur polonais, des idolâtres *du Japon* : probablement des Samoyèdes ou des habitants du nord-est de la Sibérie.

---

1. C'est encore un usage oriental.

Le banquet se termina, mais il n'y eut pas de dessert. En quittant la table, chaque convive défila à son rang devant l'empereur, qui lui remettait de sa main deux pruneaux de Hongrie *comme un témoignage de sa satisfaction* [1].

Deux jours après, Démétrius mena ses hôtes à la chasse. Les veneurs traquèrent un ours énorme que personne n'osait attaquer. Le tsar, sautant à bas de cheval, malgré les remontrances de ses parents, prit un épieu et en frappa l'ours avec tant de force que le bois vola en éclats. D'un coup de sabre il acheva la bête, aux cris de joie des Russes, ravis de voir des étrangers témoins de l'intrépidité de leur maître [2]. Démétrius voulait éblouir ses hôtes de toutes les manières; son luxe barbare, ses chasses héroïques sentent fort son parvenu; mais à sa table, où il se réserve le privilége de manger dans une assiette, on le trouve un peu embarrassé de son rôle, tandis que dans la steppe, en face d'un ours furieux, l'intrépide aventurier reprend ses avantages.

Le 12 mai, Marine fit son entrée à Moscou. Une foule innombrable s'était portée à sa rencontre. Le

---

1. Journal de Marine, p. 23-26. — Journal des ambassadeurs, p. 161 et suiv. — Margeret, 100 et suiv.

2. Journal de Marine, p. 2-8.

tsar, qui avait lui-même réglé minutieusement tout le cérémonial, surveilla les apprêts de sa réception. Il était à cheval, très-simplement vêtu et incognito, l'étiquette l'empêchant sans doute d'aller au-devant de sa fiancée, qui ne devait lui être présentée qu'au Kremlin. Sur le pont de la Moskva une tente magnifique avait été dressée. La tsarine, dans un carrosse traîné par huit chevaux gris pommelés, la queue et les crins teints en rouge[1], s'arrêta à l'entrée de la tente où elle descendit pour recevoir les félicitations des grands dignitaires. Les harangues terminées, on la conduisit à un autre carrosse doublé de velours rouge, avec des coussins brodés de perles, et traîné par douze chevaux tigrés. C'était un nouveau présent du tsar. Au premier mouvement qu'elle fit pour s'en approcher, les principaux boyards l'enlevèrent respectueusement dans leurs bras et la déposèrent sur les riches carreaux de la voiture. Puis, au son des instruments, au bruit des cloches, aux détonations de l'artillerie, elle fut menée au monastère habité par la tsarine Marfa. Elle devait y demeurer jusqu'au

---

1. Usage persan. Les chevaux du schah ont la queue et les jambes peintes en rouge. Cela veut dire qu'ils reviennent de la bataille et se sont baignés jusqu'au ventre dans le sang des ennemis.

jour de son couronnement, et l'on disait au peuple, qui se gardait de le croire, que pendant son séjour au couvent elle s'instruisait dans la religion orthodoxe par les soins de sa pieuse belle-mère [1].

Si la jeunesse et la beauté de Marine pouvaient désarmer la rancune des Moscovites, son cortége suffisait à réchauffer leurs vieilles haines nationales. Autour de la fiancée marchaient les gardes du corps allemands; puis les hussards polonais de sa suite, ou qui étaient venus lui rendre hommage, tous armés de pied en cap, la lance à la main, précédés de leur musique guerrière qui jouait leurs airs nationaux comme en un jour de combat. — « On dirait qu'ils entrent dans une ville vaincue, murmuraient les Russes. Pourquoi ces cuirasses et ces lances? — Chez vous, se couvre-t-on de fer pour aller à une noce? » demandaient-ils aux marchands étrangers domiciliés depuis longtemps à Moscou. Ce fut bien pis quand les Polonais se dispersèrent par la ville pour chercher leurs logements. Tous ces gentilshommes s'attendaient à faire une campagne contre les Tartares, et chacun apportait ses meilleures armes. On les voyait tirer de leurs chariots tout un arsenal. Quelques-uns

---

1. Journal de Marine, p. 28. — Journ. des ambassad., p. 124.

apportaient jusqu'à six arquebuses[1]. Le peuple ne douta point qu'ils ne vinssent à Moscou avec quelque projet sinistre. Les conjurés exploitèrent habilement ces soupçons, et n'eurent pas de peine à persuader à la multitude que le tsar avait mandé ses alliés polonais, ces éternels ennemis de la Russie, pour massacrer tous les chrétiens de l'église orthodoxe.

Pendant que les conjurés lui attribuaient les desseins les plus perfides, et le représentaient au peuple comme un agent de la Pologne, ou même comme un Polonais déguisé, Démétrius recevait fort mal les ambassadeurs de Sigismond, et semblait ne chercher qu'une occasion de rompre outrageusement avec leur maître. Le lendemain de l'entrée de Marine, Olesznicki et Gonciewski, ambassadeurs du roi de Pologne, obtinrent leur audience solennelle. Un boyard de seconde classe les reçut à la porte du palais et les présenta en ces termes : « — Sérénissime et très-puissant Autocrate, haut et puissant seigneur, Dimitrii Ivanovitch, par la grâce de Dieu César et grand-duc de toutes les Russies, de nombreux royaumes et seigneuries tartares soumis à l'empire moscovite, seigneur, tsar et souverain !

---

1. Baer, p. 73.

« Envoyés du sérénissime, haut et puissant seigneur, Sigismond III, par la grâce de Dieu roi de Pologne et grand-duc de Lithuanie[1], les ambassadeurs Nicolas Olesznicki et Alexandre Gonciewski, frappent du front devant le trône de Ta Majesté césarienne. » Alors Olesznicki récita sa harangue de félicitation, dans laquelle il ne donna à Démétrius que le titre de Grand-Duc de toutes les Russies; puis il remit au secrétaire Afanassi Vlassief une lettre autographe de Sigismond pour Démétrius. Après en avoir lu la suscription, et pris l'ordre de son maître à vois basse, Vlassief répondit : « — Nicolas, et vous Alexandre, nous venons de présenter cette lettre à notre souverain (et il eut soin de répéter toute l'énumération des titres précédents); elle est adressée à je ne sais quel Grand-Duc de Moscovie. Sachez que Démétrius est César dans son vaste empire; reprenez cette lettre et la rendez à votre maître. »

Aussitôt les ambassadeurs se récriant qu'on offensait le roi et la république, Démétrius les interrompit brusquement : « Je sais, dit-il, que ce n'est pas la coutume qu'un souverain assis sur son trône discute

---

1. Vlassief omettait, sans doute à dessein, de donner à Sigismond le titre de roi de Suède et des Vandales qui lui appartenait.

avec un ambassadeur; mais le roi de Pologne nous oblige à nous écarter des usages reçus. Il devrait savoir, et l'ambassadeur qui vous a précédé aurait dû vous dire, qu'ici nous sommes non-seulement prince, non-seulement seigneur, mais empereur. Nous en portons le titre, non point en paroles seulement, mais en actions et avec non moins de droit que les monarques mèdes ou assyriens, ou que les Césars de Rome [1]. Nous ne reconnaissons point d'égal dans le Nord. Nous n'obéissons qu'à Dieu et qu'à nous-même. Tous les rois nous reconnaissent pour empereur; comment se fait-il que le seul roi de Pologne nous conteste ce titre? »

Sans se déconcerter à cette vive sortie, Olesznicki allégua les anciens usages et cita maintes pièces diplomatiques des archives de Pologne et de Lithuanie, pour prouver que jamais Grand-Duc de Moscovie n'avait prétendu au titre de César. Puis, après avoir rappelé les services rendus par les Polonais, services payés, dit-il, par une étrange ingratitude, il déclara qu'il allait retourner auprès de son maître et ne cacha pas qu'il redoutait les conséquences de la réception qui lui était faite.

---

1. Ce trait d'érudition est à noter.

Le tsar reprit avec vivacité : « — Nos titres sont ceux que nos prédécesseurs ont portés, et nous vous les montrerons *écrits sur parchemin*. En nous offensant, le roi de Pologne offense Dieu et toute la chrétienté. Nous sommes son bon voisin, son frère et son ami, et il en use à notre égard plus mal qu'un prince infidèle ne saurait faire. »

Mniszek, présent à l'audience, et témoin de l'irritation croissante, jetait des regards suppliants tantôt sur le tsar, tantôt sur les ambassadeurs. Olesznicki, se radoucissant un peu, protesta qu'il serait désolé qu'une question de titres fît couler le sang chrétien. « — Votre Majesté, dit-il, ne doit pas ignorer que la Diète n'a point encore statué sur cette question. Elle lui sera portée : jusqu'à ce qu'elle ait prononcé, je dois m'en référer aux précédents. Je supplie Votre Majesté de permettre que cette question soit traitée dans les formes diplomatiques. »

« — Je sais, s'écria Démétrius avec ironie, je sais que la Diète a terminé sa session. » Puis, d'un ton plus doux, il ajouta : — « Pane[1] Olesznicki, recevriez-vous une lettre où vos qualités seraient

---

1. Seigneur, monsieur, titre dû à tout gentilhomme polonais.

omises? Nous ne vous recevons pas comme ambassadeur. Comme notre ami, soyez le bienvenu. Voici notre main.

« — Je suis flatté de l'honneur que me fait Votre Majesté, répliqua l'ambassadeur reculant d'un pas, mais si Elle ne me reçoit pas comme ambassadeur, il m'est impossible d'obéir aux ordres de Votre Majesté.

—Comme ambassadeur, soit! » s'écria Démétrius en lui tendant la main avec impatience, et le Polonais la baisa selon le cérémonial accoutumé. Alors Vlassief décacheta la lettre de Sigismond, la lut à voix basse au tsar, puis, s'adressant aux ambassadeurs :
« — Bien qu'il y eût lieu, dit-il, de ne pas accepter cette lettre à cause de l'omission des titres dus à l'empereur mon maître, Sa Majesté césarienne veut bien oublier l'offense en considération de son mariage. Elle reçoit la lettre du roi et accueille ses ambassadeurs. Mais dites à votre maître qu'il n'envoie plus de semblables lettres : elles ne seraient pas reçues. »

Les ambassadeurs s'assirent, et Vlassief après eux, qui, sur l'ordre du tsar, remercia le roi de Pologne du consentement donné par lui au mariage de la fille du palatin de Sendomir. « Le conseil de Sa Majesté césarienne, ajouta-t-il, conférera avec les ambassadeurs sur les affaires internationales. »

Les discussions d'étiquette n'étaient pas terminées. Olesznicki prit la parole pour rappeler que, selon un ancien usage, les souverains de Russie s'informaient, auprès des ambassadeurs admis en leur présence, de la santé de Sa Majesté le roi de Pologne, et qu'en faisant cette question ils se levaient.

— Comment se porte Sa Majesté? demanda Démétrius avec cette pétulance qui lui faisait enfreindre à chaque instant l'étiquette qu'il prétendait établir.

L'ambassadeur répondit : « — Sa Majesté se portait bien et régnait glorieusement quand nous avons quitté Varsovie; mais permettez-moi de faire observer à Votre Majesté que c'est *en se levant* qu'Elle aurait dû nous faire cette question. »

« — Seigneur Olesznicki, répondit le tsar, chez nous l'empereur se lève, mais après avoir fait la question. » Et il se leva à demi sur son trône, en ajoutant : « Nous nous réjouissons que Sa Majesté jouisse d'une bonne santé. »

C'est ainsi que finit l'audience. On offrit aux ambassadeurs de riches présents et on les invita à dîner, mais ils s'excusèrent et retournèrent à leurs quartiers assez mal satisfaits[1].

1. Journal de Marine, p. 32-40. — Journal des ambassadeurs polonais, p. 127 et suiv.

Je crois qu'on se ferait une idée inexacte du caractère de Démétrius, si l'on n'attribuait qu'à la vanité puérile du parvenu cette obstination à faire reconnaître des titres auxquels, malgré ses affirmations, les précédents diplomatiques ne lui donnaient aucun droit. Il me semble y voir l'indice d'un projet politique qui, s'il ne fait pas grand honneur à sa loyauté, prouve du moins qu'il se préoccupait de l'indépendance de son pays et de la grandeur de son rang. On n'a pas oublié les promesses faites à Sigismond par Démétrius, lorsqu'il n'était encore que l'hôte et le protégé des princes Wiszniowiecki et de Mniszek. Il avait souscrit de sa main la cession de Smolensk et d'une partie de la Sévérie. Un jour, évidemment, il allait être sommé de tenir ses engagements. Le moyen de s'y soustraire, c'était une rupture avec Sigismond, ou du moins une discussion qui lui permît de gagner du temps dans des argumentations frivoles. Malheureusement sa pétulance naturelle l'emportait malgré lui, et lui donnait du désavantage dans une lutte de formalités avec de vieux diplomates. Des historiens polonais l'ont accusé d'avoir, dans le même temps, fomenté des troubles dans la république, et d'avoir envoyé secrètement des secours à une *Confédération*; c'est-à-dire une insurrection armée contre l'autorité du roi. Cette accusation ne peut être ni prouvée ni réfutée; cependant la réception étrange faite aux ambassadeurs de Sigismond peut lui donner quelque vraisemblance[1]. Les ménagements de Démétrius pour la Suède, contre laquelle, en dépit de ses promesses, il ne fit aucune démonstration sérieuse, sont un autre indice de sa politique jalouse et du désir qu'il avait de s'opposer à l'agrandissement de Sigismond. Enfin, et ce dernier motif pouvait seul diriger la conduite du tsar, par sa hauteur vis-à-vis des envoyés polo-

1. Un passage fort curieux de la correspondance entre le cardinal Borghese et le nonce Rangoni, confirmerait cette conjecture. Le cardinal écrivait au nonce, de Rome, le 21 octobre 1606 : Se è vero che egli (Demetrio) abbia avuto parte ne motivi (sic pour *moti*) del regno (di Polonia), ha giusta causa di star nascosto, quando non per altro, almeno per non sentire il giuditio che si farà della sua persona dopo tanti beneficii ricevuti dal Re. Pur che sia vivo si potrà accommodare ogni cosa. Si scriveranno li brevi, e si farà ogni possibile officio per riconciliarlo con sua Maestà, dalla cui cortese natura si promette molto N. S. (Turghenief, *Mon. hist. pat.*, II.) — Constans eo tempore fama erat, nonnullos e factione Rokossiana promissis Demetrii inescatos, clam cum eo de tradendo illi regno consilia inivisse, atque de Lublinensis conventus eventu, impendentiumque motuum successu, celeriter per dispositos equos misso nuntio, certiorem eum reddidisse : verumne id fuerit, affirmare non ausim. (Lubienski, p. 72.)

nais, il espérait flatter la vanité nationale des Russes et repousser le soupçon de concessions humiliantes au prince qui l'avait accueilli dans le temps de son exil. Tous ces calculs étaient erronés. Le choix de son épouse, sa partialité pour les usages de l'Europe occidentale, surtout le peu d'attention qu'il apportait dans l'observation des pratiques religieuses, l'avaient déjà irrévocablement perdu dans l'esprit du peuple.

En effet, chaque jour ajoutait à l'irritation des esprits, et les incidents les plus futiles devenaient le texte des accusations les plus graves. Marine, enfant gâté, qui ne pouvait concevoir qu'on hésitât à satisfaire un seul de ses caprices, s'ennuyait fort au couvent, séparée des dames de sa suite. La règle et les usages d'un couvent russe lui étaient insupportables, et elle ne pouvait s'y résigner, même pour une semaine. Elle fit dire au tsar qu'elle ne pouvait manger de la cuisine russe, et qu'elle voulait avoir la sienne. Aussitôt Démétrius lui envoya un maître d'hôtel et des cuisiniers polonais, à qui les gens de sa bouche durent remettre les clefs de l'office et de la cave. Les cuisiniers russes, humiliés, jetèrent les hauts cris, et, ne supposant pas que leur habileté pût être mise en doute, publièrent par la ville que si le tsar et sa fiancée voulaient avoir des cuisiniers hérétiques, c'était afin d'enfreindre tout à leur aise les commandements de l'église orthodoxe sur les viandes défendues et les jours d'abstinence [1]. Dans son couvent, Marine se plaignait encore d'être obsédée de prêtres grecs et d'avoir à entendre les longs offices des religieuses. Pour la dédommager de ces petits désagréments, le tsar lui menait ses musiciens. On donnait des concerts dans le couvent, des bals, et même des mascarades, ce qui semblait une abominable profanation du saint lieu [2]. Lorsqu'il s'agit de régler le cérémonial du mariage et du couronnement, Marine voulut aller à l'église en costume polonais, ou plutôt à la mode de la cour de France, qui régnait déjà à Varsovie. Taille longue et serrée, cheveux relevés et crêpés, fraise de deux pieds de diamètre; ainsi s'habillait Marie de Médicis, et Marine ne croyait pas qu'une impératrice pût se montrer autrement. On représenta à Démétrius que les Russes trouveraient de la plus haute indécence qu'une femme laissât voir sa taille et ses cheveux, et que jamais tsarine n'avait été couronnée que portant le costume national, c'est-à-dire les cheveux cachés par le *kakochnik*, coiffure

---

1. Journal de Marine, p. 42. — Baer, p. 77.
2. Platon, II, p. 157.

des femmes mariées, la robe ceinte *au-dessus* de la gorge et des bottes à grands talons ferrés. A la vue de cette toilette étrange, malgré les perles et les diamants dont elle était couverte, la jeune Polonaise fut transportée d'indignation et protesta qu'elle ne se déguiserait point de la sorte. L'affaire parut si grave, et l'était tellement en effet, qu'elle fut portée au Conseil. Après de longs débats, Démétrius ayant épuisé son éloquence pour persuader à ses boyards que le choix d'une toilette était une question de la compétence d'une femme où les plus profonds politiques ne pouvaient donner un avis raisonnable, finit par s'apercevoir qu'il avait eu tort d'insister. « — A la bonne heure, dit-il, je me conformerai à vos désirs, Messieurs, et je respecterai la vieille coutume à laquelle vous tenez tant. On ne m'accusera plus, sans doute, de vouloir tout changer en Russie! » Puis il ajouta : « Une fois ne tire pas à conséquence. » De fait, il obtint de Marine qu'elle portât l'habillement russe à la cérémonie, mais dès le lendemain des noces, il lui présenta un costume français en disant : « Hier, j'ai fait la volonté de mon peuple; maintenant je ferai la mienne [1]. »

1. Baer, p. 76.

Ainsi que je l'ai déjà dit, Démétrius avait entrepris de faire croire aux Moscovites que sa femme s'était convertie à la religion grecque, et il voulait que la cérémonie du couronnement ne laissât pas de doutes à cet égard ; mais il avait plus d'une difficulté à vaincre ; d'abord les scrupules de Marine et de ses parents, puis surtout ceux de son clergé. Bien que le patriarche Ignace fût disposé à lui obéir en tout, il n'osa point baptiser la tsarine, ce que le peuple et peut-être le tsar attendaient, mais il imagina de l'oindre des saintes huiles, puis de la faire communier avec le tsar [1], compromis que les ecclésiastiques grecs regardaient comme un sacrilége et une honteuse déférence pour *l'hérésie* latine, et que, sans doute, les prêtres catholiques ne pouvaient approuver davantage.

La cérémonie du mariage et du couronnement eut lieu le 18 mai 1606, dans la cathédrale de Moscou, avec une magnificence extraordinaire ; mais le peuple remarqua avec horreur que c'était un jour

---

1. *Ignatii ee ne krestil, a tolko myrom pomazal, i oboïkh do Sviatago Pritchastïa dopoustil, a potom ventchal brakom.* Je cite les termes exprès de Platon (II, 158), qui rapporte le fait d'après le patriarche Philarète, probablement témoin oculaire.

de mauvais augure, un vendredi, et, de plus, la vigile d'une grande fête, celle de Saint-Nicolas. On trouvait scandaleux, en un pareil jour, de célébrer une noce, et il semblait que le tsar l'eût choisi à plaisir pour braver l'opinion publique [1]. En outre, la conduite des Polonais dans l'église parut souverainement inconvenante, et l'on ne manqua pas d'en rendre l'empereur responsable. Quelques-uns s'appuyaient le dos contre l'iconostase [2], ou s'asseyaient sur des tombeaux renfermant des reliques [3] vénérées; ils parlaient haut, riaient entre eux et semblaient se moquer des mystères célébrés en leur présence. D'un autre côté, les Polonais, et particulièrement les ambassadeurs, se plaignaient de n'être pas traités avec les égards qui leur étaient dus. Ils n'avaient point eu de siéges dans la cathédrale, et, à leur réclamation formelle, le tsar avait répondu que personne n'en devait avoir dans une église grecque, et

---

1. Journal des ambassadeurs, p. 150. — Peyerle, p. 56. — Platon, II, p. 156.

2. *L'iconostase* des églises grecques est une espèce de jubé fermé, derrière lequel le prêtre fait la consécration. Cette partie de l'église, comme le nom l'indique, est couverte d'images de saints.

3. Platon, II, p. 157. — *Gos. Gramoty*, II, p. 296, dép. de J. Buczynski.

que lui-même, s'il avait un trône ce jour-là, c'était par une exception singulière, à l'occasion du couronnement de la tsarine [1]. Condamnés à assister debout à un office fort long, les envoyés de Sigismond y furent des observateurs peu bienveillants. La liturgie russe avec ses rites étranges à leurs yeux, l'étiquette traditionnelle observée par les officiants et les mariés, le verre rempli de vin où par trois fois les deux époux mouillèrent leurs lèvres, et que le tsar finit par casser d'un coup de pied [2], toute la cérémonie fut l'objet de critiques et de sarcasmes. L'orgueil du tsar leur sembla insupportable. Ils se moquaient de voir deux jeunes gens qui ne faisaient pas un pas dans l'église sans que des vieillards à barbe blanche vinssent les soutenir par dessous les bras comme des enfants qui essaient de marcher. Pendant le baise-main qui suivit le couronnement, le tsar s'était assis sur son trône ; il fit un signe à Basile Chouiski, et sur-le-champ celui-ci lui apporta un tabouret pour mettre sous ses pieds. Un instant après, le frère de Basile dut en présenter un autre à la tsarine. Peut-être Démétrius voulait-il montrer à des étrangers que dans

---

[1]. Journal des ambassadeurs, p. 147.

[2]. Journal des ambassadeurs, p 149. Ils demandèrent ce que cela signifiait ; on leur dit que ce verre était brisé en mémoire des noces de Cana.

son empire les plus grands seigneurs se faisaient gloire de lui rendre les plus humbles services ; peut-être trouvait-il quelque plaisir à infliger cette petite humiliation à des hommes dont il avait eu à se plaindre. Mais les Chouiski dévoraient l'affront en pensant à la vengeance prochaine, tandis que les Polonais se félicitaient tout haut de vivre dans un pays où le roi n'eût pas osé exiger un service si bas du moindre gentilhomme[1]. Au sortir de l'église, on fit pleuvoir sur la foule des médailles et de la menue monnaie que la canaille se disputa à coups de bâton. Le tsar lui-même, jeta une poignée de ducats à des gentilshommes polonais qui ne daignèrent pas les ramasser, et secouèrent fièrement leurs bonnets où quelques pièces s'étaient attachées. Cependant la populace, se ruant au lieu où tombaient les ducats, maltraita quelques gentilshommes étrangers ; plusieurs furent poussés violemment, insultés et même battus[2]. Tous accusaient le tsar et la grossièreté des Moscovites.

Telles étaient les impressions que rapportaient les ambassadeurs de la cérémonie à laquelle ils venaient d'assister. Leur mauvaise humeur ne pouvait

1. Journal des ambassadeurs, p. 148.
2. Journal de Marine, p. 46.

que s'accroître par leurs relations avec les boyards du conseil, qui prenant exemple sur leur souverain, exagéraient à l'envi ses manières hautaines. Le lendemain de son mariage, Démétrius ayant invité les ambassadeurs à dîner, ils demandèrent, avant d'accepter, s'ils seraient assis à la même table que le tsar. Cet honneur leur était dû, disaient-ils, au moins à l'un d'eux, car Sigismond avait admis à sa table Vlassief, l'ambassadeur russe, avec les envoyés du pape et de l'Empereur. — « Qu'est-ce qu'un pape, qu'est-ce qu'un Empereur ? s'écrièrent les boyards avec mépris. Notre maître est bien un autre seigneur qu'eux. Sachez qu'en Russie tout *Pope* est un *Pape*[1]. » Les Polonais irrités refusèrent de se rendre à l'invitation impériale, et Mniszek, qui faisait des efforts inouïs pour concilier des vanités intraitables, alla leur tenir compagnie et tenter d'en obtenir quelque concession.

Tandis que Démétrius semblait prendre à tâche de mortifier de toutes les manières les ambassadeurs de Sigismond, il affectait de redoubler de prévenances et de gracieusetés pour les gentilshommes polonais venus à Moscou sans caractère officiel. Affable seulement pour eux, il les traitait avec cette familiarité

---

1. Journal des ambassadeurs, p. 154. C'est un mauvais jeu de mots.

militaire, naturelle chez lui et qu'il ne quittait que par calcul ; il les entretenait de ses armements contre le Turc, et leur offrait une solde avantageuse, s'ils voulaient prendre parti dans son armée. En attendant, il était à son ordinaire prodigue de faveurs et de cadeaux : chaque hussard reçut de lui des fourrures, des pièces de brocart et quatre bœufs [1].

Pressés par leurs compatriotes, que séduisaient les caresses du tsar, vaincus par les instances et les promesses de Mniszek, les ambassadeurs se décidèrent malgré l'étiquette à offrir leurs présents à l'empereur avant d'avoir été invités à dîner. Cette première concession les obligea de réclamer avec encore plus de vivacité le privilége de manger à la table même du tsar. Démétrius leur répondit lui-même, selon son habitude : « Je n'ai pas invité le roi de Pologne à mes noces ; si je l'eusse fait, j'aurais assigné à ses représentants une place convenable à ma table. Aujourd'hui, j'invite ses ambassadeurs. » Ils voulurent répliquer, mais le tsar ne les écoutait plus. Enfin, à la persuasion de Mniszek, ils se rabat-

---

[1]. Journal des ambassadeurs, p. 156. — Cæterum Polonorum studia affectans simulata comitate eos conciliare volebat... commilitones, contubernales, suæ fortunæ socios appellabat. Lubienski, 71.

tirent à demander qu'on leur donnât acte de leur résistance prolongée, et qu'en outre le Palatin de Sendomir se portât leur caution auprès du roi de Pologne, en cas de blâme de sa part. Le certificat délivré et toutes ces pointilleuses discussions terminées tant bien que mal, les ambassadeurs dînèrent à une table séparée, à la droite du tsar, avec quelques dames russes et polonaises. Ils mangèrent dans des plats d'or massif un dîner qu'ils trouvèrent détestable[1], scandalisés en outre au dernier point de voir, pendant tout le repas, leur compatriote le Palatin de Sendomir debout et tête nue devant son gendre[2]. Pour traiter ainsi un vieillard d'une santé délicate, Démétrius, qui dans sa correspondance particulière lui témoigne toujours une affection véritable, avait sans doute en vue de prouver à ses sujets qu'il savait soutenir la majesté de son rang, et que devant le

---

1. Journal des ambassadeurs pol., p. 159 et suiv.—Selon Le Laboureur, les Polonais n'avaient pas le droit de médire de la cuisine russe. Voir le récit qu'il fait du festin donné à Marie de Gonzague, en 1645, à Dantzick. — « La Reine n'en mangea pas de meilleur appétit, car tout était préparé à la polonaise, et presque consommé d'avoir bien bouilly avec le saffran et les espices. Il n'y eut que deux perdrix cuites à la françoise qui fussent à son usage. » *Relation du voyage de la Royne de Pologne*, première partie, p. 153.

2. Journal de Marine, p. 48.

tsar de toutes les Russies, un Palatin polonais, fût-il son beau-père, devait se tenir dans la plus humble attitude. Démétrius voulait montrer qu'il était véritablement russe; mais il était trop tard.

Au festin succéda un bal non moins étrange pour nos usages modernes que le dîner lui-même. Démétrius habillé en hussard dansa d'abord avec la tsarine, puis avec le Palatin son beau-père. Les seigneurs qui voulaient prendre part à la danse, s'approchaient de l'empereur, lui baisaient la main et figuraient deux à deux. Mniszek dansa une fois avec sa fille, qui ne lui donnait que la main gauche, et une autre fois avec l'ambassadeur Olesznicki. Ce dernier seul était couvert, et n'ôtait son bonnet qu'en passant devant l'empereur[1]. On servit beaucoup de vins pour rafraîchissements, et quand les jeunes gentilshommes polonais se retirèrent au grand jour, ils

---

1. Voici comment Le Laboureur parle des bals de la cour de Varsovie, où il assista en 1645 : « Je ne vy jamais rien de plus grave, de plus doux ny de plus respectueux. Ils dansoient en cercle, et plus ordinairement les femmes estoient deux ensemble, puis deux hommes, et ainsy du reste. Le premier tour n'estoit que de révérences, ensuitte c'estoit une cadence bien réglée; et de temps en temps, les deux dames qui menoient le branle destournoient par le milieu tout à coup d'un pas un peu plus viste, comme pour se dérober à la poursuite des deux gentilzhommes qui les suivoient. » Première partie, p. 214.

ne pouvaient donner aux Moscovites qu'une très-mauvaise opinion de leur sobriété[1]. Ils insultèrent des femmes dans la rue; tirèrent le sabre contre des gens paisibles qui leur reprochaient leurs insolences; en un mot, ils commirent tous les désordres qui peuvent suivre une nuit de débauche[2]. La haine nationale des Moscovites enregistrait soigneusement sous ces méfaits. La coupe était pleine; elle allait bientôt déborder.

Ce moment que Chouiski attendait avec patience depuis plusieurs mois lui parut enfin venu. Il vit que la révolte était imminente, que les étrangers avaient exaspéré le peuple jusqu'à la fureur, et que s'il tardait à donner le signal, il allait perdre lui-même le fruit de sa longue dissimulation. Il rassemble, en secret, dans sa maison quelques boyards, des marchands, des capitaines et des cinquanteniers de strelitz; la haine des Polonais avait réuni toutes les classes, toutes les professions dans ce conciliabule.

— « Chrétiens orthodoxes, leur dit Chouiski, vous le voyez, Moscou, la ville sainte, est aux mains des étrangers. Les Polonais nous bravent et nous insultent.

---

1. Die Polen soffen Sie sich so ueberaus voll und toll, dasz Sie sich selbst regieren nicht kondten. Petreïus, p. 340.

2. Baer, p. 76.

Ce n'est pas assez pour eux de nos trésors abandonnés à leur cupidité; il leur faut encore nos femmes et nos filles. Un aventurier amené par eux, nous a dit qu'il était le fils d'Ivan. Aveuglés par votre haine contre Boris, vous l'avez reconnu pour le tsarévitch Démétrius, mort à Ouglitch; vous avez cru trouver en lui le défenseur de la foi, le conservateur de nos saintes coutumes nationales. J'ai vu le péril et j'ai voulu le prévenir. Seul, j'ai tenté de démasquer l'imposteur, et j'ai failli périr sa victime. Maintenant jugez vous-même si le danger que je prévoyais est véritable. Vous avez tous vu cet homme qui se prétend l'héritier de nos glorieux tsars. Ce n'est pas même un Russe. Ne porte-t-il pas le costume polonais? Habillé en hussard il se pavane sous l'accoutrement de nos ennemis. N'a-t-il pas pris pour femme une Polonaise, une païenne, qui conduit des milliers de ses compatriotes à la curée? Ce tsar que vous avez salué de vos acclamations est un Polonais lui-même, croyez-moi. Pourriez-vous en douter? Il n'aime que les étrangers. Il se plaît à profaner nos églises. Il conduit ses Polonais et ses Lithuaniens non baptisés dans les églises de Saint-Nicolas et de la Très-Sainte-Mère de Dieu. Ils y entrent avec lui, le sabre au côté, traînant sur les dalles; ils y mènent leurs chiens. Ils s'assoient sur les châsses; ils s'adossent contre les saintes images. Quand nos prêtres célèbrent les divins mystères, les trompettes lithuaniennes couvrent nos chants de leurs fanfares impies. Votre tsar de toutes les Russies chasse de leurs demeures les serviteurs de Dieu pour loger ses bouffons, ses sonneurs d'instruments, ou qui pis est, ses prêtres latins. Non, pareille impiété, pas un Russe n'en serait capable! A ce trait, reconnaissez un Polonais non baptisé. Qui de vous l'a jamais vu s'incliner devant les images des Saints? Demandez aux gens qui le servent s'il salue même celle de saint Nicolas? La veille de la fête de ce grand Saint, il a donné un banquet où il n'y avait que du veau, servi par ses cuisiniers polonais, car il n'eût pas trouvé un Russe pour apprêter ces viandes impures. Depuis son mariage il n'est pas allé aux bains, ni sa Polonaise non plus, qui cependant s'échauffe tant à ses bals, ses concerts, ses mascarades, tous ces abominables divertissements empruntés aux païens. Mais ce que vous savez et ce que vous voyez n'est rien encore. Apprenez quels sont ses projets. L'imposteur a vendu la sainte Russie au roi de Pologne. Tous ces hussards bardés de fer que vous avez vus à ses noces, toutes ces armes qu'ils ont apportées dans leurs chariots, il les a fait venir pour massacrer vos boyards et les ministres de notre sainte religion. Dimanche, les Panes Polonais montent à cheval pour célébrer par un carrousel, disent-ils, le mariage de la femme qu'ils ont amenée. Tout le conseil, tous les boyards sont invités à cette fête; et lorsque nous serons ainsi désarmés entre leurs mains, le traître donnera le signal de l'égorgement. Pour vous tous, s'il vous laisse la vie, il vous ôtera jusqu'à votre dernier rouble pour le donner à ses Lithuaniens. Il vous ôtera vos femmes, votre religion même, car le pape de Rome est son Dieu, et il a promis de détruire en Russie la foi orthodoxe, d'y bâtir des églises, d'y mener des cardinaux et des évêques. Pour moi, je ne verrai pas ces abominations. Fussé-je seul encore une fois à me lever contre le tyran, je périrai s'il le faut, mais de la mort glorieuse d'un martyr. Je mourrai devant cent mille Russes, qui se laissent faire la loi par cinq mille Polonais. Ah! si vous avez honte de votre lâcheté, chrétiens orthodoxes, joignez-vous à moi. Levez-vous, et en une heure vous serez délivrés des étrangers qui nous oppriment[1]! »

1. Journal des ambassadeurs, p. 171. — *Gos. Gramoty.* Interrogatoire de J. Buczynski, II, p. 298. — Baer, p. 74.

Ce discours est accueilli avec enthousiasme; chacun s'offre pour partager le péril et la gloire de délivrer la patrie. Après une courte délibération, on règle le plan d'attaque, on assigne à chaque conjuré le poste qu'il doit occuper. Toutes les mesures sont prises pour qu'au signal que donnera Basile Chouiski, déjà reconnu pour chef du complot et presque de la nation, l'usurpateur soit assailli dans son palais, tandis qu'en même temps les Polonais logés dans la ville seront massacrés isolément, avant qu'ils aient pu s'armer et se réunir. En attendant cette sanglante exécution, des hommes affidés se dispersent dans les faubourgs, chargés de répandre parmi le peuple, dans les marchés et dans les cabarets, que le tsar vient d'abjurer la religion grecque, et que, par son ordre, les Polonais se préparent à tuer les boyards et les meilleurs citoyens, rassemblés hors de la ville pour le carrousel annoncé.

La conjuration était flagrante, presque publique; les chefs seuls se cachaient encore, ou plutôt ils redoublaient de flatteries et de bassesses pour endormir leur victime dans une fausse sécurité. A la cour, il n'était question que de fêtes et de festins. Le tsar, nageant dans la joie, voulait que tout ce qui l'approchait fût heureux comme lui. Il répandait l'or à pleines mains. Oubliant la politique soupçonneuse de Boris, qui voulait anéantir toutes les grandes familles, il avait, quelques mois avant son mariage avec Marine, célébré en grande pompe les noces du prince Fëdor Mstislavski avec une cousine de la tsarine Marpha[1]. Maintenant, il voulait que Basile Chouiski se mariât également à une demoiselle de la famille des Nagoï[2]; il avait assisté aux fiançailles et aux apprêts des divertissements qui allaient se succéder sans interruption; il semblait qu'il eût oublié ses projets de guerre contre les Tartares. Au milieu de toute cette allégresse qui ne dépassait pas les murs du Kremlin, les discours incendiaires de quelques conjurés subalternes, les menaces vagues des artisans et des gens du peuple finirent par attirer l'attention des Polonais, et même celle du tsar, quelque soin que prissent ses ministres pour lui en dérober la connaissance. Tour à tour Mniszek, des gardes du corps allemands et plusieurs capitaines de strelitz firent part à Démétrius de leurs inquiétudes et des symptômes alarmants qu'ils avaient remarqués dans les dispositions de la populace. Boris avait encouragé les délateurs; et, dès les premiers

---

1. Margeret, p. 128, 129.
2. *Id., ibid.*

jours de son règne, Démétrius avait pu se convaincre que leur zèle n'avait fait que changer d'objet. Naturellement brave, gâté par la fortune, il accueillit fort mal, tout d'abord, les dénonciateurs de profession. Dailleurs, il méprisait les boyards et ne craignait pas le peuple, persuadé de l'attachement des soldats. Il pouvait croire la patience des Russes à toute épreuve, puisqu'ils avaient enduré avec une incroyable résignation et le despotisme féroce et brutal d'Ivan et le despotisme ingénieux et tracassier de Boris. L'abandon de ce dernier par les Moscovites ne lui semblait pas une punition de sa tyrannie, mais le résultat de leur inaltérable attachement aux princes de l'antique dynastie des Varegues. Cependant, un peu troublé des avertissements sinistres que lui transmettaient des personnes dont le dévouement ne pouvait être douteux, Démétrius ressentit un moment d'inquiétude et, pendant les deux ou trois premiers jours qui suivirent son mariage, se montra plus circonspect. Il rassembla ses gardes du corps étrangers et prit quelques mesures pour mettre son palais à l'abri d'une surprise. Bientôt, l'assiduité obséquieuse de Chouiski et d'autres conjurés qui occupaient un rang élevé à sa cour, le rassurèrent pleinement et le rendirent même inaccessible aux soupçons. On avait arrêté quelques orateurs de carrefour prêchant au peuple que le tsar n'était pas le fils d'Ivan le Terrible. C'étaient des hommes de la plus basse classe, qui parurent trop méprisables pour être dangereux. Ils furent interrogés par les boyards du conseil, probablement par ceux-là même qui faisaient mouvoir tous les fils du complot. Les juges, selon l'expression russe, *regardèrent ces misérables entre leurs doigts*, c'est-à-dire qu'ils se gardèrent bien de leur faire des questions compromettantes[1]. On rapportait à Démétrius, tantôt que ses gardes du corps allemands n'avaient pas bien compris les propos dont ils accusaient les prisonniers, tantôt qu'ils avaient arrêté des ivrognes rendus insolents par l'eau-de-vie, et qui, sobres, oublieraient toutes les sottises qu'ils avaient osé débiter. Une nuit, il y eut un attroupement de trois ou quatre mille personnes, et une espèce d'émeute dans la rue qu'habitait le prince Wiszniowiecki, pendant une fête qu'il donnait aux ambassadeurs de Sigismond. Les Palatins en prirent l'alarme. Cependant, lorsqu'on remonta jusqu'à la cause du tumulte, tout se réduisit à une querelle entre un heyduque de l'ambassade et quelques hom-

---

1. Baer, p. 78.

mes de la lie du peuple[1]. Au milieu des réjouissances qui se donnaient à l'occasion du mariage du tsar, lorsque partout l'hydromel et l'eau-de-vie coulaient à flots, ces rixes semblaient fort naturelles, et Démétrius fut le premier à se moquer des inquiétudes de ses amis. Fatigué d'entendre répéter tous les jours les mêmes rapports, exprimer les mêmes craintes, il refusa de s'en occuper davantage, et répétait sans cesse à ses confidents : « Je tiens cet empire dans ma main; rien ne s'y fera que par ma volonté[2]. » Les officiers de sa garde l'importunèrent vainement pour qu'il s'entourât de précautions extraordinaires; il les renvoya bien loin avec des railleries, et, par une bravade qui était dans son caractère, il redoubla de témérité. Cependant, Mniszek et les ambassadeurs, se croyant personnellement menacés par la populace, mirent leurs maisons en état de défense et invitèrent leurs compatriotes à s'y réfugier en cas d'alarme. Pour le tsar, il ne voulut avoir dans son palais que sa garde ordinaire, c'est-à-dire une cinquantaine de hallebardiers, troupe de parade qui, en cas de ré-

---

[1]. Journal des ambassadeurs, p. 170.
[2]. Baer, p. 78. — *Gos. Gramoty*, interrogatoire de Jean Buczynski, II, p. 296 et suiv. — Journal des ambassadeurs, p. 171.

volte, ne pouvait faire de résistance sérieuse. Le reste des gardes du corps étrangers logeait dans l'intérieur de la ville ; les strelitz occupaient un faubourg éloigné, et les Polonais n'avaient pas de quartier à eux, mais étaient dispersés çà et là dans des maisons particulières, à l'exception des ambassadeurs et de quelques Palatins, à qui l'on avait assigné dans le voisinage du palais de grands enclos avec plusieurs corps de bâtiments, espèces de caravansérails entièrement occupés par les gens de leur suite [1].

Le 26 mai, un grand nombre de soldats du camp établi aux environs de Moscou entrèrent isolément dans la ville, surtout ceux du contingent de Novgorod, qui passaient pour mal affectionnés à l'empereur [2]. Démétrius l'ignora ou bien n'y attacha aucune importance. Il passa la soirée et une partie de la nuit dans un festin, et ce ne fut qu'au jour levant qu'il congédia ses hôtes. Avant de prendre quelque repos, il sortit pour respirer l'air sur le perron de son palais, où il rencontra Afanassi Vlassief, un des conjurés envoyé probablement par eux à la découverte. Surpris de le voir à cette heure, le tsar lui demanda s'il apportait quelque message des ambassadeurs de

1. Journal des ambassadeurs, p. 171. — Peyerle, p. 64.
2. Journal de Marine, p. 50.

Sigismond, auprès desquels sa charge l'obligeait de résider[1]. Vlassief fit une réponse évasive et se retira pour annoncer à ses complices qu'on était au palais dans la plus profonde sécurité. Les chefs du complot étaient rassemblés chez Basile Chouiski, et quelques-uns hésitaient encore. Chouiski leur déclara qu'il n'y avait plus un moment à perdre ; que le tsar ayant surpris leur secret avait déjà donné l'ordre de les faire mourir, et que le seul moyen de sauver leurs têtes, c'était de prévenir le tyran par un coup hardi. Aussitôt, les voyant animés par le courage du désespoir, il fait donner le signal convenu[2].

Une troupe de boyards et de gentilshommes s'était déjà réunie sur la grande place, à cheval, la cotte de mailles sur les épaules et l'arc à la main. A la tête des plus déterminés, Chouiski se présente à la porte du Sauveur, qui aussitôt lui est livrée par les gardes achetés d'avance. On pénètre dans le Kremlin. En passant devant l'église de l'Assomption, Basile s'arrête, descend de cheval, et se prosterne devant l'image vénérée de Notre-Dame de Vladimir, comme pour implorer sa protection en ce moment suprême ; puis, se relevant d'un air inspiré, et brandissant une

1. Journal des ambassadeurs, p. 173.
2. *Ibid*, p. 174.

croix au-dessus de sa tête : « Chrétiens orthodoxes, s'écrie-t-il, mort à l'hérétique ! » Mille voix furieuses répètent après lui : « Mort à l'hérétique ! » On sonne la grosse cloche à laquelle répondent l'une après l'autre les trois mille cloches de Moscou [1]. En même temps de petites troupes de conjurés parcourent les faubourgs en criant : « Aux armes ! au Kremlin ! on assassine le tsar ! » Le peuple, ému, sort en foule dans les rues en demandant : « qui assassine le tsar ? —*Les Lithuaniens*[2] *!* » répondent les conjurés, et ils entraînent ainsi à leur suite une foule immense armée de haches et de massues. La populace, persuadée que les Polonais, déjà exécrés pour leur insolence, méditent une trahison, se rue vers leurs demeures marquées d'avance à la craie ; elle enfonce les portes des maisons et commence à massacrer leurs hôtes endormis. Les plus braves des Moscovites, guidés par quelques boyards, se portent au Kremlin

---

1. Baer, p. 79.
2. *Id., ibid.*—Journal des ambassadeurs, p. 173.—*Litva,* la Lithuanie. Le peuple désignait ainsi les Polonais, ou par le mot un peu méprisant de *Liakhi.* C'est le nom de la tribu slave établie en Pologne. Les *Liakhi,* en latin du moyen âge, *Licicavici,* changèrent leur nom en celui de *Polliakhi,* les Liakhs des plaines, lorsque ces derniers obtinrent un ascendant supérieur sur le reste de la nation.

où déjà les conjurés ont un autre cri de guerre. On y proclame que l'empereur et les Polonais veulent assassiner les boyards.

Au premier tintement de la cloche d'alarme, le tsar, qui venait de rentrer dans ses appartements, envoie demander à Démétrius Chouiski, de service au palais, la cause du bruit qu'on entend; celui-ci répond qu'un grand incendie vient de se déclarer, puis il court rejoindre son frère Basile, qu'il trouve à la tête d'une troupe nombreuse et bien armée[1]. Bientôt le tocsin répété par toutes les églises de Moscou, et se mêlant à l'immense clameur de la multitude, annonce à Démétrius qu'un événement plus grave qu'un incendie a mis toute la ville en émoi. Tandis qu'il s'habille à la hâte, il envoie Basmanof s'informer de la cause du tumulte. Déjà la cour extérieure se remplissait d'une foule armée poussant des cris furieux. « Livre-nous l'imposteur! » crient mille voix menaçantes, dès que Basmanof paraît sur le perron. Il se rejette à la hâte dans le palais, ordonne aux hallebardiers de prendre les armes, et lui-même courant au tsar, lui crie : « Malheur! maître, le peuple en veut à ta vie; sauve-toi; moi, je vais mourir! »

1. Journal des ambassadeurs, p. 173.

En ce moment, un des conjurés, qui, à la faveur du tumulte, avait pénétré dans la chambre du tsar, s'approche et lui dit : « Eh bien ! malencontreux empereur [1], à la fin te voilà réveillé ? Viens rendre compte au peuple de Moscou. » Basmanof, indigné, saisit le le sabre du tsar et fend la tête à l'insolent [2], puis il se précipite vers le balcon, déjà envahi par les conjurés. Démétrius, armé de l'épée d'un de ses gardes, suit son fidèle général, en criant aux rebelles : « Misérables ! je vous montrerai que je ne suis pas un Boris [3] ! »

On dit qu'il en tua plusieurs de sa main. Basmanof s'était jeté au-devant des conjurés, tantôt suppliant, tantôt menaçant, il couvrait le tsar de son corps et frappait des coups terribles. Tandis qu'il s'efforce de défendre le perron et les abords de l'escalier, le boyard Tatischef, pour lequel peu de jours avant il intercédait auprès de Démétrius, le frappe d'un coup de couteau et le renverse auprès de son

---

1. *Bezvremenii tsar*. Baer, p. 80.
2. *Id., ibid.*
3. *Id., ibid.* On ne pouvait accuser Boris de lâcheté. Démétrius voulait peut-être dire qu'il ne s'empoisonnerait pas comme Boris, ou qu'on ne le détrônerait pas si facilement. L'expression russe est beaucoup plus concise et énergique: *Ia ne Boris vam*. Ego non Boris vobis.

maître[1]. En même temps, une décharge de mousqueterie oblige les gardes du corps à reculer et bientôt à céder le perron. Dépourvus d'armes à feu, ils entraînent Démétrius dans l'intérieur du palais, dont ils essaient de barricader les portes. Alors commence une suite de siéges. Depuis le vestibule jusqu'aux appartements intérieurs, chaque chambre est défendue et emportée. Les insurgés, tirant des coups d'arquebuse au travers des portes, écartent les gardes du corps. Alors une porte est brisée à coups de hache; une chambre est envahie; la chambre suivante est attaquée et prise de la même manière. Enfin, forcés derrière leur dernière barricade, les gardes du corps allemands sont acculés dans le bain du tsar et contraints de livrer leurs inutiles hallebardes; mais l'empereur n'est plus parmi eux, et personne ne sait encore ce qu'il est devenu [2].

Marine, cependant, réveillée par les détonations des armes à feu, apprend que le palais est envahi, et que le tsar est mort ou bien au pouvoir des rebelles. A demi vêtue, elle s'échappe, courant au hasard, et d'abord elle essaie de se cacher dans une

---

1. Baer, p. 80.
2. *Id.*, *ibid.* — Peyerle, 62. — Margeret, 137.

cave [1]. Mais, déjà l'escalier est encombré de pillards et elle s'aperçoit qu'elle a mal choisi son asile. Pressée, heurtée par la populace qui s'entasse aux portes des celliers, elle parvient cependant à regagner son appartement sans avoir été reconnue, et se mêle à la foule de ses filles d'honneur qui jettent des cris d'effroi. Les factieux arrivent. Seul, un chambellan polonais, nommé Osmulski, leur barre le passage le sabre à la main, et les arrête un instant. Mais une décharge d'armes à feu le renverse sur le seuil qu'il défend, et blesse à mort une dame polonaise auprès de la tsarine [2]. Alors, avec d'épouvantables menaces [3], les furieux s'élancent dans cette chambre inondée de sang. Les demoiselles d'hon-

---

1. Journal de Marine, p. 51.
2. *Id.*, *ibid*, p. 51. — Peyerle, p. 62.
3. Baer, p. 82, note 78. — Je me garderai bien de traduire son latin, car il n'a pas osé lui-même traduire en allemand, ni M. Oustrialof en russe, les menaces des Moscovites. « Volumus nos omnes, unus post alium, stuprum inferre, unus in p — alter in v — Audivimus polonicas meretrices vestras plurium concubitus bene sustinere posse, nec ipsis unus vir (*sic*) sufficere. » Et postea nudabant sua equina pudenda (proh! Sodomia!), coram toto gynæceo, dicentes: « Videte, meretrices, videte nos multo fortiores sumus Polonis vestris. Probate nos. » — Petreïus a copié le passage tout entier, mais en corrigeant les solécismes de Baer et en tournant ces abominations en latin élégant. Voir Petreïus, p. 345.

neur se serraient autour de la grande maîtresse du palais, qui seule conservant sa présence d'esprit, avait caché Marine sous ses amples vertugadins. « Qu'on nous livre le tsar et la tsarine ! leur crient les révoltés. — Ce n'est pas nous qui gardons le tsar, leur répond la grande maîtresse. Quant à la tsarine, depuis une heure elle est chez son père le Palatin de Sendomir[1]. » L'âge de la grande maîtresse la préserva des outrages de ces forcenés; on se contenta de l'accabler d'injures. Les demoiselles d'honneur polonaises furent moins heureuses. S'il faut en croire Baer, les vainqueurs se les partagèrent comme un butin légitime, et chaque boyard emmena celle qui lui plut dans sa maison[2]. Quelques chefs arrivèrent

---

[1]. Baer, p. 83. Il faut se représenter les énormes paniers que portaient alors les femmes pour comprendre que Marine ait pu se cacher quelque temps sous la robe de sa grande maîtresse. Les dames polonaises suivaient les modes de Paris, et l'on peut voir dans les tableaux du temps quelle était l'ampleur des vertugadins de la cour.

[2]. Baer ajoute : « où, dans l'année, elle devint mère. » p. 82. — L'auteur du journal de Marine rapporte au contraire que les boyards sauvèrent les dames polonaises de la brutalité de la canaille. Journal de Marine, p. 52. — Chaque Moscovite, dit Maskiewicz, à son tour s'en amusa (*pochoutil*). C'était pitié d'entendre les lamentations des parents de ces demoiselles. Plaise à Dieu que les Russes tâtent à leur tour de pareille fête ! — Maskiewicz, p. 7.

enfin, qui firent cesser les violences. Marine fut alors découverte; mais protégée, et l'on se contenta de saisir ses bijoux et de mettre les scellés sur les coffres qui n'avaient pas été pillés dans le premier moment de tumulte. Elle demandait avec instance qu'on la menât chez son père, mais elle était un otage trop précieux pour que les chefs des rebelles consentissent à s'en dessaisir. Ils l'enfermèrent, sous bonne garde, dans une des chambres de son palais.

Quant à Démétrius, voyant la première porte du palais forcée, et convaincu que toute résistance était inutile, il jeta son épée, traversa en courant la chambre de la tsarine, et gagna l'appartement le plus éloigné de l'endroit qu'assaillaient les rebelles. Il était, dit-on, blessé à la jambe d'un coup de sabre. Cependant, il ouvrit une fenêtre qui donnait sur l'emplacement où s'élevait autrefois le palais de Boris, qu'il avait fait démolir; la fenêtre était haute de plus de trente pieds, mais il n'y avait personne aux environs, et il sauta. Sa chute fut si malheureuse qu'il se cassa une jambe; et la douleur si vive qu'il s'évanouit. Un moment après il reprit connaissance et ses gémissements attirèrent auprès de lui, d'un corps de garde voisin, quelques strelitz qui le reconnurent. Touchés de compassion, ces soldats le relèvent, lui font boire de l'eau, et l'asseyent sur une pierre reste des fondations du palais de Boris. Le tsar un peu ranimé, put parler aux strelitz, qui jurèrent de le défendre. En effet, aux premiers cris des rebelles qui viennent réclamer leur proie, ils répondent à coups d'arquebuse et abattent quelques-uns des plus acharnés. Mais bientôt la foule grossit, attirée par le tumulte et les cris qui annoncent que le tsar est enfin découvert. On entoure les strelitz, on les menace, on les somme de livrer l'imposteur, ou bien on va dans leur faubourg massacrer leurs femmes et leurs enfants demeurés sans défense[1]. Alors, les strelitz effrayés mettent bas les armes et abandonnent le blessé. Avec d'horribles acclamations de triomphe, la multitude se jette sur lui et le traîne, en le chargeant de coups, jusque dans une chambre du palais déjà mise au pillage[2]. Démétrius, au pouvoir de ses bourreaux, passant devant ses gardes du corps prisonniers, étendit une main vers eux en signe d'adieu peut-être, mais sans proférer une parole. Un de ses gentilshommes, nommé

---

1. Peyerle, p. 61. — Journal des ambassadeurs, p. 175.

2. Baer, p. 83, qui ne manque jamais de citer ses auteurs classiques, ajoute que Démétrius pouvait bien dire comme le captif de Plaute : « Traîné et battu à la fois, c'est trop de moitié. »

Fürstenberg, Livonien, transporté de fureur, essaie, quoique sans armes, de le défendre. Les rebelles percent ce brave homme à coups redoublés, tandis qu'il ne pense qu'à couvrir son maître [1]. Si Démétrius ne fut pas massacré à l'instant, c'est que la haine ingénieuse des assassins voulait prolonger ses souffrances. On lui arrache ses habits, et on le couvre du cafetan d'un pâtissier. — Voyez le tsar de toutes les Russies ! s'écriaient les rebelles. Il a revêtu les habits qui lui conviennent. — Chien de bâtard, dit un gentilhomme russe, dis-nous qui tu es et d'où tu nous es venu ? Démétrius rassemblant ce qui lui restait de forces pour élever la voix : « Chacun de vous, dit-il, sait que je suis votre tsar, fils légitime d'Ivan Vassilievitch. Interrogez ma mère ; ou si vous voulez ma mort, donnez-moi au moins le temps de me reconnaître. » Alors, un marchand nommé Valouïef, fendant la presse s'écria : « Pourquoi tant causer avec ce chien d'hérétique ? Voilà comme je confesse ce flûteur polonais ! » Et il lui tira à bout portant un coup d'arquebuse dans la poitrine, qui mit fin à son agonie.

Tout le palais était encombré, et la foule qui

---

1. Baer, p. 84.

assiégeait les portes criait du dehors : « Que dit le bouffon polonais ? » Quelques-uns répondaient par les fenêtres : «Il avoue son imposture. »—« Sabrez-le ! Tuez-le ! » hurlaient mille voix confuses, parmi lesquelles on distinguait celles des trois frères Chouiski à cheval dans la cour du palais, qui pressaient leurs complices d'en finir avec l'usurpateur. Bientôt un cadavre défiguré, déchiqueté, le ventre ouvert, les bras hachés à coups de sabre, est traîné sur le perron. On le jette en bas des degrés et il tombe sur le corps de Basmanof. « Vous vous aimiez vivants ; morts on ne vous séparera pas ! » disaient les meurtriers dans leur sauvage triomphe [1].

1. Cfr. Baer, p. 84, 85 ; — Peyerle, p. 61 et suiv. ; — Journal des ambassadeurs polonais, p. 174 et suiv. ; — *Letopis o miatejakh*, p. 101. — L'auteur de cette dernière relation raconte que, Démétrius étant déjà mort, les Moscovites demandèrent à la tsarine Marpha s'il était son fils ? et qu'elle répondit : « *Il fallait me le demander quand il était vivant. A présent il n'est plus mien.* » — Petreïus, p. 348, contre toute vraisemblance, rapporte que Basile Chouiski envoya interroger la tsarine mère, et qu'elle renia Démétrius pour son fils, sur quoi on le massacra. Chouiski était trop prudent pour hasarder pareille question lorsque son ennemi vivait encore.

On remarquera que la populace, dans ses outrages, appelait Démétrius *le bouffon polonais, le flûteur polonais*, mais non pas Grichka Otrepief. Personne ne croyait alors à l'identité des deux personnages.

Tandis que Démétrius était assassiné au Kremlin, la populace excitée par les conjurés faisait main basse sur les Polonais. Dispersés dans les différents faubourgs de la ville et surpris dans leur sommeil, un grand nombre fut massacré sans résistance. La fureur du peuple s'acharna surtout contre les musiciens du tsar, qui, au nombre de plus de deux cents, furent tous égorgés dans le monastère qu'on leur avait assigné pour logement. Les dévots ne leur pardonnaient pas de faire entendre aux heures des repas des symphonies, qui avaient remplacé à la cour de Démétrius les prières usitées sous ses prédécesseurs [1]. Les prêtres catholiques n'obtinrent pas plus de pitié, et quelques-uns furent massacrés aux pieds de l'autel [2]. On doit remarquer cependant, qu'au milieu de cette affreuse boucherie, la multitude épargna les Allemands établis à Moscou, et même les gardes du corps du tsar. Elle n'en voulait qu'aux Polonais, et l'insurrection n'était en effet qu'une vengeance nationale. Comme toutes les vengeances populaires, elle fut féroce et stupide. La canaille mit en pièces un vieux cheval polonais, et promena

---

1. Baer, p. 86. — Petreïus, p. 349.
2. Journal des ambassadeurs pol., p. 179.

ses membres sanglants en triomphe par les rues [1].
Il était facile d'égorger des domestiques et des musiciens sans défense, de tuer des individus isolés et quelquefois livrés par leurs hôtes, mais la populace n'eut pas si bon marché des Polonais logés dans de vastes hôtels, entourés de leurs heyduques et de gentilshommes résolus et bien armés. A la première alarme, ils se barricadèrent et reçurent les assaillants à coups de mousquets. Chacun de ces palais devint une espèce de forteresse qui résista vigoureusement aux attaques désordonnées de la multitude.

Pendant plusieurs heures, les rues de Moscou présentèrent le spectacle hideux d'une populace furieuse se livrant tour à tour au meurtre, au pillage, à la débauche. On n'entendait partout que des cris de détresse ou des hurlements de cannibales mêlés aux décharges incessantes des armes à feu et aux tintements du tocsin. Vers le milieu du jour, les chefs de l'insurrection essayèrent d'arrêter le carnage. Basile Chouiski, ses frères, le prince Mstislavski et les principaux boyards du conseil, se montrèrent à cheval dans les rues accompagnés d'un corps imposant de strelitz, publiant que justice était faite de

---

1. Journal de Marine, p 52.

l'imposteur, et qu'il ne fallait pas confondre les innocents avec les coupables. Habitué à respecter les boyards, le peuple, déjà gorgé d'eau-de-vie et de pillage, dégoûté d'ailleurs de ses attaques infructueuses contre les maisons des Palatins d'où partait un feu meurtrier, fit preuve d'une docilité inattendue et souffrit que les strelitz occupassent les avenues conduisant aux palais qu'il avait inutilement assaillis. Il y eut une suspension d'hostilités dont les boyards profitèrent pour parlementer avec Mniszek et les autres seigneurs polonais qui tenaient encore. Ils leur promirent la vie sauve et le respect de leurs propriétés, à la seule condition qu'ils se tiendraient renfermés dans leurs demeures jusqu'à ce que l'émotion populaire fût complétement apaisée [1]. Les ambassadeurs de Sigismond n'avaient pas été attaqués, bien que leur hôtel fût encombré d'un grand nombre de leurs compatriotes qui étaient venus y chercher un asile [2].

Les massacres avaient cessé, mais la populace s'acharnait encore sur le cadavre de Démétrius. On le traîna attaché au corps sanglant de Basmanof [3],

---

1. Baer, p. 87. — Journal de Marine, p. 55,
2. Journal de Marine, p. 59.
3. Petrum Bosmanno gantz nackend ausgezogen, bunden

au milieu des huées et des plus indignes outrages par les principales rues de Moscou, et quand ce jeu barbare eut cessé, on le jeta sur une table dressée dans la grande place. Auprès de lui, mais un peu plus bas, on déposa sur un banc le cadavre de Basmanof, en sorte que les pieds du tsar portaient sur la poitrine de son favori. Un gentilhomme s'approcha de ces restes hideux, montrant au peuple un masque qu'il prétendait avoir trouvé dans la chambre à coucher de Démétrius, au lieu réservé dans les maisons russes pour les images des Saints[1]. Il jeta ce masque sur le ventre du mort. Un autre lui mit une cornemuse sur la poitrine et lui fit entrer dans la bouche le tuyau de l'instrument. « Assez longtemps, dit-il, tu t'es joué de nous; à présent joue pour nous[2]. » Quelques-uns, frappant le cadavre de leurs fouets, disaient : « Voilà le tsar, le héros des Allemands ! » Dans cette orgie hideuse, les femmes se distinguèrent par leurs excès et les outrages dégoûtants qu'elles

an Demetrii Gemaechte. Petreïus, p. 351. Faut-il voir dans cet ignoble outrage un soupçon populaire sur la cause de la faveur dont jouissait Basmanof?

1. Il y a dans toutes les maisons russes une place destinée aux images, devant lesquelles on entretient une lampe allumée.

2. Baer, p. 99.

inventèrent ¹; partout, dans les fureurs populaires, les plus faibles sont les plus lâches et les plus féroces. Pendant trois jours, les habitants de Moscou purent contempler les restes de celui qui avait été leur empereur. Mais la rage de ces ennemis avait rendu presque illusoire cette exposition publique. Dans cette masse informe, tailladée à coups de sabre, souillée de sang et de boue, qui aurait reconnu le hardi jeune homme qu'on avait vu, peu de jours auparavant, couvert d'or et de pierreries, ceindre la couronne impériale. Quelques-uns crurent remarquer que le cadavre exposé avait de la barbe, et on savait que Démétrius n'en avait point. On commentait la couleur de ce visage balafré, ces traits méconnaissables, et quelques gens crédules se demandaient si les assassins n'avaient pas encore une fois manqué leur victime ² ?

Le corps de Basmanof fut réclamé par son frère utérin, le prince Galitsine, qui le fit porter dans le tombeau de sa famille; mais le cadavre de Démétrius demeura trois jours exposé sur la place du marché. La troisième nuit, les gardes placés à l'entour aperçurent une flamme bleue voltigeant au-

1. Baer, p. 99.
2. Margeret, p. 143, 145 et suiv.

dessus de la table sur laquelle le cadavre était étendu. Lorsqu'ils approchaient, elle disparaissait, et revenait lorsqu'ils s'éloignaient. Ce phénomène, qui se produit assez souvent sur les cadavres en putréfaction, inspira au peuple une terreur superstitieuse. Un marchand, dont le nom est demeuré inconnu, obtint des boyards la permission d'enlever le corps et de l'enterrer dans le cimetière de Serpoukhof, hors de la ville. On se rappelle qu'un ouragan avait accueilli Démétrius à son entrée dans Moscou : un autre ouragan l'accompagna à sa sortie ; et, si l'on en croit un auteur contemporain, présent à Moscou à cette époque, le tourbillon ne passa que sur les rues traversées par le funèbre cortége. Au moment où il franchissait la porte de Koulichko, le vent redoublant de violence emporta le toit d'une des tours et couvrit la route de ses débris [1]. Les prodiges ne faisaient que commencer. Le corps du tsar, enterré auprès de la chapelle et non loin d'autres victimes de la vengeance moscovite, ne devait pas longtemps demeurer en repos. On remarqua que deux oiseaux semblables à des colombes s'étaient abattus auprès

---

1. Baer, p. 100. — Journal de Marine, p. 63. — Petreïus, p. 354. — Peyerle, p. 70 — Journal des ambassadeurs polonais, p. 192.

de sa fosse ; ils s'envolaient à l'approche des curieux, mais bientôt après revenaient à leur premier poste, comme des génies funèbres préposés à la garde de ces restes mutilés. On vit ou l'on crut voir une nouvelle flamme voltiger au-dessus de cette tombe; quelques-uns entendirent une musique surnaturelle. Puis, bientôt la fosse fut ouverte, bouleversée, et le cadavre se retrouva sur le sol, loin de la chapelle, à l'autre bout du cimetière. La terreur était générale ; le peuple crut que Démétrius était un être diabolique, une espèce de vampire. Plusieurs disaient qu'il avait appris la magie parmi les Finnois, et qu'il était de ces sorciers qui, par leur art infernal, savent mourir et ressusciter. On le jeta dans un bûcher qui le réduisit en cendres. Par surcroît de précaution, on recueillit ces cendres et l'on en chargea un canon, qu'on traîna jusqu'à la porte par où Démétrius était entré dans Moscou; puis les canonniers tournant la bouche de la pièce vers la route qui conduit en Pologne, firent feu, et la Russie se crut à jamais délivrée [1]. Vain espoir! La poussière de l'imposteur était dispersée dans les airs, mais son nom subsistait encore avec le souvenir de son audace et de ses suc-

---

1. Peyerle, p. 70. — Baer, p. 100 et suiv. — Pétreïus, p. 354. — Journal des ambassadeurs polonais, p. 192.

cès. Nouveau phénix, Démétrius allait renaître de ses cendres.

Il régnait depuis onze mois moins quelques jours, lorsqu'il fut assassiné. Il fut comme un brillant météore qui éclate tout à coup dans les ténèbres, et disparaît sans laisser sa trace. Il annonçait de grandes réformes et de vastes desseins qui périrent avec lui. S'il eût obtenu des succès contre les Tartares, il eût formé une armée nationale qui l'aurait affermi sur le trône. Ce fut cette armée qui lui manqua, ou plutôt il ne sut pas lui donner des chefs pour le seconder. Le peuple, un instant ébloui par son audace, l'abandonna, le croyant vendu aux éternels ennemis de la Russie. Cependant, sauf son mariage avec une Polonaise, Démétrius ne négligea rien pour satisfaire l'orgueil national de ses sujets, et l'on ne peut douter qu'il ne voulût sincèrement l'indépendance et la grandeur de son pays, que d'ailleurs il identifiait avec sa propre gloire. On l'accusa de vouloir céder à la Pologne quelques-unes des provinces de son empire, au moment même où il reniait la tutèle de Sigismond. Mais tous ses agents étaient ligués pour le trahir. Les boyards, fatigués du joug de Boris, l'avaient accueilli comme un libérateur, parce que seul il avait osé lever un étendard contre le despote détesté mais craint de tous. Ils le prirent d'abord pour un soldat hardi, qui, en retour de quelques vains honneurs, prêterait son épée à la noblesse abaissée et avilie par Boris. Les principaux de cette noblesse s'attendaient à gouverner sous le nom de Démétrius; et, si l'on peut ainsi parler, ils l'accueillirent et favorisèrent son entrée à Moscou comme un expédient d'interrègne. Les aristocraties ambitieuses et timides adoptent facilement un chef au moment du danger, mais elles veulent recueillir pour elles-mêmes les fruits de sa victoire. Lorsque les boyards s'aperçurent que ce jeune aventurier voulait et pouvait régner par lui-même, ils ne s'appliquèrent plus qu'à le rendre odieux. Son irréligion, ou plutôt sa tolérance, servit merveilleusement leurs projets. Libre des superstitions populaires, impatient comme un jeune homme de policer son pays, aveuglé d'ailleurs par son étonnante fortune, Démétrius ne mesura pas la grandeur des obstacles qu'il avait à surmonter.

Il s'était proposé pour modèle notre Henri IV, conquérant comme lui de son royaume héréditaire. Il en parlait souvent avec admiration et voulait entretenir avec ce prince une correspondance suivie [1].

1. Margeret, p. 142.

Ses allures de soldat, sa familiarité avec tout ce qui l'entourait étaient peut-être une imitation maladroite autant qu'un reste de ses anciennes habitudes d'aventurier. Mais les Russes du xvii<sup>e</sup> siècle différaient autant des Français que le génie de Démétrius de celui de Henri IV. La profonde politique du Béarnais lui avait échappé, et pour ressembler à son héros, il eût fallu l'étudier ailleurs que dans les camps ou dans les ruelles.

Ce fut encore un malheur pour Démétrius que de triompher trop vite et trop complétement. Henri IV, si la bataille de Coutras lui eût donné la France, n'aurait peut-être pas su encore son métier de roi. A vingt-trois ans, Démétrius se trouva maître d'un empire immense. Avec la présomption de la jeunesse, il voulut réformer un peuple encore sauvage et grossier, avant de s'en être fait aimer, ou de s'en être fait craindre. Naturellement doux et humain, d'ailleurs entraîné à suivre le contre-pied de la politique de Boris, son ennemi, il crut qu'en se montrant généreux jusqu'à la prodigalité, clément jusqu'à la débonnaireté, il se ferait aimer et obéir. Il prétendit châtier par des humiliations, souvent par des railleries, des hommes accoutumés par Ivan et Boris à ne respecter que la hache toujours levée sur leurs têtes. Basile Chouiski avait conspiré contre sa vie : pour toute vengeance, il le contraignit à jouer à sa cour le rôle de valet : mais il connut trop tard qu'un serpent qui rampe n'est pas à mépriser.

Au reste, il fallut qu'à cette clémence imprudente et qu'à toutes les fautes qu'il commit en offensant les préjugés et les croyances de ses sujets, il ajoutât une inconcevable témérité pour que la conjuration du 27 mai lui fît perdre la couronne et la vie. Sans doute il avait l'âge où l'on aime les dangers inutiles, où l'on croit honteux de montrer que l'on craint quelque chose. Les héros ont aussi leurs préjugés. César, à cinquante-sept ans, après avoir affronté la mort dans cent batailles, ne put supporter l'idée que les Romains doutassent de son courage, et il renvoya sa garde espagnole pour prouver qu'il ne craignait pas un coup de poignard[1]. Démétrius n'eut des gardes que pour faire montre de pourpoints de velours et de toques à plumes. Si, au lieu de ses Allemands, qui le défendirent si mal, et qui le rendirent suspect aux Moscovites, il s'était entouré des six cents Cosaques qui, dans Kromy, avaient résisté aux quatre-vingt mille soldats de Boris, il eût tout

---

1. Dion Cassius, p. 386.

à la fois ménagé les préjugés populaires et opposé à ses ennemis des hommes dont l'orthodoxie n'était pas plus douteuse que la valeur. Avec quelques canons et un millier de soldats fidèles il pouvait facilement repousser l'attaque désordonnée de la populace [1] ; peut-être même eût-il suffi qu'au lieu de leurs inutiles hallebardes ses gardes du corps eussent été armés de bonnes arquebuses. En effet, la plupart des Moscovites qui prirent part à l'insurrection n'en voulaient pas au tsar, mais seulement aux Polonais. « Les Lithuaniens tuent l'empereur ! » tel était le cri des conjurés pour ameuter la multitude; et, comme il arrive dans la plupart des révolutions, un petit nombre d'hommes ambitieux poussèrent en avant une masse aveugle et stupide, qu'ils rendirent à son insu complice de leurs projets. Bien qu'habituées depuis longtemps à suivre l'exemple de la capitale, les provinces de l'empire regrettèrent Démétrius, et quelques-unes s'armèrent pour le venger. Partout le peuple disait : « Le tsar était un brave. Il n'a régné

---

1. En 1611, le capitaine Margeret, alors au service de Sigismond, parvint, avec une centaine de mousquetaires, à comprimer un soulèvement bien plus dangereux des habitants de Moscou, soutenus par les troupes du prince Démétrius Pojarski.

qu'un an, et déjà ses voisins tremblaient. Dieu jugera nos boyards, qui ont tué deux empereurs l'un après l'autre. En serons-nous plus heureux[1] ? »

Quel était cet homme singulier qui, arrivé par l'imposture à la plus haute fortune, s'en montra digne par ses grandes qualités? cet aventurier qui, dépouillant les haillons de la misère pour revêtir le manteau impérial, le porta avec aisance; ce souverain auquel, oserai-je le dire, il ne manqua peut-être que de savoir verser le sang pour devenir le chef d'une dynastie? Ses contemporains n'ont pu éclaircir le mystère qui couvre son origine; peut-on espérer de le pénétrer aujourd'hui?

La plupart des historiens modernes ont supposé que le faux Démétrius était un moine apostat, et qu'il n'était autre que Grégoire Otrepief, mais, comme je l'ai dit plus haut, cette opinion n'obtint presque pas de créance parmi les contemporains. Les proclamations de Boris, les excommunications du patriarche Job ne trouvèrent que des incrédules, et en effet l'identité de l'imposteur avec le moine Otrepief ne repose que sur l'affirmation de ses ennemis à bout de ressources pour le combattre.

---

1. Baer, p. 104.

Deux faits l'un et l'autre parfaitement établis la contredisent, d'ailleurs, d'une manière qui me semble péremptoire. D'abord il est certain que le faux Démétrius parlait le polonais avec la plus grande facilité, et qu'il se servait même de cette langue dans sa correspondance intime, de préférence à l'idiome russe [1]. Un contemporain affirme qu'il ne parlait pas le russe purement, ou du moins qu'il mêlait dans ses discours des expressions empruntées au polonais [2]. Si l'on néglige ce dernier témoignage un peu suspect, car il vient d'un étranger qui savait lui-même assez mal la langue russe, il n'en reste pas moins incompréhensible et presque impossible qu'un moine élevé dans l'intérieur de la Russie se soit si bien familiarisé avec le polonais, qu'il le parle dès en entrant en Pologne aussi bien que sa langue natale [3]. En second lieu, l'adresse merveilleuse de

---

1. Ainsi, dans la collection des Archives impériales, on voit la liste des membres du conseil de Démétrius écrite en polonais.

2. « Il parloit aussi bon russe que faire se pouvoit, sinon que pour orner le langage, il y mesloit parfois quelque phrase polonoise. » Margeret, p. 163.

3. La grande ressemblance entre les langues russe et polonaise et la communauté de leurs racines est dans le fait une difficulté de plus pour les parler correctement l'une et l'autre. On sait que, dans ce cas même, l'accent national trahit toujours celui qui s'exprime dans la langue qui lui est étrangère.

Démétrius dans tous les exercices guerriers, sa grâce à monter à cheval, ses habitudes de chasseur et de soldat, comment les concilier avec une éducation monacale? Sans doute, il y avait alors en Russie bien des moines qui ne menaient pas une vie régulière, mais dans quel couvent en eût-on trouvé qui tuassent des ours d'un seul coup d'épieu, ou qui pussent conduire à une charge un escadron de hussards? A cette objection, on a essayé de répondre en supposant que le moine Otrepief, ayant sans doute conscience des talents qui lui manquaient pour jouer le rôle de prétendant, serait allé faire son éducation militaire soit chez les Zaporogues, soit chez le prince Wiszniowiecki; mais la comparaison des dates entre la fuite du moine Otrepief, lequel ne quitta au plus tôt la Russie qu'au commencement de l'année 1603, et l'apparition de Démétrius chez le prince Wiszniowiecki vers le milieu de la même année, ne permet pas de croire qu'en quelques mois un moine ait pu se transformer en un hardi capitaine d'aventuriers[1]. Enfin des témoins dignes de foi, le

1. Karamzine (XI, p. 165 et suiv.), sans faire attention à la date de l'entrée de Démétrius en Lithuanie, raconte « qu'il habita successivement les couvents de Petchera, de Nikolsk et de Derman, officiant en qualité de diacre. Puis, quittant son froc, il

ministre luthérien Baer et le capitaine Margeret attestent l'existence simultanée de Démétrius et d'Otrepief. Le dernier même affirme que le véritable Otrepief, beaucoup plus âgé que l'homme qui prenait le nom de Démétrius, reparut en Russie à sa suite, qu'il lui survécut, et qu'il résida quelque temps à Iaroslavl, sa ville natale, sous son véritable nom [1]. Je crois à peine nécessaire de réfuter le roman inventé après coup pour résoudre cette difficulté. On a imaginé qu'au moment de passer la frontière, Otre-

s'associa aux Zaporogues et servit dans la bande de Gheraz Evanghel, où il apprit à manier un sabre et à conduire un cheval. Après quoi il s'en alla en Volhynie à Gatcha (Huszsza) étudier le polonais et le latin. Enfin il entra au service du prince Adam Wiszniowiecki, où il demeura *assez longtemps.*»

Ainsi le moine Otrepief qui sortit de Russie en 1603, et qui, vers le milieu de la même année, se fit reconnaître pour le tsarévitch Démétrius, serait, en moins de six mois, allé de Russie en Lithuanie, de Lithuanie à l'embouchure du Dnieper, de là en Volhynie, puis de nouveau en Lithuanie, faisant partout d'assez longs séjours, apprenant chemin faisant le latin, le polonais, l'escrime et l'équitation. Quel moine que cet Otrepief, et quelle merveilleuse facilité pour faire et apprendre tant de choses en si peu de temps ! Tantôt moine, tantôt soldat, puis écolier, puis valet de chambre, et prince finalement, tout cela, sans préjudice des grandes intrigues qui l'occupaient, dans six mois de l'année 1603 !

1. « C'est chose toute approuvée et asseurée que ledit Rostrigue (*Rostriga*, moine défroqué) est aagé de trente-cinq à

pief donna son nom à un autre moine fugitif, son compagnon, et le chargea d'aller soulever les Cosaques[1]. Mais pourquoi prendre ce nom d'Otrepief parfaitement inconnu aux hordes du Don? Quel crédit pouvait avoir parmi elles un moine de Iaroslavl? Enfin le moyen de croire que le véritable Otrepief, reconnu pour le tsarévitch Démétrius, ait été assez fou pour exiler le faux Otrepief, son instrument, à Iaroslavl, c'est-à-dire dans une ville où le véritable Otrepief avait des parents et était connu de tout le monde? Il est inutile de s'arrêter à des inventions si

trente-huit ans, au lieu que ledit Démétrius n'avoit que vingt-trois à vingt-quatre ans lorsqu'il r'entra en Russie; puis l'y ramena, et un chacun qui l'a voulu voir l'a veu. L'on connoissoit ce Rosirigue devant sa fuitte pour un homme insolent, adonné à l'ivrognerie, et pour laquelle insolence fut par ledit Démétrius confiné à Jérislaf (*Iaroslavl*) 230 virst de Mosco; où il y a une maison de la compagnie angloise, et celui qui y demeuroit m'a affirmé qu'il avoit été asseuré par ledit Rostrigue, lors même que les nouvelles vinrent que ledit Démétrius avoit été meurtry, que ledit Démétrius étoit le vrai fils de l'empereur Joannes Basilius (Ivan Vassilievitch), et qu'il l'avoit conduit lui-même hors de Russie; ce qu'il attesta avec grands serments, asseurant que l'on ne pouvoit nier que luimême ne fût Grisque Otrepiof (Grichka Otrepief), surnommé Rostrigue. Quelque temps après, Vacilei Choutsqui (Vassili Chouiski) l'envoya quérir; mais ie ne scay ce qu'il est devenu. » Margeret, p. 156.

1. Karamzine, XI, p. 166.

péniblement élaborées pour donner quelque vraisemblance à une fable que ni Boris ni le patriarche Job ne purent accréditer parmi leurs contemporains.

Le métropolitain Platon, auteur d'une Histoire estimée de l'église russe, a proposé l'hypothèse suivante, qui me paraît beaucoup plus spécieuse. Après avoir examiné le caractère et les habitudes du faux Démétrius, son mépris ou son aversion pour les usages moscovites, son admiration pour les coutumes étrangères, et particulièrement celles de la Pologne, enfin ce qu'il appelle la haine de l'imposteur contre la religion orthodoxe et sa partialité pour l'église latine, le docte prélat se demande si cet homme extraordinaire n'était pas un agent des jésuites, instruit par eux tout enfant à jouer le roi légitime, en un mot, une espèce de Joas catholique, élevé dans le secret du temple, pour détruire la religion nationale en Russie. A cette question le métropolitain répond par l'affirmative, et conclut que Démétrius était un Polonais ou bien un Russe enlevé fort jeune à sa famille et de longue main façonné par des maîtres habiles au métier de prétendant[1]. Je n'ai point à défendre les jésuites de tous les méfaits qu'on leur

---

1. Platon, *Histoire abrégée de l'Eglise russe*, chap. LXV.

impute; je n'essaierai pas de contester le talent singulier de leur ordre à deviner dans l'enfance les qualités de l'âge viril, à découvrir un grand homme dans un écolier intelligent; mais, à mon tour, je demanderai quel zèle si ardent montra Démétrius pour propager le catholicisme dans son empire, quelles mesures il a prises pour y implanter la foi latine? Dénué de ressources, mendiant son pain dans la maison d'un seigneur polonais, et n'ayant d'espoir que dans la protection d'un prince zélé catholique, il flatte les ecclésiastiques chargés de l'examiner, il se convertit[1] à la première réquisition, mais il a grand soin de tenir son abjuration secrète, et il continue à professer publiquement le culte grec. Il promet, à la vérité, d'abolir en Russie le culte national, mais il promet aussi de céder à la Pologne une de ses provinces, et rien n'indique qu'il ait songé à exécuter un seul de ces engagements. Tout en lui dénote un ambitieux sans scrupule pour le choix de ses moyens, et nullement un néophyte rempli de

---

1. Si l'on ne rejette pas absolument le témoignage de Cilli, présent à l'abjuration de Démétrius, il faut admettre que l'éducation catholique de Démétrius ne commença que fort tard, c'est-à-dire lorsqu'il se fut fait connaître au prince Wiszniowiecki.

ferveur. Bien plus, il s'efforce de persuader à ses sujets que la femme catholique qu'il épouse professe la religion nationale, et il croit y parvenir par une espèce de comédie sacrilége offensante pour les deux croyances. Son zèle prétendu pour le catholicisme se réduit à donner des présents aux jésuites polonais compagnons de ses périls, à leur permettre, après sa victoire, de bâtir une chapelle près de son palais, mais il accorde une faveur semblable aux luthériens allemands, et à l'exemple de ses prédécesseurs, il donne toute liberté de conscience à ses sujets musulmans [1]. En un mot, toute sa conduite montre une grande tolérance en matière de religion, ou plutôt l'indifférence d'un ambitieux qui ne considère en tout que ses intérêts temporels [2]. Il faut

---

1. *Gos. Gramoty*, II, p. 201. Lettre de Démétrius aux Voiévodes de Sibérie.

2. La lettre ci-jointe montrera quelle idée on avait à Rome de la piété de Démétrius. L'opinion exprimée peut être considérée comme d'autant plus sincère que l'auteur de la lettre croyait Démétrius vivant, mais dépourvu de ressources.

Le cardinal Borghese à Mgr Rangoni, nonce du pape en Pologne. «Rome, 9 décembre 1606. Cominciamo a credere che Demetrio viva, poiche vien scritto affermativamente da più bande, mà l'esser egli circondato di gli eretici, come s'intende, non ci e da sperare che sia per continuar nel buon proposito che professava prima. E la Maestà del Re di Polonia risponde

avouer que si Démétrius fut un élève des jésuites, il reconnut mal leurs soins, car, depuis le commencement jusqu'à la fin de sa carrière aventureuse, il ne travailla que pour lui-même [1].

Rien n'indique qu'il ait eu un conseiller, un confident intime, pas même cet Otrepief qui fut un de ses premiers agents, qu'il congédia si facilement, et qui cependant après la mort de l'imposteur persistait à dire qu'il était le fils d'Ivan le Terrible. Basmanof, qui lui donna le trône en décidant la défection de l'armée, n'était pas sa dupe, mais il cédait comme il semble à un ascendant supérieur et ne voulait rien approfondir. Un jour, le ministre Baer osa lui demander si le tsar très-glorieux et très-clément avait

---

prudentemente che non sia da fidarsene la seconda volta. *Dovrebbono le miserie nelle quali si trovà, moverli à mostrar segni di vera pietà, ma l'amicitia degli eretici da indicio che non abbia questo senso,* etc. » Turghenief, *Monum. hist. pat.*, II. Il est évident, d'après ces paroles, qu'à l'époque où Démétrius fut assassiné, le Saint-Siége était loin d'être satisfait de sa conduite.

1. Enfin, on peut demander où les jésuites auraient pu l'élever si secrètement que toute trace de ses premières années ait entièrement disparu? On sait par les lettres du Père Possevin que le collége des jésuites de Dorpat était à peu près abandonné vers la fin du XVIe siècle, et je ne vois pas d'autre lieu où Démétrius put apprendre le russe et étudier les affaires de Russie.

en effet des droits légitimes à la couronne de Monomaque ? Basmanof répondit : « Pour vous autres Allemands, le tsar est un frère, un père. Il vous aime plus que n'a fait aucun empereur avant lui. Priez Dieu pour le bonheur de son règne. S'il n'est pas le vrai tsarévitch, qu'importe ? Il est notre seigneur ; nous lui avons prêté serment ; et, d'ailleurs, où trouverions-nous son pareil[1] ? »

Plusieurs Polonais exprimaient leur incrédulité bien plus ouvertement que Basmanof. Le prince Léon Sapieha disait publiquement que Démétrius était un fils naturel d'Étienne Batthori[2] ; mais qui croira que le fils d'un si grand roi ait pu demeurer inconnu pendant plus de vingt ans, sans que lui-même ou ses amis essayassent de se prévaloir d'une si illustre origine. Au contraire, il est très-probable que les Polonais qui ne voulaient pas passer pour dupes d'un imposteur, ont cherché, par vanité nationale, à le rattacher à un de leurs héros.

A mon sentiment, tout se réunit pour faire croire que Démétrius était d'une basse extraction, car on ne pourrait expliquer autrement l'obscurité si com-

---

1. Baer, p. 102.
2. *Id.*, p. 32, 104.

plète qui couvre les premières années de sa vie[1]. J'admets volontiers avec Platon qu'il n'était pas russe, car son esprit si libre de préjugés, son amour des nouveautés, son ardeur à changer les coutumes nationales, seraient un phénomène trop extraordinaire, à cette époque surtout, dans un Moscovite de la classe inférieure d'où sans doute il sortait. Il me semble plus probable qu'il était originaire d'une province soumise à la Pologne, où les langues russe et polonaise étaient parlées à la fois. Telle était alors l'Ukraine. Parmi les Cosaques, presque indépendants à cette époque, mais témoins obligés et toujours acteurs dans les querelles entre la Russie et la Pologne, il avait pu apprendre et le métier de soldat, et l'art plus difficile de mener les hommes. Une *sietche* ou village de Cosaques, petite république de nomades guerriers, où l'éloquence, le courage et la ruse faisaient les chefs, était pour un prétendant une meilleure école qu'un collége de jésuites. Peut-être trouvera-t-on dans cette hypothèse quelque difficulté à expliquer l'espèce d'éducation *classique*, si l'on peut ainsi parler, que Démétrius paraît avoir reçue. Il est

---

[1]. Pseudo-Demetrius procul dubio ignotæ stirpis homo, et ut postea compertum est monasticæ vitæ quam primum professus erat desertor. Lubienski, Op. post., p. 155.

certain, par exemple, qu'il écrivait facilement, ce que peu d'atamans cosaques eussent pu faire à cette époque, et les caractères qu'il a tracés, soit en russe soit en polonais, dénotent une main exercée. Mais dans ses manifestes, Démétrius avouait qu'il avait demeuré quelque temps dans un monastère, caché sous un habit de moine; d'où l'on peut inférer qu'il avait été d'abord destiné à l'état ecclésiastique, et par conséquent qu'il avait appris à lire et à écrire [1]. Cilli prétend qu'il savait le latin, et les historiens modernes l'ont copié, sans remarquer que parmi le peu de mots latins, que, suivant l'usage polonais, Démétrius devenu tsar, écrivait au bas de ses lettres, il y a des fautes grossières; ainsi, par exemple, il écrivait ce titre si contesté par le roi de Pologne, en deux mots : IN PERATOR [2]. Un jésuite lui fit une harangue latine le jour de son couronnement, mais rien ne prouve qu'il l'ait comprise; où s'il savait un

1. On peut encore supposer qu'il était *Popovitch*, c'est-à-dire fils de prêtre. Les popovitch forment une classe à part; pauvre, un peu lettrée, intermédiaire entre la noblesse et les paysans.

2. *Gos. Gramoty*, II, p. 229. Il me semble que les mots qu'il a écrits en caractères romains, dont se servent les Polonais, sont mieux tracés et avec plus de hardiesse et de correction que sa signature en caractères russes. Comparer les fac-simile des deux signatures, *Gos. Gramoty*, II, p. 162.

peu de latin, cela se bornait sans doute à quelques mots qu'il avait retenus en conversant avec des Polonais de qualité, car, à cette époque, il était de mode d'en mêler le plus possible à la langue vulgaire[1]. Il est évident, dans tous les cas, qu'il n'avait reçu qu'une éducation fort incomplète, soit dans quelque collége, soit dans un couvent. A la fin du XVIe siècle, il n'était pas rare que des étudiants de l'Université de Kïef, las du fouet de l'école et des argumentations théologiques, jetassent leurs livres pour chercher fortune parmi les Zaporogues, dont la vie d'aventure et de liberté séduisait leurs jeunes imaginations. Russes, Polonais, gentilshommes ruinés, moines défroqués, serfs fugitifs, proscrits de toutes les frontières, trouvaient un asile dans ce grand camp de flibustiers en guerre avec la société. Telles furent peut-être les premières aventures de Démétrius, abandonnant d'abord une famille obscure dans l'espoir de devenir un jour ataman de Cosaques. Puis son esprit observateur lui montre la haine que les Russes portent à leur souverain, et la faiblesse

---

1. C'était alors, à ce qu'il paraît un usage très-ordinaire. Ainsi Zolkiewski, dans ses curieux mémoires, trouve plus élégant d'écrire *in hoc statu rerum*, que : « sur ces entrefaites. » J. Buczynski, dans ses lettres à Démétrius, ne dit pas : tyranniquement, mais *ad tyrannidem.* »

du gouvernement de Boris, mal déguisée sous l'apparence de l'ordre. Il entend les accusations du peuple qui impute au tsar la mort violente du fils d'Ivan, et en même temps les récits des voyageurs, qui ont vu le prince de Suède réfugié en Russie, après avoir mainte fois échappé aux poignards. Il a, pour ainsi dire, sous les yeux, dans un même tableau, l'assassinat du jeune Démétrius et l'évasion miraculeuse de Gustave Éricsen. Dès ce moment, une idée nouvelle le possède. C'est un rôle plus grand qui s'offre à son imagination. Il l'accepte hardiment et le joue avec une inconcevable présence d'esprit, n'ayant pour favoriser l'illusion que cette croix de diamants qui fit perdre la tête au prince Wiszniowiecki, et qui provenait peut-être de quelque maraudage. Voilà comment je me représente l'imposteur qui sut conquérir un trône, et qui succomba au milieu de son triomphe, seulement peut-être parce qu'au lieu d'avoir toutes les parties d'un usurpateur, il avait quelques-unes des qualités aimables qu'on chérit dans un prince légitime.

## X.

Pendant les premiers jours qui suivirent l'assassinat de Démétrius, il n'y eut à Moscou d'autre gouvernement que celui du conseil des boyards. Tout se faisait en leur nom. Ils entourèrent de gardes Mniszek, les ambassadeurs de Sigismond et les seigneurs polonais échappés au massacre. D'abord, ce fut, en apparence, pour les préserver des insultes de la populace; mais bientôt, prenant un autre langage, ils les accusèrent d'avoir amené en Russie un imposteur, et les sommèrent de déclarer leur complicité avec cet homme, convaincu d'avoir trahi son pays, d'avoir voulu démembrer l'empire et détruire la religion nationale. Mniszek et ses compatriotes protestèrent de leur bonne foi, et, à leur tour, reprochèrent aux Russes de les avoir trompés par leur facile soumission à un aventurier qu'ils devaient mieux connaître que les Polonais. « Appelés à Moscou par un am-

« bassadeur russe et par le conseil des boyards,
« nous sommes venus en amis, disaient-ils, et, par
« la plus indigne trahison, le peuple moscovite a
« pillé ses hôtes et les a égorgés. On nous retient
« prisonniers au mépris du droit des gens, au mé-
« pris des promesses qu'on nous a faites lorsque
« nous avions les armes à la main et que nous re-
« poussions la populace ameutée [1]. » Les boyards
n'avaient rien à répondre à ces plaintes, car, parmi
eux, il n'y en avait pas un seul qui n'eût reconnu la
légitimité de Démétrius, et protesté, devant les Polonais, de son dévouement au fils d'Ivan le Terrible;
mais ils étaient les plus forts et n'avaient garde de
relâcher des otages si importants avant de connaître
l'impression que produirait en Pologne la révolution
qui venait d'éclater. Malgré leurs protestations, les
ambassadeurs furent retenus à Moscou; les autres
seigneurs de marque, alliés de Démétrius ou ses
hôtes, furent envoyés sous bonne garde dans l'intérieur de la Russie. Quant aux marchands et à la foule
des gentilshommes qui n'étaient attachés ni au service de Marine, ni à celui des ambassadeurs, il leur
fut permis de retourner en Pologne, dépouillés de

1. Baer, p. 92 et suiv. — *Gos. Gramoty*, interrogatoire de Mniszek, I, p. 293.

presque tout ce qu'ils possédaient[1]. Mniszek et sa fille furent traités avec la plus grande rigueur. On s'était fait livrer par Marine non-seulement tous les présents qu'elle tenait de son mari, mais encore tout ce qu'elle avait apporté de son pays. Argent, bijoux, vêtements, tout lui avait été enlevé, soit par la populace pendant le pillage du palais, soit par les boyards, qui réclamaient comme une propriété de la couronne les présents faits par Démétrius. Marine ne possédait plus que sa robe de chambre quand elle obtint d'être réunie à son père[2]. On voulut encore exiger de Mniszek qu'il restituât tout l'argent que son gendre lui avait fait passer en Pologne, ou qu'il lui avait fait remettre pour distribuer pendant son voyage et soutenir son rang nouveau. Outre ces demandes auxquelles le Palatin était hors d'état de satisfaire, on mettait encore une condition à sa délivrance, qui montre assez l'inquiétude qu'éprouvaient les insurgés au milieu même de leur triomphe : « Jure-nous, « lui dirent les boyards, de ne te venger, ni par toi, « ni par ta parenté, et de nous justifier auprès de

---

1. Journal de Marine, p. 66 et suiv. — Journal des ambassadeurs, p. 182 et suiv. — Baer, p. 92 et suiv. — Grevenbrouch, p. 43.

2. Baer, p. 92.

« Sigismond[1]. » En effet, après la première ivresse de la victoire, les conjurés ne pouvaient dissimuler leur effroi en pensant au courroux du roi de Pologne, allié du tsar assassiné, et vengeur naturel de ses sujets massacrés à Moscou.

Cette terreur, qui n'était que trop fondée, hâta et favorisa l'élection de Basile Chouiski. Le huitième jour après la mort de Démétrius, il prit les rênes du gouvernement, acclamé, dans un semblant d'élection, par quelques boyards, des bourgeois de Moscou, des artisans, des strelitz, tous gens qui venaient de se signaler dans le massacre des Polonais[2]. Il ne fut pas question de consulter les provinces sur le choix d'un tsar, et quelques-unes apprirent à la fois la mort d'un souverain et l'élévation de son successeur. Chouiski n'était pas aimé de la noblesse russe, parmi laquelle plus d'un compétiteur aurait pu lui disputer la couronne, si le choix de la nation eût été libre. On prétend même qu'un certain nombre de boyards rêvaient alors un gouvernement aristocratique comme celui de la République de Pologne[3]. Mais la populace de Moscou, oubliant la bassesse de Chouiski sous Boris

1. Baer, p. 96.
2. Id., p. 106.
3. Ms. de Zolkiewski, p. 20.

et sous Démétrius, l'adopta comme son élu, parce qu'il avait été le ministre de sa vengeance. Les provinces, et surtout celles du sud, étaient loin de partager ces sentiments. Un grand nombre de villes refusèrent de croire à la mort de Démétrius; quelques-unes appelèrent les Polonais pour punir l'usurpateur. Les Cosaques regrettaient leur héros et coururent aux armes; à Moscou même, le peuple avait pris goût au désordre et se mutinait à chaque instant [1]; enfin, dans la confusion générale, tous les audacieux voyaient l'occasion de faire une grande fortune en attaquant un gouvernement encore mal affermi. Tels étaient les embarras de Basile à son avénement au trône. Pour y faire face, il n'avait ni armée, ni argent; car les profusions de Démétrius et le pillage du Kremlin avaient épuisé le trésor impérial.

Il lui restait un appui considérable, c'était son orthodoxie bien reconnue, qui lui assurait la faveur du clergé et lui donnait l'espoir de réduire la multitude. Son premier soin fut de déposer et de reléguer dans un couvent le patriarche Ignace, doublement suspect comme hérétique et comme créature

---

1. Margeret, p. 139-140.

de Démétrius. Il lui donna pour successeur Hermogène, métropolitain de Kazan, qui, par son grand âge, ses mœurs irréprochables et sa piété sincère, avait mérité l'estime générale. Trop simple pour distinguer l'hypocrisie de la foi véritable, Hermogène devint, entre les mains de Chouiski, un instrument utile.

J'ai parlé des bruits répandus à Moscou sur l'évasion du tsar, dont le cadavre défiguré avait donné lieu à bien des commentaires. Quelques-uns n'avaient pas voulu reconnaître ce cadavre; et d'ailleurs, on exploitait déjà la vieille fable d'un Sosie de l'empereur assassiné à sa place. Quatre chevaux turcs que Démétrius avait dans ses écuries avaient disparu sans qu'on pût les découvrir dans Moscou [1], et les gens crédules disaient, qu'à l'aide de ces chevaux rapides, Démétrius avait quitté la ville au milieu du désordre. Enfin, de plusieurs côtés arrivaient des rapports alarmants. C'était un batelier qui avait fait passer l'Oka à trois inconnus habillés à la russe, mais parlant polonais. Un d'eux lui avait donné six ducats en lui disant : « Tu viens de passer le tsar; quand il reviendra à Moscou avec une armée polonaise, il n'ou-

---

1. Margeret, p. 143. — Grevenbrouch, p. 56.

bliera pas ce service. » Un peu plus loin, sur le chemin de Poutivle, les mêmes hommes s'étaient arrêtés dans une auberge allemande et avaient tenu le même langage [1]. On sut depuis que l'un de ces inconnus était le prince Chakhofskoï, qui, par une prévoyance singulière, dès le lendemain de la mort de l'imposteur, songeait à le remplacer. Il était important de faire taire ces bruits menaçants, et Basile, pour y parvenir, se servit d'Hermogène, de même que Boris s'était servi du patriarche Job. Le parti qui lui parut le plus sûr pour étouffer toutes ces rumeurs à leur origine, ce fut de faire un saint du véritable Démétrius mort à Ouglitch, afin d'ôter à tout imposteur l'envie et les moyens de reprendre un rôle si brillant. Par ordre du nouveau tsar, et sur le récit de miracles opérés à Ouglitch, on exhuma le corps du jeune prince, qui fut trouvé frais et vermeil, tenant encore entre ses mains des noisettes, non moins miraculeusement conservées que son cadavre [2].

1. Baer, p. 109, 110.
2. *Gos. Gramoty*, II, p. 311. La levée des reliques eut lieu (s'il en faut croire le document officiel publié à cette occasion par ordre de Chouiski) en présence du métropolitain Philarète, de l'archevêque d'Astrakhan, deux archimandrites et quatre boyards, parmi lesquels était André Nagoï, oncle de Démétrius. — On remarquera que dans le procès-verbal d'enquête il n'est

Les reliques du tsarévitch martyr, apportées à Moscou, guérirent des malades, comme toutes les reliques nouvelles; mais leur crédit ne dura pas longtemps. Basile lui-même l'ébranla par une maladresse grossière, en permettant qu'on transportât en grande pompe, au monastère de Troïtsa, la dépouille mortelle de Boris Godounof[1], qu'il avait nommé, quelques jours auparavant, l'assassin du tsarévitch, lorsqu'il publia les miracles du nouveau saint Dimitri. Sans doute, il espérait ainsi rallier à son parti les clients d'une famille encore puissante; mais tout aussitôt ses ennemis l'accusèrent d'une jonglerie odieuse. On prétendit qu'il avait substitué au cadavre décomposé du véritable Démétrius le corps d'un enfant égorgé, ajoutant ainsi au crime d'homicide un horrible sacrilége[2].

Les rétractations publiques de la tsarine religieuse

pas question des noisettes qu'il mangeait au moment de sa mort. On dit seulement que le tsarévitch s'amusait à *ficher son couteau en terre.* Il est singulier que Chouiski n'ait pas relu ce procès-verbal qu'il avait signé.

1. Baer, p. 113.

2. *Id.*, p. 108, 109. En sa qualité de luthérien, Baer se moque fort de la superstition des Russes qui croient aux miracles de leurs saints. A l'entendre, les boiteux et les aveugles guéris en priant sur le tombeau du tsarévitch canonisé étaient des coquins payés pour jouer la comédie. Un seul miracle est

Marpha, mère de Démétrius, n'obtinrent pas beaucoup plus de créance que les miracles de son fils. Dans une lettre qu'elle signa et que Basile répandit aussitôt, la tsarine déclarait que l'imposteur Grichka Otrepief l'avait menacée de la faire périr, elle et toute sa famille, si elle ne le reconnaissait pas pour son fils; que ce même bandit avait commis l'horrible sacrilége d'épouser une fille latine sans la faire baptiser, et qu'enfin, outre le massacre de tous les boyards, il méditait la destruction de la religion orthodoxe, et l'établissement de *la foi luthérienne et catholique*[1]. Cette étrange confusion de mots, qui se retrouve dans les proclamations de Basile et du patriarche, ne choquait alors personne peut-être, car les Russes tenaient pour païens tous ceux qui n'appartenaient pas à leur église. Mais qui pouvait croire à la sincérité de la tsarine après tant d'aveux et de désaveux

admis par notre bon chroniqueur; c'est celui d'un prétendu paralytique, qui n'eut pas plus tôt touché le tombeau qu'il mourut sur la place.

1. *Gos. Gramoty*, II, p. 306 et suiv. En lisant cette pièce, il est impossible de ne pas reconnaître que la tsarine a été absolument étrangère à sa rédaction, qui assurément appartient à des secrétaires fort ignorants. — On remarquera que la tsarine déclare que son fils a été *tué* sous ses yeux et en présence de son frère, par ordre de Boris Godounof, deux assertions que dément le procès-verbal de l'enquête tenue à Ouglitch.

contradictoires ? Déclarer qu'elle avait cédé par crainte aux menaces d'un homme dont on connaissait la douceur, c'était suggérer à tout le monde l'idée qu'elle cédait elle-même en ce moment à d'autres menaces, à d'autres craintes.

Au surplus, de tous côtés on annonçait que le tsar Démétrius vivait encore. Des lettres scellées de son sceau circulaient dans les villes de la Russie méridionale. On le disait en Pologne, auprès de sa belle-mère, la femme du palatin de Sendomir, prêt à reparaître à la tête d'une nombreuse armée. En effet, le prince Chakhofskoï, arrivé à Poutivle, avait soulevé les habitants et rassemblé en peu de jours un grand nombre de Cosaques et de paysans. La guerre civile commençait. Toutes les hordes du Don prirent les armes, les unes au nom de Démétrius, les autres arborant l'étendard d'un second imposteur, le prétendu tsarévitch Pierre, qu'on a vu, sous le dernier règne, troubler pendant quelques jours la province de Kazan.

Telle était encore la puissance de ce nom de Démétrius, qu'en levant des troupes pour comprimer la rébellion, Chouiski n'osa pas d'abord leur faire connaître l'ennemi qu'elles allaient combattre; il publia que les Tartares ravageaient la Sévérie, et les soldats qui, à leur départ de Moscou, s'attendaient à trouver des ennemis musulmans, furent grandement surpris de se voir en présence d'une armée de leurs compatriotes[1]. Un ataman de Cosaques, nommé Istoma Pachkof, commandait les insurgés. Au premier choc, les Moscovites se débandèrent, et le carnage fut grand parmi les fuyards. Les vainqueurs se montrèrent impitoyables surtout pour les habitants de la capitale, qu'ils appelaient des rebelles incorrigibles. « Allez, *juifs*, » disaient-ils en les accablant de coups, « allez dire à *votre* « *fourreur*, que le tsar arrive de Pologne avec sa « grande armée pour vous châtier selon vos méri- « tes[2]. » Quelques malheureux tout meurtris par le terrible fouet cosaque, allèrent porter ces tristes nouvelles à Moscou. L'insurrection s'étendait rapidement; toutefois le prince deux fois sauvé par miracle ne reparaissait pas encore.

A sa place, il vint de Pologne un général avec

---

1. Baer, p. 111.

2. *Id.*, p. 111 et 112. Les Cosaques appelaient de la sorte Chouiski, soit à cause de la pelisse, *chouba*, qu'il portait, comme tsar, dans son costume de cérémonie; soit peut-être par un jeu de mots assez mauvais fondé sur la ressemblance du nom de *Chouiski* avec le mot de *choubnik* (fourreur), ou plutôt de l'adjectif *choubskii* (qui concerne la fourrure).

une commission revêtue du sceau impérial de Démétrius. C'était un aventurier nommé Ivan Isaïevitch Bolotnikof, autrefois serf d'un prince Teliatevski. Enlevé fort jeune par des Tartares de Crimée, et vendu par eux à Constantinople, il avait été esclave dans la chiourme d'une galère; puis, il s'était sauvé à Venise, où sans doute il avait acquis quelques connaissances militaires, en prenant parti dans le corps d'Esclavons au service de la république. Là, on le suppose, quelque jésuite italien le trouvant homme de courage et de résolution, lui avait fourni les moyens de retourner en Russie et donné une lettre de recommandation pour Démétrius. Apprenant en Pologne la révolution qui venait d'avoir lieu à Moscou, ainsi que la levée de boucliers de la Sévérie, Bolotnikof se présenta à la femme du palatin de Sendomir, chez laquelle on lui dit que le tsar avait trouvé un asile[1]. A Sambor, il vit un homme qu'on lui désigna comme le tsar Démétrius; c'était, à ce qu'il paraît, un exilé russe. « A pré-« sent, » lui dit ce personnage mystérieux, « je ne

---

1. Le 17 novembre 1607, le cardinal Borghese écrivait au nonce du pape en Pologne que les fils du palatin de Sendomir annonçaient, d'après une lettre de leur mère, que Démétrius était vivant. Turghenief, *Mon. hist. pat.*, II, p. 136.

« puis te récompenser comme je le voudrais. Prends
« cependant cette pelisse, ce sabre et ces trente du-
« cats : je regrette de ne pouvoir te donner davan-
« tage. Mais porte cette lettre à Poutivle, au prince
« Chakhofskoï, il te donnera une armée à comman-
« der. » Bolotnikof baisa respectueusement la main
de l'inconnu, et sans en demander davantage, lui
jura de mourir pour sa cause. Arrivé à Poutivle, il
montra sa commission, se fit reconnaître pour général en chef, et rassembla en peu de jours une armée
de douze mille hommes, à la tête de laquelle il fit
sa jonction avec l'ataman Pachkof. Dans deux ren-
contres, il battit les Moscovites et les poussa en désordre jusqu'à sept verstes de la capitale [1].

Malgré ces victoires, l'enthousiasme des insurgés
ne tarda pas à se refroidir, par suite de l'inexpli-
cable absence du prince pour lequel ils combattaient. Brave, amoureux du danger comme on le
connaissait, pouvait-il, s'il était encore vivant, rester éloigné des champs de bataille? Ainsi raison-
naient les Cosaques et les paysans de l'armée de
Bolotnikof, qui, d'abord de bonne foi, avaient cru
à l'existence de leur tsar; maintenant leur zèle ne

---

1. Baer, p. 114, 116. — Ms de Zolkiewski, 21.

résistait pas à de si graves soupçons. D'un autre côté, l'ataman Pachkof se voyait avec peine supplanté par un aventurier, et se plaignait qu'on eût méconnu ses services. Chouiski mit tout en œuvre pour désabuser la multitude ; mais il réussit encore mieux à exciter la discorde parmi les généraux. Pachkof se laissa corrompre, et Bolotnikof, abandonné par une partie de ses soldats, fut battu par le prince Michel Skopine-Chouiski, parent du tsar, jeune homme d'une brillante valeur et qui avait l'instinct de la guerre. Le général malheureux alla s'enfermer dans Kalouga, d'où il ne cessait d'écrire en Pologne pour hâter la venue toujours promise de Démétrius.

L'imposteur qui en avait pris le nom ne pouvait tromper que le seul Bolotnikof, et c'était un expédient provisoire qui ne pouvait servir longtemps. En ce moment, il est vraisemblable que Chakhofskoï et quelques Polonais cherchaient à la fois, et chacun de leur côté, dans un intérêt tout personnel, un homme en état de jouer le rôle du tsar dont ils avaient annoncé la conservation merveilleuse. Sigismond, qui sans doute n'ignorait pas ces intrigues, s'y prêtait sans peine, n'ayant qu'à gagner au désordre général. Mais il fallait du temps pour découvrir cet homme, et du temps pour faire son éducation. Sur ces entrefaites, le faux Pierre Fëdorovitch, amené par des Cosaques du Volga, se rendit à Poutivle, centre et chef-lieu de l'insurrection. Accueilli par le peuple et par Chakhofskoï, il s'annonça comme l'allié de Démétrius, ne demandant pour lui-même que le rôle modeste de régent, en l'absence du souverain légitime[1]. Il fallait un nom royal à la cause des rebelles, et le tsarévitch Pierre fut adopté avec empressement. On lui donna quelques troupes, et avec Chakhofskoï pour conseiller, il alla se joindre à Bolotnikof, qui, après une longue résistance, avait été obligé d'évacuer Kalouga devant l'armée victorieuse de Skopine. Les trois chefs s'enfermèrent alors dans Toula, pleins de confiance dans la force de ses remparts et le dévouement de ses habitants. Mais bientôt le tsar Basile en personne vint les traquer dans cette dernière retraite. Là, pressé par une armée de près de cent mille hommes, Bolotnikof déploya un courage et une constance dignes d'une meilleure cause. J'emprunte à un chroniqueur russe quelques détails sur ce siége mémo-

1. Suivant Baer, p. 118, le faux Pierre était porteur d'une commission au nom de Démétrius, forgée par le prince Chakhofskoï, qui avait le sceau impérial.

rable : ils feront connaître ce qu'était à cette époque l'art de la guerre, et, ce qui me semble plus digne d'intérêt, l'état des mœurs et de la civilisation en Russie.

Après plusieurs assauts inutiles, le tsar voyait son armée abattue et découragée, lorsqu'un diacre nommé Thomas Kravkof se présenta devant le conseil des boyards; et s'adressant à l'empereur d'un ton d'assurance : « Seigneur, lui dit-il, com-
« mande qu'on m'obéisse, et je noie tous les gens
« de Toula. » Cette promesse parut d'abord une fanfaronnade ridicule ; mais le diacre parlait avec tant de confiance, que le tsar voulut connaître son plan. Toula est dans une vallée que traverse la rivière d'Oupa. Le diacre proposait d'établir un barrage en aval de la place assiégée, et offrait sa tête à couper si, quelques heures après l'achèvement de cet ouvrage, la ville n'était pas sous l'eau. Par son ordre, chaque soldat de l'armée assiégeante dut se pourvoir d'un sac rempli de terre, et le barrage s'exécuta avec une rapidité admirable, sous la direction de Kravkof, qui avait formé une brigade de travailleurs avec tous les meuniers de l'armée, habitués à de semblables travaux. Bientôt l'eau reflua dans la ville, inonda les rues et détruisit un grand nombre de

maisons; mais le courage de la garnison n'en fut pas ébranlé. Pendant plusieurs mois encore elle résista courageusement, combattant au milieu des décombres, décimée par la famine, et bientôt après par une épidémie cruelle[1]. Tous les travaux du siége se concentrèrent autour du barrage. Chaque jour les assiégeants s'efforçaient de l'élever, les assiégés d'y faire des brèches. Pour les habitants de Toula, cet ouvrage prodigieux exécuté avec tant de rapidité semblait une invention qui tenait de la magie, et la magie ne fut pas oubliée pour le détruire. Un moine, sorcier à ce qu'il disait, offrit de percer le barrage moyennant une récompense de cent roubles. Sur la promesse que lui fit Bolotnikof, il se dépouilla de ses habits, plongea dans la rivière et disparut. On le croyait mort, lorsqu'au bout d'une heure il revint tout à coup à la surface de l'eau couvert d'égratignures. « Je viens d'avoir affaire, dit-il, « aux douze mille diables qui ont travaillé au bar-« rage de Chouiski. J'en ai mis six mille à la raison, « mais les six mille autres, et ce sont les pires, ne « veulent pas se rendre[2]. » Longtemps encore les habitants de Toula se bercèrent de l'espoir que Dé-

---

1. *Letopis o Miatejakh*, p. 122. — Baer, p. 123.
2. Baer, p. 129, 130. — Le bon ministre qui rapporte sé-

métrius allait les secourir; ses lettres parvenaient dans la ville, il promettait des secours, mais les secours n'arrivaient point, et cependant la résistance durait toujours. Chakhofskoï, le principal auteur de la révolte, fut le premier à conseiller une capitulation : les Cosaques le jetèrent dans un cachot. Enfin, lorsque les habitants de Toula eurent mangé les chevaux, les chiens, tous les animaux immondes, lorsqu'il ne resta plus un cuir de bœuf à ronger dans la ville, Bolotnikof et le prétendu tsarévitch Pierre offrirent à Basile de capituler, sous promesse d'amnistie pour leur héroïque garnison. Ils ne demandaient rien pour eux-mêmes; mais ils annonçaient que, si leurs soldats n'obtenaient pas des conditions honorables, ils étaient résolus à mourir les armes à la main, et même à s'entre-manger, avant de se livrer à discrétion [1].

Basile, surpris et presque effrayé du courage de ces hommes, répondit qu'il accordait la vie aux habitants de Toula, et qu'il ne leur demandait que de le servir avec la même fidélité dont ils avaient fait preuve à l'égard d'un bandit. Aussitôt les portes

rieusement cette anecdote, croyait que tous les prêtres grecs étaient un peu sorciers.
1. Baer, p. 129.

s'ouvrirent (octobre 1607). Bolotnikof se présenta fièrement devant le tsar; il tira son sabre, en appuya le tranchant sur son cou et s'offrit pour victime. « J'ai tenu mon serment, dit-il, prêté à celui qui, à « tort ou à raison, se fait appeler Démétrius. Aban- « donné par lui, me voici en ton pouvoir. Fais-moi « couper la tête; ou, si tu me laisses la vie, je te ser- « virai comme je l'ai servi [1]. » Basile ne se piquait pas de générosité : il envoya Bolotnikof à Kargopol, où bientôt il le fit noyer. Le faux Pierre Fëdorovitch fut pendu. Chakhofskoï, plus coupable qu'eux, eut une meilleure fortune. Le vainqueur le trouva dans les fers, quand il entra dans Toula, et Chakhofskoï se fit un mérite auprès de lui d'avoir été maltraité par des furieux auxquels il conseillait la soumission. Il obtint sa liberté; mais le premier usage qu'il en fit, fut de rallumer l'insurrection.[2]

1. Baer, p. 129, 130.
2. *Id., ibid.* — *Letopis o Miatejakh*, p. 123.

## XI.

Basile respirait après sa victoire. Un moment il put se flatter que la prise de Toula avait découragé les rebelles. Il se rassurait surtout en voyant que leur principal appui, le roi de Pologne, tout préoccupé en apparence d'une révolte de sa turbulente noblesse [1], accueillait assez facilement les explications et les excuses des ambassadeurs russes au sujet des massacres de Moscou [2]. Mais son illusion fut de courte durée : à Poutivle, en Sévérie, un nouveau

---

1. Maskiewicz, p. 6-12. Les révoltés, sous le commandement de Nicolas Zebrzidowski et de Janus Radziwil, s'assemblèrent à Sendomir au nombre de près de cent mille hommes. Ils demandaient le renvoi des favoris de Sigismond, et voulaient obliger ce prince à signer un pacte dont ils prétendaient dicter les conditions. Jamais Sigismond ne courut un plus grand danger, et peut-être eût-il été précipité du trône, sans le courage et l'habileté de ses généraux Chodkiewicz et Zolkiewski.

2. Non superba, more gentis, fuit ea legatio; multa in ea timoris indicia, adeo ut vel tunc appareret desperatione rerum suarum, plurimum Moschos de veteri fastu remisisse. — Lubienski, p. 106.

Démétrius venait de paraître; non plus l'hôte invisible de la femme de Mniszek, mais un jeune homme qui bravait avec audace les regards de la multitude et revendiquait bruyamment ses droits héréditaires. Auprès de lui, comme un témoin, ou plutôt comme un Mentor, on voyait un Polonais fort connu pour la faveur dont il avait joui à la cour du premier Démétrius, le pane Miechawiecki. Le nouvel imposteur avait erré quelque temps dans la Sévérie, en assez pauvre équipage, accompagné d'un petit nombre de partisans obscurs, la plupart Cosaques ou serfs fugitifs. Encore mal assuré des dispositions de la province il semblait tâter le terrain [1]. Peu à peu il

---

1. Voici comment Baer raconte les débuts du second Démétrius : « Les amis du palatin de Sendomir s'étant mis à l'œuvre, envoyèrent ce drôle à Poutivle avec le pane Miechawiecki. Les habitants l'accueillirent avec joie et le reçurent comme Démétrius. De là, vers la fin de juillet 1607, il s'en vint à Starodoub accompagné de Grégoire Kachnetz et de l'écrivain (ou clerc) Alexis. Il ne se donnait pas pour le tsar, mais pour un de ses parents, un Nagoï. Il disait que le tsar n'était pas loin et qu'il allait arriver avec Miechawiecki et quelques milliers de chevaux. Le tzar ne paraissant pas, les gens de Starodoub se crurent trompés, prirent l'imposteur et ses acolytes et les mirent en prison. On commença par l'écrivain, qu'on dépouilla, puis on se mit à lui faire des paraphes sur le dos à coups de fouet, en lui demandant : « Le tsar vit-il ? où est-il ? » Alexis n'était pas habitué à ces sortes d'écritures. — « Grâce !

s'enhardit, et fit des dupes assez nombreuses. A Staroudoub, on lui présenta un officier qui arrivait de Toula, envoyé par Bolotnikof pour lui faire connaître la situation désespérée de la ville. C'était un Polonais, nommé Jean Martinowicz Zarucki, natif de Tarnopol, destiné à jouer un assez grand rôle dans ce temps si favorable aux aventuriers. Enlevé tout jeune par des Tartares de Romanof, Zarucki avait appris à l'école de ces barbares le métier de partisan. Il les quitta pour s'enrôler parmi les Cosaques du Don, et devenu

s'écria-t-il, je vais vous dire où est votre tsar. » Les fouets s'arrêtèrent. — « Imbéciles, dit Alexis au peuple, n'est-ce pas un péché à vous de me traiter de la sorte au nom de l'empereur? Est-ce que vous ne le connaissez pas? Il est ici; il voit mon supplice. Le voilà. Ce n'est pas Nagoï, c'est votre tsar. Tuez-le avec nous si vous voulez. Il s'est déguisé afin de connaître lui-même si vous lui êtes dévoués. » Aussitôt les pauvres niais de Starodoub tombent à genoux devant l'imposteur, en criant : « Seigneur ! nous sommes coupables ! mais nous jurons de vivre et de mourir pour toi ! » On le conduisit avec de grands honneurs au palais impérial. C'est ainsi que Démétrius, tué à Moscou, ressuscita dans Starodoub. Baer, p. 125, 126. — Vers la même époque, on croyait, à la cour du Vatican, que Démétrius n'était pas mort. Le 12 avril 1608, le cardinal Borghese écrivait à Mgr Simonetta, nonce du pape en Pologne : « Gli avvisi della vita di Demetrio sono cosi uniformi, che si fa creder qui che non ingannino. » — Et le 26 du même mois : « Viviamo qui quasi sicuri della vita di Demetrio. » Tourghenief. *Mon. Hist. Pat.*, II, p. 136.

un de leurs atamans, il avait bravement combattu pour le premier Démétrius et obtenu de lui des récompenses signalées [1]. A Toula, il avait pu croire à l'évasion de son protecteur, mais en arrivant à Starodoub, du premier coup d'œil il dut être détrompé; néanmoins, sans la moindre hésitation, il fit mine de reconnaître le prétendu tsar, et cette complaisance lui valut aussitôt une faveur singulière [2]. Homme de résolution, exempt, d'ailleurs, des rares scrupules chevaleresques qu'on trouve parmi quelques aventuriers de ce temps, il devint le ministre de tous les actes de violence et de cruauté qui répugnaient aux autres chefs à la solde de l'imposteur.

Bientôt, des renforts inespérés arrivèrent à ce dernier. On vit accourir sous ses étendards, non plus des Cosaques seulement ou des transfuges obscurs, mais une foule brillante de hussards, commandés

---

1. Ms. de Zolkiewski, p. 198 et suiv.
2. Baer, p. 126. — Cette faveur avait ses désagréments. Baer raconte que, pour éprouver de nouveau la fidélité des gens de Starodoub, l'imposteur feignit, dans un tournoi, de tomber de cheval blessé par la lance de Zarucki. Sur quoi les habitants se jetèrent à coups de bâton sur le compère, et lui eussent fait un mauvais parti, si, le tsar se relevant, n'eût déclaré que tout s'était fait par son ordre. — Baer, p. 127.

par d'illustres capitaines, les Rozynski, les Sapieha, les Tiszkiewicz, les Lissowski, la fleur de la chevalerie polonaise et lithuanienne. Le prince Adam Wiszniowiecki, le premier protecteur de Démétrius, amena lui-même deux mille chevaux à son successeur [1].

Probablement les traits du nouvel imposteur offraient quelque ressemblance avec ceux de l'homme extraordinaire qu'il prétendait remplacer [2], mais il avait assez mal profité des leçons de Miechawiecki, car l'observateur le moins attentif reconnaissait aussitôt en lui des habitudes ignobles, un langage bas,

---

[1]. Baer, p. 134.

[2]. Il est bien difficile de croire que le second imposteur n'eût presque aucune ressemblance avec le premier, c'est cependant ce qui résulterait de la comparaison de leurs deux signalements tels qu'ils sont donnés dans une note des ambassadeurs de Basile à la cour de Varsovie. On en peut juger. Signalement du premier Démétrius : Teint blanc (ou pâle); cheveux roux; nez gros, épaté; une verrue auprès du nez; col court; ni moustache ni barbe. — Signalement du second : Teint basané, cheveux noirs, crépus; nez aquilin; grands sourcils tombants; yeux petits; moustaches fournies; il regarde en haut; il se rase la barbe; une verrue sur la joue. *Gos. Gramoty*, II, p. 324. Il faut observer que cette pièce est datée de décembre 1606, et il se peut que l'imposteur qui se trouvait alors en Pologne, ne fût pas le même qui parut depuis à Poutivle et à Starodoub.

une ignorance grossière et la gaucherie d'un paysan embarrassé sous des habits d'emprunt[1]. Quelques Polonais déguisaient mal leur dégoût, d'autres s'amusaient de ses maladresses, mais nul n'était sa dupe, du moins parmi les chefs. Tous le traitaient cependant en souverain, mais il fallait que ce fantôme de tsar leur obéît en toutes choses. Le peuple et surtout les Cosaques, mauvais juges des manières de cour, n'hésitèrent plus à recevoir comme leur maître l'homme qui leur arrivait si bien accompagné. Il leur eût suffi d'ailleurs qu'il s'appelât Démétrius et qu'il leur montrât le chemin de Moscou, la ville des révolutions, dont ils rêvaient le châtiment, c'est-à-dire le pillage. Selon l'opinion de Baer, l'imposteur était une manière d'ecclésiastique, nommé Ivan, natif de Sokol, dans la Russie Blanche, où il exerçait la profession de maître d'école [2]; mais, suivant le témoignage fort considérable d'écrivains polonais plus à portée de connaître la vérité, c'était un juif, tant bien que mal instruit par Miechawiecki des habitudes du premier Démétrius, et doué d'assez d'impudence pour se croire capable de le remplacer [3].

1. Baer, p. 124, 184. — Maskiewicz, p. 14, 15.
2. Baer, p. 124.
3. Note de M. Oustrialof sur la page 124 de Baer. — On croit

Il ne lui ressemblait de caractère que par un seul trait, par ses profusions, ou plutôt, instrument de chefs avides, il n'osait et ne pouvait rien leur refuser. Il confisquait les terres des gentilshommes attachés à Chouiski, et les distribuait à ses adhérents, quelquefois à des serfs de ces mêmes gentilshommes, lorsqu'ils s'armaient contre leurs seigneurs. On vit alors des filles de boyards contraintes d'épouser des paysans jadis leurs esclaves, maintenant anoblis par l'usurpateur. Mais c'étaient surtout les Polonais et les Allemands qui profitaient de ses largesses [1].

On a quelque peine à s'expliquer cette subite invasion d'aventuriers polonais, arrivant par troupes ou plutôt par armées en Russie, et se ralliant aussitôt autour d'un imposteur dont personne d'entre eux ne paraît avoir été la dupe. D'un côté, il semble qu'un grand nombre de ces volontaires étaient des *Confédérés* (on sait qu'en Pologne ce mot désigne d'ordinaire des insurgés), qui venaient de prendre les

qu'il s'appelait Michel Moltchanof. Il est désigné sous ce nom dans une note remise à la diète de Pologne, par ordre de Basile Chouiski, à la fin de l'année 1606. Dès cette époque il paraît qu'on préparait Moltchanof au rôle qu'il devait jouer quelques mois plus tard, car son apparition à Poutivle date de la fin de juillet 1607. Voir la note précédente.

1. Baer, p. 135.

armes contre Sigismond. Dégoûtés de leur révolte, ou satisfaits des concessions obtenues de leur souverain, ils pensèrent à profiter de leur armement et de leur organisation pour se jeter sur la Russie et y chercher fortune. D'un autre côté, le récit des massacres de Moscou avait rallumé la vieille haine nationale. Maint gentilhomme avait un frère à venger, un parent à délivrer des prisons de Chouiski. A ces hommes animés de sentiments si divers, tous les moyens semblaient bons contre le tsar leur ennemi commun, et ils n'hésitèrent pas à se rendre les complices d'une fourberie honteuse et grossière. Le prince Chakhofskoï paraît en avoir été le premier inventeur, mais on ne sait qui fit choix de l'homme qui devait remplacer Démétrius, ni quelles qualités découvertes en lui, semblèrent le rendre propre au rôle qu'on lui destinait. Suivant toute apparence Sigismond n'ignorait pas ces intrigues, et peut-être y eut-il plus de part qu'on ne lui en attribue. Plein d'ambition et méditant déjà des conquêtes immenses, il voyait avec plaisir les progrès d'un fantôme de souverain qu'il replongerait dans l'obscurité lorsque la Russie, épuisée par la guerre civile, se trouverait sans défense contre une agression étrangère.

Après la prise de Toula, Basile avait licencié la

plus grande partie de ses troupes, mais les progrès effrayants du nouvel imposteur, l'obligèrent à les rassembler en toute hâte. Il en confia le commandement à son frère Démétrius Chouiski, général malheureux autant que malhabile ; mais Michel Skopine, idole des soldats, lui portait ombrage et il fallait de nouveaux désastres pour qu'il lui rendît sa confiance. L'armée de l'imposteur était commandée par le prince Roman Rozynski, vieux routier de guerre, de longue main habitué à combattre contre les Moscovites. Arrivant avec une troupe nombreuse et précédé d'une grande réputation militaire, Rozynski avait pris tout d'abord un ton de maître, et comme pour montrer à ses compagnons de quoi il était capable, il avait débuté par tuer de sa main Miechawiecki [1], que le prétendu tsar avait nommé son

---

1. On ne sait si ce fut en duel, dans une rixe, ou par trahison, trois cas possibles et probables avec un homme tel que Rozynski. Voici les paroles de Kobierzycki fort obscures, grâce aux fleurs de sa rhétorique : « Mox ipse subsecutus
« (Romanus, dux Rozynius) ob spectatam fortitudinem proba-
« tamque in rebus bellicis dexteritatem, oblatam sibi a Deme-
« trio ac omnium unanimi consensu militaris imperii summam
« accepit : non tamen absque flagitio, quippe Miechowitium,
« virum strenuum ac bellicosum, regendo prius exercitui pre-
« fectum, interfecit ; post, cruore æmuli, cui subesse nollet,
« madentem dexteram regimini admovit. » Kob. Hist. Vladis-

hetman[1], ou généralissime. Cet acte de vigueur ne pouvait lui nuire dans une armée comme celle de l'imposteur; aussi d'un consentement unanime il en fut reconnu pour chef. Le 24 avril 1608, il attaqua les Moscovites près de Volkhof. Il suffit d'une charge des hussards polonais pour enfoncer la ligne russe, affaiblie d'ailleurs par la lâcheté ou la trahison des auxiliaires allemands[2]. Tout ce qui échappa aux lances des Polonais ou des Cosaques, s'enfuit en désordre à Moscou, et l'on croit que si le vainqueur eût poussé sa pointe, c'en était fait de la capitale. Peut-être les capitaines polonais qui dirigeaient tout avaient-ils leurs vues secrètes; probablement ils ne voulaient pas que le second Démétrius devînt aussi puissant que le premier. Peut-être encore, et cela est encore plus vraisemblable, ils craignirent que la riche capitale de la Russie ne fût livrée au pillage, toujours plus profitable aux soldats qu'aux généraux[3]. Quoi

lai, p. 90. — Cfr. note 17 de M. Oustrialof. — Maskiewicz, p. 182. — Baer, p. 134.

1. Mot polonais, qui ne doit pas être confondu avec *Ataman*, nom des chefs de Cosaques.
2. Baer, p. 236.
3. Suivant Baer, ce fut le faux Démétrius lui-même qui retint les capitaines polonais, en leur disant : « Si vous brûlez « ma capitale, si vous pillez mon trésor, que me restera-t-il

qu'il en soit, au lieu de presser un ennemi consterné, ils arrêtèrent leurs bandes victorieuses au village de Touchino, à douze verstes de Moscou. L'imposteur en fit pendant dix-sept mois son quartier général; il y tint sa cour. De là le nom de *bandit de Touchino*, sous lequel il est ordinairement désigné par les historiens russes [1].

Le camp de Touchino, qui devint bientôt une ville, renfermait près de cent mille hommes. Tous les jours des partis nombreux en sortaient pour lever des contributions sur le pays environnant, saccager des villages, brûler des manoirs de gentilshommes. On y amenait une immense quantité de bétail, « et les « chiens gorgés de viande, dit un chroniqueur, refu- « saient de manger les entrailles et les carcasses des « animaux égorgés pour les festins sauvages de cette « innombrable armée. La bière était une boisson « dédaignée par les simples soldats des bandes polo-

---

« pour vous récompenser ? » Il me semble peu probable qu'un pareil argument eût arrêté les Polonais, qui n'avaient qu'une fort médiocre confiance en ses promesses, et qui comptaient beaucoup plus sur le pouvoir de leurs armes que sur la reconnaissance du tsar prétendu. V. Baer, p. 139.

1. *Touchinskii, vor.* On l'appelle également le *bandit de Kalouga*, à cause du long sejour qu'il fit dans cette ville après la levée du camp de Touchino.

« naises, qui ne voulaient plus s'enivrer qu'avec de
« l'hydromel [1]. » Le bruit de cette vie de pillage et
de débauche attira à Touchino tous les maraudeurs
des pays slaves : Polonais, Cosaques, Zaporogues,
Tartares, s'enrôlaient à l'envi sous la bannière d'un
tsar qui permettait tout à ses soldats.

Moscou tremblait, s'attendant à d'horribles vengeances. Réduit au désespoir, Chouiski n'osait cependant tenter encore une fois le sort des armes, et, renfermé dans un camp retranché sous les murs de sa capitale, travaillait sans relâche à le fortifier par de nouveaux ouvrages. Il gardait auprès de lui le peu de troupes sur la fidélité desquelles il comptait encore, comme une dernière ressource pour contenir la populace, toujours prête à s'en prendre à ses chefs dans les calamités publiques. Quelques auteurs contemporains l'accusent de cruautés inouïes contre les rebelles qui tombaient entre ses mains, et surtout contre ceux de ses partisans qui excitaient ses soupçons. Baer, écrivain un peu suspect par ses préventions contre les superstitions des Russes, rapporte que, pour mettre son camp à l'abri des coups de l'ennemi, le tsar Basile, d'après l'avis de ses devins, fit éven-

---

1. Baer, p. 147.

trer des femmes grosses pour leur arracher leur fruit, égorger des chevaux pour prendre leurs cœurs et en faire d'horribles enchantements. « Jamais ni les Po-« lonais ni leurs chevaux ne pourront franchir le « cercle autour duquel ces débris sanglants auront « été répandus. » Tel était l'oracle des devins de Moscou, ce qui n'empêchait pas les déserteurs de sortir tous les jours de ce cercle par centaines et de s'aller rendre au camp de Touchino[1]. Au reste, Basile prit un plus sûr moyen pour arrêter l'ennemi, ce fut de conclure un traité avec le roi de Suède : et au prix de concessions de territoire et d'une forte somme d'argent, il en obtint une armée auxiliaire de cinq mille hommes, conduite par Jacques Pontus de La Gardie, ce général que Gustave-Adolphe appela dans la suite son maître dans l'art de la guerre. Guidé par cet habile capitaine, soutenu par un corps d'auxiliaires aguerris, Michel Skopine reprit le commandement de l'armée moscovite.

Les révoltes successives des principales villes de l'empire avaient averti Basile qu'il ne pouvait être sûr de ses prisonniers et de ses otages qu'en les tenant à Moscou, et pour ainsi dire sous ses yeux. En

---

1. Baer, p. 141.

effet, la capitale, complice du massacre des Polonais et menacée de terribles représailles, était la seule ville de ses États qu'il pût croire à l'abri des séductions de l'imposteur. Il avait donc fait ramener à Moscou Mniszek, Marine et les autres seigneurs polonais ses prisonniers. Bientôt après, dans l'espoir d'obtenir de Sigismond le rappel des volontaires au service de Démétrius, il essaya de désarmer le ressentiment de ses captifs, et même de s'en faire des protecteurs en ce besoin pressant. Avec leur liberté, il leur offrit des dédommagements pour les pertes éprouvées par eux[1], se bornant à exiger la promesse de ne pas porter les armes contre la Russie et de ne favoriser en rien le nouvel imposteur. Ainsi, après s'être joué des serments les plus solennels, Basile croyait trouver chez des hommes si gravement offensés par lui des scrupules qu'il n'avait jamais connus lui-même. Cependant par surcroît de précautions, après avoir reçu le serment de Mniszek et de sa famille, il lui donna une escorte et traça lui-même l'itinéraire qu'ils devaient suivre pour se rendre en Pologne, s'appliquant à les éloigner le

---

1. *Gos. Gramoty*, II, p. 335. Les pertes éprouvées par Mniszek sont évaluées dans le mémoire qu'il produisit à 154,604 florins polonais.

plus possible des postes occupés par les rebelles [1]. Mais quelque étroitement gardés que fussent les prisonniers, ils n'avaient jamais cessé de recevoir des rapports plus ou moins exacts sur les événements qui se passaient en Russie [2]. Parmi les gens de la suite de Marine, on ne doutait pas que Démétrius ne fût encore vivant. Les jésuites polonais accréditaient ce bruit dans toute l'Europe, et il est possible que Mniszek lui-même ait cru quelque temps que, pour la seconde fois, son gendre avait échappé au fer des assassins. Pendant les pourparlers qui précédèrent son élargissement, la surveillance devenant moins rigoureuse, il obtint des renseignements plus précis, et reçut même une lettre de l'imposteur qui le conjurait de se rendre avec sa fille au camp de Touchino. Chose étrange! non-seulement le nouvel imposteur ne prenait pas la peine d'imiter dans cette lettre la signature du premier Démétrius; mais il semble avoir ignoré jusqu'aux formules habituelles à son prédécesseur dans sa correspondance avec son beau-père [3]. Il est inconcevable que Miecha-

1. Zolkiewski, p. 23.
2. V. Journal de Marine, et celui des ambassadeurs polonais.
3. Comparer les fac-simile des signatures dans le tome I des *Gos. Gramoty*.

wiecki n'eût pas pris plus de soin pour éviter de semblables bévues. Au vrai, elles étaient sans conséquence, car l'imposteur ne pouvait prétendre à tromper longtemps le palatin de Sendomir; l'important c'était d'entrer en arrangements avec lui. Le faux Démétrius se flattait d'y parvenir, et sa lettre contenait cette phrase remarquable, où l'on devine sur quels sentiments il fondait ses espérances : « Ve-« nez auprès de moi, écrivait-il, au lieu d'aller « vous cacher en Pologne, pour fuir le mépris du « monde[1]. »

En s'exprimant ainsi, l'imposteur ignorait si Marine serait libre en effet de choisir entre un trône à conquérir et une tranquille retraite dans sa patrie; il ne savait pas même si ses émissaires parviendraient, grâce aux précautions prises par Basile, à la joindre avant qu'elle eût franchi la frontière de Pologne[2]. A tout hasard cependant, il avait envoyé un gros détachement de cavaliers commandé par deux panes polonais pour l'arrêter sur sa route. Servis par la fortune, ou peut-être renseignés par des émissaires

---

1. *Gos. Gramoty*, II, p. 336, lettre du second Démétrius à Mniszek, 22 août 1608.

2. L'imposteur se plaint que des traîtres aient prévenu une tentative pour les délivrer. (Même lettre.)

de Marine[1], ces deux officiers atteignirent en effet l'escorte moscovite, la taillèrent en pièces et délivrèrent le palatin et sa fille. Ce dut être, je pense, une scène étrange que la délibération de Marine et de son père. Refuser les offres de l'imposteur, c'était le démasquer à la face de la Russie, et peut-être s'exposer à sa vengeance[2]. Sans doute il était affreux de partager la couche d'un bandit, mais ce bandit pouvait donner un diadème. Marine accepta. On aimerait à croire que, dans cette occasion, elle se sacrifia pour son père ; mais tout se réunit pour prouver que ce fut au contraire en dépit des représentations de Mniszek, et même contre son expresse volonté, qu'elle se détermina pour les offres du brigand de Touchino. Non-seulement la plupart des historiens polonais accusent et déplorent son ambition, mais encore les lettres même de Marine, qui existent aujourd'hui, ne permettent guère de douter que son choix ne fût libre et spontané. Le repentir

---

1. Zolkiewski, p. 23.

2. Il ne faut pas cependant s'exagérer ce danger. Les deux commandants du détachement, les panes Zborowski et Stadnicki, étaient de braves gentilshommes qui certainement n'auraient pas maltraité Mniszek, et il est douteux qu'à Touchino l'imposteur eût osé se porter à des violences en présence de Rozynski, de Sapieha et des autres capitaines polonais.

qu'elle exprime à son père exclut l'idée d'un dévouement filial. Il est tout aussi difficile de lui supposer une ambition élevée. Ce n'était ni une Sémiramis ni une Catherine II, cette jeune femme qui créait à son premier mari de graves embarras à propos d'un costume de cour ou du talent d'un cuisinier. Dans le rôle de tsarine, elle voyait surtout les diamants et les robes de brocart; et, dépourvue d'un noble orgueil, elle avait seulement assez de vanité pour n'oser reparaître en Pologne, aux yeux de ses compagnes dont, quelques mois auparavant, elle excitait l'envie. L'imposteur avait été habile en lui montrant la honte et le ridicule l'attendant au château de Sendomir : elle préféra se jeter dans le camp de Touchino.

Cependant elle avait ses scrupules, et elle stipula, on l'assure du moins, qu'un mariage secret serait célébré, et que le nouveau Démétrius ne pourrait réclamer ses droits d'époux avant d'avoir conquis la couronne des tsars[1]. Cette condition acceptée aussitôt ne fut pas observée, car Marine eut un fils,

---

1. Baer, p. 140, 153. — Maskiewicz, p. 14. — C'est par la lecture des lettres de Marine à Mniszek que je me suis fait une idée du caractère que je viens d'esquisser. La traduction très-littérale de deux de ces documents permettra au lecteur d'apprécier la justesse de mes conjectures. Enfant gâté, élevée

et ne rentra dans Moscou que chargée de chaînes. Quant à Mniszek, il tint la promesse faite à Basile, et

dans une cour brillante, Marine sent cruellement son changement de fortune ; sa vanité lui inspire une certaine résignation apathique, troublée de temps en temps par des souvenirs de sa famille et de ses jeunes années :

« N° 1. — Très-gracieux seigneur et père, avec le plus humble respect, je m'offre à votre grâce.

« Je ne sais que vous écrire dans le chagrin que j'ai, tant à cause de votre départ, qui me laisse ici dans un tel moment, mon gracieux seigneur et père, que parce que je ne vous ai pas demandé, comme j'aurais voulu le faire, comme j'avais l'espoir de l'obtenir, la bénédiction de votre bouche paternelle. Mais, sûrement je n'en étais pas digne. Maintenant, par cette lettre, tombant à vos pieds, je vous demande d'abord avec larmes, que si jamais je vous ai donné quelque mécontentement par imprudence, folie de jeunesse, mauvaise passion quelconque, vous daigniez me le pardonner, mon gracieux seigneur et père, et envoyer votre bénédiction paternelle à votre fille demeurée dans l'isolement et la désolation. Je l'honorerai comme le plus grand bonheur. Je vous supplie humblement de ne pas m'oublier, non plus que les affaires que j'ai en Pologne et que vous n'avez pu terminer avant votre départ. Lorsque vous écrirez au tsar, souvenez-vous de moi, afin que j'aie grâce et honneur auprès de lui, et de mon côté, mon cher père et seigneur, je vous promets de faire tout ce que vous désirez et de me conduire selon votre commandement. Komorski ne part pas encore, et je pense que son voyage est retardé, jusqu'à ce qu'il soit décidé s'il quittera le tsar. Il est clair qu'il n'est pas facile de le quitter de si tôt. Je vous prie, mon cher père, de m'envoyer douze aunes de velours noir

s'il ne cessa pas complétement toutes relations avec sa fille, du moins il ne paraît avoir éprouvé que de l'aversion pour son nouveau gendre. Dégoûté de la

pour une robe d'été pour le carême. (Le carême russe. Probablement elle jouait à Touchino la même comédie qu'à Moscou, et le faux Démétrius l'obligeait à suivre les pratiques de l'église grecque.)

« Écrit du camp devant Moscou (Touchino), 26 janvier 1609.

« MARINE, tsarine de Moscovie. »

« PS. Mon très-cher père, je n'ai ni malle ni cassette. Je vous prie de m'en envoyer cet hiver. Je vous expédierai toutes les affaires qui m'ont été communiquées par mon frère, avec un état. »

N° 2. — Très-gracieux seigneur et père ! avec le témoignage de mon plus humble respect, je m'offre ardemment à votre grâce paternelle.

« Depuis si longtemps j'avais l'espoir que vous seriez heureusement et en bonne santé sorti de Russie, et rendu auprès de Madame ma mère. Maintenant j'ai appris que vous n'étiez pas encore arrivé chez vous. Cela m'inquiète et m'étonne. Je ne sais pas encore avec certitude où vous êtes et en quelle situation. Je suppose que vous avez été retenu, ou par les devoirs de la diète, ou par les ordres de S. M. C'est pourquoi, je vous en supplie très-humblement par votre amour pour moi, ne manquez pas de m'informer de votre situation et particulièrement des affaires de Russie. Elles dépendent de vos efforts, et c'est en cela qu'est toute mon espérance. Je voudrais, mon cher père, vous donner quelque bonne et heureuse nouvelle, mais je n'ai rien à vous mander, sinon que les affaires sont dans l'état où vous les avez vues. L'armée polonaise est arrêtée pour un temps. Elle manque de solde, jusqu'à ce qu'il

Russie, pleurant peut-être ses rêves ambitieux, il s'empressa de retourner en Pologne, et désormais ne prit plus une part active aux affaires politiques [1].

L'arrivée de Marine au camp de Touchino, suivie de la reconnaissance tant bien que mal jouée des

plaise à Dieu d'amener la conclusion désirée. M. le Hetman (le général Rozynski) a été blessé dans une affaire sous Moscou, mais grâce à Dieu, il n'y a pas de danger. Je vous apprendrai que je me porte bien, et m'offrant avec affection à votre amour et bonté paternelle, vous prie humblement de ne pas me les retirer.

« Du camp devant Moscou, 23 mars 1609.

« MARINE, tsarine de Moscovie. »

A cette lettre est joint un billet qui semble y avoir été glissé furtivement.

« Je ne sais que vous dire de nos affaires, sinon qu'il y a retard de jour en jour, et rien pour en finir. *On se conduit avec moi comme lorsque vous y étiez, mais non pas comme on l'avait promis au moment de votre départ.* (N'est-ce pas un allusion à la promesse exigée de l'imposteur et mentionnée par Baer et Maskiewicz?) Je vous en écrirais plus long, mais le chambellan est pressé et j'écris à la hâte. Je ne puis vous envoyer des gens à moi, car il faudrait leur donner à manger, et je n'en ai pas le moyen. Je me souviens, mon cher père, des bons saumons qu'on accommodait chez vous, et du bon vin vieux qu'on y buvait. Ici je n'en ai pas. Si vous en avez, je vous supplie très-humblement de m'en envoyer. »

Ces deux lettres autographes sont conservées aux archives impériales de Moscou. *Gos. Gramoty*, II, p. 350 et 359.

1. Il existe dans la collection des archives impériales plu-

deux époux prétendus, en présence de toute l'armée, fut une comédie imitée de l'entrevue du premier Démétrius avec la tsarine Marfa. Elle trouva des spectateurs aussi complaisants que l'avaient été les Moscovites, et valut à l'imposteur de nouvelles recrues[1]. Toutefois la pauvre Marine dut sentir cruellement son changement de fortune. Ni les salves d'artillerie, ni les houras de la multitude, ne lui manquèrent, comme pour lui rappeler son entrée triomphale à Moscou, trois ans auparavant. Mais à Touchino, au lieu d'une cour brillante, elle trouvait un repaire de maraudeurs, théâtre d'orgies ignobles; au lieu d'une noblesse empressée à la servir, des soldats farouches, ou, ce qui était plus triste pour elle, une foule de gentilshommes polonais, dont les respects ironiques lui semblaient des reproches poignants; enfin, au lieu d'un jeune héros galant et

sieurs donations du second Démétrius à Mniszek, mais outre que ces donations sont dérisoires, étant subordonnées à la *restauration* du prétendu tsar, rien n'indique une correspondance suivie entre le beau-père et le gendre, comme celle qui existait du temps du premier Démétrius. On ne peut affirmer que Mniszek ait cessé tout commerce avec sa fille, mais il n'existe aucune de ses lettres; et l'on a vu que Marine se plaint de ne pas recevoir de ses nouvelles.

1. Baer, p. 141.

occupé de lui plaire, un bandit grossier, jouet d'intrigants ambitieux. Marine avait dans le cœur des sentiments assez délicats pour sentir toute l'amertume de son sort, mais en même temps assez de vanité pour s'y résoudre et s'y résigner. Parfois elle avait des bouffées d'ambition qui lui donnaient de l'énergie ou de l'adresse pour dominer son nouvel époux et le relever un instant aux yeux de ses sauvages compagnons; mais chez elle ces mouvements généreux étaient passagers comme des caprices; et bientôt, désespérant de faire un roi du complice que la fortune lui avait donné, elle retombait dans un découragement apathique. Cependant l'alliance de Marine avec l'imposteur ne fut pas sans importance sur le destin de la Russie. Jusqu'alors celui-ci avait été un instrument dans les mains des généraux polonais. Humble et docile comme un misérable devant des princes et des gentilshommes, il leur avait longtemps obéi en toutes choses. Marié à une grande dame, il en prit quelque fierté, et s'aperçut qu'il pouvait être un personnage. Ses tuteurs ne tardèrent pas à le trouver moins traitable. Malheureusement lorsqu'il prétendait exercer son pouvoir, c'était pour ordonner des supplices. Marine sut quelquefois adoucir cette nature brutale, et souvent ses prières et ses larmes sauvèrent des infortunés voués à une mort cruelle.

On a vu qu'au lieu d'assaillir Moscou après la victoire de Volkhof, les généraux polonais s'étaient contentés d'en faire le blocus. Ils voulurent l'affamer en s'emparant des villes voisines, ou plutôt en les dévastant. Parmi les places les plus importantes de la Russie centrale, à cette époque, on comptait le couvent de Saint-Serge-de-Troïtsa, possédant cent mille paysans, habité par une communauté nombreuse et renfermant des richesses inestimables en objets d'or et en pierreries, dont les tsars s'étaient plu à décorer son église. Fondé au xiv$^e$ siècle, restauré et agrandi au xv$^e$, le couvent de Saint-Serge était devenu une espèce de ville ou plutôt de citadelle, entourée de fossés profonds, flanquée de hautes tours, qui pouvait au besoin renfermer une garnison considérable. Ce monastère était en outre le sanctuaire le plus vénéré de l'orthodoxie russe. La piété de ses religieux, le savoir de ses abbés étaient célèbres dans tout l'empire. C'est de là que partaient sans cesse des manifestes pour appeler le peuple à la défense de la religion et de Moscou, la ville sainte. Les moines de Troïtsa avaient lancé l'anathème contre le premier Démétrius pour s'être uni à une femme catholique et avoir conspiré la ruine de l'église grecque. Non moins ardents contre le nouvel imposteur, ils ne cessaient d'exhorter les fidèles à s'armer contre lui et ses alliés hérétiques, qui pillaient les églises et profanaient les tombeaux des saints. Dé tout temps, chez le peuple moscovite, l'attachement à la religion s'est intimement confondu avec l'amour de la patrie. Troïtsa était en quelque sorte sa capitale religieuse, et pour me servir des expressions d'un de ses pieux cénobites, elle était « le soleil qui éclairait la Russie [1]. » L'appui des moines de Saint-Serge valait plus qu'une armée à Basile Chouiski : outre des subsides considérables, il en recevait encore une force morale qui retenait dans l'obéissance la partie la plus saine et la plus nombreuse de la nation. La perte de tels auxiliaires aurait consommé sa ruine; aussi la prise de ce monastère était-elle d'une importance extrême pour l'imposteur. L'espoir d'un butin immense eût suffi pour attirer son armée contre le couvent de Saint-Serge; il avait encore un grand intérêt politique à s'en rendre maître et une vengeance à exercer contre ses habitants. Enfin il était nécessaire de diviser ses

---

1. Palitsyne, p. 58.

troupes. La discorde régnait entre les généraux polonais. Chacun avait sa bande de volontaires qui prétendaient n'obéir qu'au chef de leur choix. Rozynski avait le titre de généralissime (*hetman*); mais son autorité se trouvait sans cesse contestée. Le plus puissant de ses rivaux était Jean Sapiéha. Leurs querelles devinrent si fréquentes, qu'il fallut partager l'armée entre eux [1]. Sapiéha partit de Touchino avec trente mille hommes et soixante canons pour faire la conquête de Troïtsa, cependant que Rozynski demeurait devant Moscou.

Les Polonais marchaient pleins de confiance contre le couvent de Saint-Serge, ignorant quels prodiges enfante l'enthousiasme religieux. En vain, pendant six semaines, leur artillerie tonna contre le monastère et le cribla de ses boulets; en vain ils redoublèrent leurs assauts, la garnison fut inébranlable. On voyait les moines mêlés aux soldats, partager leurs dangers et leurs fatigues. La croix à la main, ils renversaient les échelles des assiégeants, réparaient les brèches sous le feu des canons, pansaient les blessés, confessaient les mourants, inspiraient à tous le mépris de la mort. Moines et soldats,

---

1. Ms. de Zolkiewski, p. 42.

tous combattaient avec l'assurance de la victoire. Dans leurs songes ou leurs pieuses extases, ils voyaient saint Serge et saint Nikon, les patrons du monastère, qui leur révélaient les desseins de l'ennemi et leur inspiraient des ressources pour les confondre [1]. Ni la supériorité du nombre, ni la tactique, ni le courage même réglé par la discipline, ne pouvaient triompher de ces hommes qui se jetaient tête baissée au plus fort du danger, brûlant de gagner la palme du martyre. Tandis que Sapiéha s'épuisait en efforts inutiles contre le couvent de Saint-Serge, les paysans, réduits à la misère et au désespoir par le pillage de leurs bestiaux et l'incendie de leurs maisons, se formaient partout en bandes armées qui interceptaient les convois et massacraient les traînards. Malheur aux Polonais qui tombaient entre les mains de ces hommes exaspérés par l'excès de leurs maux. Les paysans faisaient des trous dans la glace qui couvrait les rivières, pour y précipiter leurs ennemis vivants. — « Allez, coquins! disaient-ils, vous avez mangé nos bœufs et nos veaux, allez maintenant manger nos poissons [2]. »

1. Palitsyne, p. 81, 89, 137, etc.
2. Baer, p. 151.

Ces troupes de partisans allaient être appuyées par une armée plus redoutable. Dès les premiers jours de l'année 1609, Michel Skopine et Jacques de La Gardie commencèrent dans le nord de la Russie une brillante campagne. A l'école des auxiliaires étrangers, les Moscovites s'étaient aguerris rapidement. Pour garantir sa jeune infanterie des charges irrésistibles de la cavalerie polonaise, Skopine avait imaginé des forts en bois montés sur des roues, dans lesquels un petit nombre d'arquebusiers, tirant à couvert, semaient au loin la mort dans les rangs ennemis [1]. En quelques mois, la guerre changea de face. Les Polonais et les partisans du tsar de Touchino furent battus en mainte rencontre. Beaucoup de villes rentrèrent dans le devoir. Une cruelle disette se faisait sentir dans Moscou; la victoire y ramena l'abondance. Les provinces prêtes à s'insurger envoyaient maintenant des subsides et des recrues à l'armée de Skopine. Enfin, Sapiéha lui-même, défait dans un combat acharné [2], leva honteusement le siége de Troïtsa, et, suivi d'une armée décimée par le fer et les maladies, alla s'enfermer dans les murs de Dmitrof. Skopine rentra en triomphe dans Mos-

---

[1]. Ms. de Zolkiewski, p. 74.
[2]. Auprès du couvent de Koliazine. Baer, p. 155.

cou, aux acclamations du peuple énivré de ses succès. D'abord, Basile se montra reconnaissant et prodigue de récompenses pour les généraux qui venaient de rétablir son autorité dans une grande partie de l'empire; mais l'amour et le respect que les Moscovites témoignaient à Skopine excitèrent vivement, dit-on, sa jalousie et sa haine. Il vit dans ce jeune homme si brave, si intelligent, si heureux dans toutes ses entreprises, un prétendant au trône, et un prétendant digne de l'obtenir. Dès lors, il s'appliqua soigneusement à lui enlever toutes les occasions d'acquérir une gloire nouvelle. Affectant de le combler d'honneurs, il le retint éloigné de son armée et trouva mille prétextes pour le garder à Moscou, et pour ainsi dire sous sa surveillance personnelle. Deux mois après son retour, Skopine, atteint d'une maladie soudaine, mourut âgé de moins de vingt-quatre ans (le 23 avril 1610). A Moscou et dans tout l'empire les regrets furent profonds et sincères; les Polonais eux-mêmes s'associèrent en quelque sorte au deuil général, car amis ou ennemis n'avaient pu connaître Skopine sans l'estimer [1]. On connaissait la jalousie du tsar, et le bruit public l'accusa d'avoir abrégé

---

1. Ms. de Zolkiewski, p. 41.

par le poison les jours du jeune héros qui l'avait trop bien servi. C'est le sort des despotes qu'on les rende responsables de tous les événements qui peuvent s'expliquer par un crime [1].

1. Selon la Chronique des Troubles (*Letopis o miatejakh*), p. 177, Skopine aurait été empoisonné par sa tante Catherine, femme de Démétrius Chouiski. — Palitsyne, p. 203, soupçonne un crime, sans en nommer l'auteur. — Baer, p. 167, et l'auteur de la Chronique de Pskof (ap. Karamzine, XII, p. 166, et note 524) accusent formellement le tsar Basile. — Zolkiewski, p. 63, dit que Skopine mourut de la fièvre, mais que Basile fut généralement soupçonné.

## XII.

La mort de Skopine privait la Russie de son seul capitaine, au moment où ses services lui devenaient le plus nécessaires. C'est en vain que le faux Démétrius perdait chaque jour de son prestige, que la rébellion, étouffée dans le nord, était sur son déclin dans le sud de l'empire, un nouvel adversaire entrait tout à coup dans la lice pour porter le coup de grâce au malheureux Basile.

Lorsque Sigismond apprit la mort du premier Démétrius et le massacre des Polonais à Moscou, il était trop occupé de la *confédération* de Sendomir pour songer à intervenir dans les affaires de Russie, mais il ne cessait pas pour cela d'entretenir une correspondance active avec quelques boyards achetés ou séduits, et de recruter des partisans, pour le jour où il lui serait permis de donner carrière à ses projets ambitieux. Cependant, il avait écouté les explications des ambassadeurs russes au sujet de l'émeute de Moscou; il y avait répondu même par une ambassade auprès de Basile, et rien dans son langage n'annonçait qu'il eût des desseins hostiles contre la Russie. Mais, la *confédération* dissoute, Sigismond, se voyant à la tête d'une armée considérable, comme il arrive d'ordinaire après une guerre civile, crut le moment venu de réaliser le rêve d'Étienne Batthori, non plus par une transaction, mais par une conquête dont les prétextes ne manqueraient pas. La dynastie Varègue était éteinte en Russie, et Sigismond, issu des Jagellons par sa mère, pouvait se prétendre héritier du trône vacant. A leur retour de Moscou, les ambassadeurs lui peignirent la situation déplorable de la Russie : affaiblie par deux années de révoltes et de pillages continuels, haïssant Chouiski et méprisant le faux Démétrius, elle était prête, disaient-ils, à se donner à un prince qui lui rendrait l'ordre et la tranquillité. En même temps, des seigneurs russes confirmaient ces rapports et annonçaient que le fils du roi de Pologne, le jeune Wladislas, était désigné par l'opinion publique pour devenir le sauveur de leur malheureuse patrie, et qu'il n'aurait qu'à se montrer pour rallier tous les partis. On prétend même que Basile Chouiski, sans doute au moment où les succès du faux Démétrius l'avaient réduit au désespoir, offrit à Sigismond d'abdiquer en faveur du prince royal de Pologne, pourvu qu'il délivrât la Russie du bandit de Touchino[1]. Si cette offre fut faite réellement, il est permis de douter qu'elle fût sincère ; mais elle prouvait la détresse du tsar et son impuissance à conserver son autorité. Toutes les incertitudes de Sigismond cessèrent. Il témoigna une indignation soudaine du

---

[1]. Baer, p. 149. Selon cet auteur, cette ouverture aurait eu lieu vers la fin de 1609 ou au commencement de 1610. Il prétend que c'est en faveur de Sigismond lui-même que Basile promettait d'abdiquer. — Zolkiewski, dit que ces offres furent faites à Wladislas dès avant la mort du premier Démétrius, et qu'elles furent renouvelées aux ambassadeurs de Sigismond à Moscou, par plusieurs boyards, entre autres par Démétrius Chouiski, frère du tsar. Il ajoute, il est vrai, que dans la suite Démétrius Ckouiski, en présence de Zolkiewski lui-même, nia qu'il eût jamais tenu un tel langage. Zolkiewski s'en réfère aux archives de la chancellerie royale, mais je ne sache pas qu'on y ait trouvé rien qui puisse prouver une proposition formelle. V. Ms. de Zolkiewski, p. 24 et suiv. — Lubienski, auteur d'un mémoire sur les motifs qui portèrent Sigismond à envahir la Russie, ne dit rien des prétendues offres de Chouiski. — « Quare multi, iique primarii viri egerunt cum legatis atque aliis Polonis, quos Suiscius sero ductus pœnitentia e vinculis dimittebat, suaderent Regiæ Maiestati ut ad capessendum Moschoviticum imperium, extincta veterum Russiæ ducum stirpe, illi ipsi maternum genus secundum Jagellonicam domum ex eadem gente ducenti, debitum animum adjiceret. » Lubienski, op. post. 156.

massacre de ses sujets à Moscou, et annonça qu'il voulait en tirer une éclatante vengeance. En même temps, il faisait revivre les prétentions de la Pologne sur le duché de Smolensk ; mais, d'ailleurs, il évitait de s'expliquer ouvertement sur d'autres prétentions qui lui étaient personnelles. La diète partageant les dispositions belliqueuses [1] du roi, tout se prépara pour la guerre ou plutôt pour une expédition qu'on ne regardait alors que comme une promenade militaire, et à la fin de septembre 1609, alors que Skopine et La Gardie guerroyaient encore dans le nord de la Russie, Sigismond parut tout à coup devant Smolensk à la tête d'une armée de douze mille hommes [2].

Il avait auprès de lui pour *hetman* ou général de la couronne, Stanislas Zolkiewski, vieux guerrier, élève de Batthori, mutilé dans les combats, et qui, à soixante ans, alliait à la prudence la plus consommée l'énergie et l'audace d'un jeune homme [3]. Zolkiewski désapprouvait l'expédition contre Smolensk. A son avis, c'était par la Sévérie qu'il fallait entrer

1. Ms. de Zolkiewski, p. 30.
2. Maskiewicz, 16.
3. Il était né en 1547. Une blessure à la jambe l'avait rendu boiteux.

sur le territoire moscovite, et, après avoir traversé sans combat les provinces déjà occupées par des troupes polonaises à la solde de l'imposteur, il voulait qu'on se portât rapidement sur Moscou pour y proclamer Wladislas; mais ses conseils ne furent pas suivis. Les Potocki, ses adversaires déclarés, l'emportèrent auprès du roi, promettant que Smolensk se rendrait sans coup férir. On ne tarda pas à reconnaître combien on s'était exagéré le découragement des Moscovites. Mauvais soldats en rase campagne, ils savaient se battre vigoureusement derrière des murailles; une indomptable opiniâtreté leur tenait lieu de science militaire, et, pour franchir une brèche, il fallait passer sur le cadavre du dernier de ses défenseurs. En outre, il y avait dans Smolensk, pour voyévode, un homme de cœur et de tête, nommé Michel Cheïn, insensible aux menaces comme aux séductions des Polonais. Après quelques assauts inutiles, irrité d'une résistance qu'il n'avait pas prévue, Sigismond oublia tous les intérêts de sa politique pour la satisfaction de triompher dans cette espèce de duel entre Cheïn et lui. Ce duel devait durer près de deux ans.

L'invasion du roi n'effraya pas moins Basile que le faux Démétrius, et tous les deux essayèrent vainement d'entrer en négociations avec ce nouvel ennemi. Mais bientôt les succès de Skopine rendirent un peu de courage au tsar, et il s'enhardit encore en voyant que le premier effet de l'intervention de Sigismond était d'obliger le bandit de Touchino à lever le blocus de Moscou. En effet, à son entrée sur le territoire russe, le roi avait fait signifier à tous ses sujets au service de l'imposteur, d'abandonner cet homme et de se rallier à l'armée devant Smolensk. Aux exilés volontaires, jadis *confédérés*, et qui avaient porté les armes contre lui, il offrait amnistie complète ; à tous, il promettait une solde avantageuse. Ses lettres, portées à Touchino par des officiers polonais et communiquées avec quelque mystère à Rozinski, excitèrent les inquiétudes du faux Démétrius. Marine avait vainement tenté d'intéresser en faveur de son mari le nonce du pape en Pologne ; ses instances avaient été inutiles, et l'imposteur n'avait pas été plus heureux en faisant donation de la province de Smolensk à son beau-père Mniszek[1]. Quelques jours après l'arrivée des envoyés de

---

1. *Gos. Gramoty*, II, p. 340-349-362. La donation de Smoensk à Mniszek fut peut-être faite dans l'espoir que Sigismond abandonnerait le siége de cette ville devenue propriété d'un de ses vassaux.

Sigismond, surpris qu'ils ne lui eussent pas encore été présentés, il courut seul à la tente de Rozynski et le trouva sortant de table, à peu près ivre, selon l'usage des guerriers du Nord à cette époque. Aux premiers mots qui lui furent adressés, le Polonais répondit avec emportement : « Mêle-toi de tes af-« faires, coquin ! Le diable sait qui tu es. Il y a « longtemps que nous nous battons pour toi, et nous « attendons encore l'effet de tes belles promesses. » Le prétendu tsar s'enfuit tout éperdu auprès de Marine, et tombant à ses pieds, il lui dit avec larmes : « Il faut que Rozynski meure ou que je périsse ! Il « m'a traité de telle sorte, que *je serais indigne de* « *voir tes yeux*, si je ne tirais de ce traître une ven-« geance éclatante. Assurément il trame contre « nous quelque perfidie, d'accord avec son roi. Je « quitte ce camp, où je suis en son pouvoir ; toi, « chère épouse, demeure, et que Dieu te soit en « aide ! » A ces mots, il prit des habits de paysan, se jeta dans un mauvais traîneau à charrier du fumier et se dirigea vers Kalouga, accompagné seulement de son bouffon Kochelef. Personne dans le camp ne sut d'abord ce qu'il était devenu, et l'opinion générale était que les chefs polonais l'avaient fait mourir secrètement pour se débarrasser d'un fantôme de souverain dont ils commençaient à être honteux [1].

L'imposteur ne s'arrêta dans sa fuite qu'aux portes même de Kalouga. Là, dans un couvent de moines, il écrivit à la hâte la proclamation suivante qu'il envoya aux habitants : « Le roi païen [2] me demande Smolensk avec la Sévérie, disant que c'est une ville à lui; mais je ne veux pas la lui céder, de peur que le paganisme ne s'y enracine. C'est pourquoi Sigismond, pour me perdre, a séduit mon général Rozynski et les Polonais de mon armée; mais vous, hommes de Kalouga, répondez-moi, me serez-vous fidèles ? Si vous jurez de me servir, j'irai vivre parmi vous, et avec l'aide de Dieu et de saint Nicolas et les forces de maintes bonnes villes qui tiennent pour moi, j'espère me venger et de Chouiski et des perfides Polonais. Je suis prêt à mourir pour la Foi. Secondez mes efforts; armons-nous contre l'hérésie. Ne cédons au roi de Pologne *ni une maison*, *ni un pieu*, encore moins une ville ou une

---

1. Baer, p. 158 et suiv.

2. C'est-à-dire le roi de Pologne. *Korol poganyi*. Les Russes appelaient païen quiconque n'appartenait pas à leur Église. Je ne sais au reste si *poganyi* vient du latin *paganus* ou de *pogan*, saleté, impureté; et, s'il faut le traduire par *païen* ou par *impur*.

province[1]. » Ainsi les deux hommes qui se disputaient le trône de Russie tenaient le même langage. Chacun de son côté cherchait à soulever les passions religieuses et défendait sa cause au nom de l'Église et de l'indépendance nationales. La proclamation de Démétrius lue sur la place du marché émut les habitants de Kalouga; ils coururent aussitôt à sa rencontre lui porter le pain et le sel et lui remontèrent un équipage.

Privée de son chef nominal, l'armée de Touchino essaya d'abord de se maintenir comme une espèce de république guerrière, jusqu'à ce qu'elle eût trouvé un prince qui lui achetât chèrement ses services. Polonais et Russes se jurèrent de rester unis, et de ne reconnaître ni Chouiski, ni Démétrius[2]. Rozynski, au nom de ses soldats, fit demander à Sigismond le paiement de la solde qui leur était due par l'imposteur; à ce prix, ils consentaient à se rallier sous la bannière royale. Mais la discorde éclata parmi les nouveaux confédérés. Le camp de Touchino fut levé au milieu de la plus grande confusion; la plupart des gentilshommes de marque

1. Baer, p. 159. — Presque toutes les maisons russes étaient en bois; de là cette expression : « Ni une maison ni un pieu. »
2. Baer, p. 161.

polonais ou lithuaniens, allèrent rejoindre Sigismond sous Smolensk. Un grand nombre de Russes acceptèrent l'amnistie que Chouiski s'empressa de leur offrir. Beaucoup de soldats se dispersèrent pour regagner leurs villages; d'autres se formèrent en compagnies de maraudeurs, trop faibles pour exercer une influence politique, mais assez nombreuses pour dévaster le pays. Enfin la plus mauvaise partie de l'armée polonaise et presque tous les Cosaques ayant pris Sapiéha pour chef, offrirent tout à la fois leurs services au faux Démétrius et à Sigismond, attendant le plus fort enchérisseur [1].

De pareilles recrues ne pouvaient rendre à l'imposteur un prestige désormais perdu. Elles avaient même pour lui un danger très-réel, car les Polonais, qui se ralliaient à lui dans un tel moment, étaient des aventuriers ou des bandits prêts à commettre toutes les trahisons [2]. Un certain Janikowski, écrivit au Hetman de la couronne pour lui offrir, au nom de ses camarades, d'assassiner le tsar prétendu et de s'emparer de Kalouga pour le roi de Pologne, *si cela pouvait*

---

[1]. Peu de braves gens se réunirent à Sapiéha; il n'eut guère que la racaille, presque point de gentilshommes; — mais des Cosaques sans nombre. Maskiewicz, p. 31.

[2]. Ms. de Zolkiewski, p. 62.

*être agréable à S. M.* La proposition fut discutée dans le conseil, mais non point acceptée. Sans doute, on trouva prudent d'entretenir encore quelque temps, au cœur de la Russie, une guerre civile qui consumait ses forces. Le faux Démétrius mort, le bas peuple qui lui était attaché se serait tourné probablement du côté de Chouiski, au lieu de se soumettre aux Polonais. Ces considérations prévalurent, et l'assassinat fut contremandé.

Quant à Marine, abandonnée presque seule à Touchino, au milieu de ces bandes désorganisées, elle se réfugia d'abord à Dmitrov, auprès de Jean Sapiéha qui s'y était établi après avoir été chassé par Skopine du couvent de Troïtsa. Sapiéha, qui traitait en ce moment avec le roi de Pologne, offrit à Marine une escorte pour la ramener dans sa famille. « Non, lui dit-elle, la tsarine de toutes les « Russies ne retournera pas dans sa patrie pour y « montrer sa misère. Je partagerai avec mon mari « le sort que Dieu lui réserve. » Elle prit des habits d'homme ; vêtue en hussard et suivie d'une cinquantaine de Cosaques, elle gagna Kalouga dans le cœur de l'hiver, après une traite à franc étrier de plus de deux cents verstes [1]. Le malheur avait donné à cette

[1]. Fin de janvier ou commencement de février 1610.

jeune femme, élevée dans la mollesse, la force de supporter les rudes fatigues de la vie aventureuse qui désormais devait être son partage.

Ce dévouement à un homme qui en était indigne

---

Baer, p. 159. Le récit de Baer, placé à portée d'observer les événements, m'a semblé préférable à celui du nonce du pape à Vilna, d'après lequel Marine aurait entraîné à sa suite une grande partie des troupes de Sapiéha. D'ailleurs il est vraisemblable qu'elle eut beaucoup d'influence dans la détermination prise par Sapiéha, quelques mois plus tard, de se remettre au service de l'imposteur. Voici la version du nonce.

« Mgr. Simonetta Vescovo di Foligno al cardinal Borghese, Vilna, 4 aprile 1610.

« La principessa figlia del palatino di Sendomiria, essendo stata (dopo presa la sua fuga) condotta al Sapieha accampato sotto Demetriow, come con le passate significai à V. S. Ill. quivi fece istanza di voler parlare ai soldati, il che essendole permesso dal detto Sapieha, essa pur travestita del medesimo habito militare, che prese per fuggire, orò con tanta efficacia a quel campo, e con lamenti e con pianti esagerando il suo stato compassionevole, commosso tanto gli animi di buona parte di que' soldati, che tiratili a sua divotione, fece che andassero colei ad accompagnarla à Kaluga al suo Demetrio. Dopo il qual successo, essendosi snervato di forze il sudetto Sapieha, fu assalito dallo Scopino, che dicono sia accampato con circa 40,000 persone, e fu rotto e disfatto con perdita di molta gente, et delle bagaglie, onde appena pote egli con alcuni pochi salvarsi. » — Tourghenief, *Mon. Hist. pat.* II, p. 146.

Il me paraît évident que le Nonce confond l'ordre des événements. C'est avant et non après sa retraite sous Dmitrov, que Sapiéha fut battu par Skopine.

peut surprendre de la part de Marine, d'autant plus qu'elle était loin de trouver dans son époux les égards auxquels elle avait droit de s'attendre. C'est en vain qu'elle essayait d'adoucir cette nature sauvage, incapable de comprendre même ses intérêts. Pour lui, le pouvoir n'était que le droit de satisfaire avec impunité tous ses instincts féroces. Débarrassé de la contrainte des généraux polonais, il faisait pendre ou noyer, sur le moindre soupçon, les gens qui l'avaient servi le plus fidèlement. Il fit arrêter et conduire à Kalouga, le pasteur Baer et une cinquantaine d'Allemands luthériens de sa congrégation, accusés d'avoir entretenu une correspondance avec des émissaires de Sigismond. Il voulait les faire noyer dans l'Oka sans les entendre. Baer raconte d'une manière touchante leurs angoisses et leurs alternatives d'espérances et de consternation. Prévenu que Marine voulait lui parler en leur faveur, l'imposteur s'était écrié : « Je ne suis pas Démétrius, s'ils ne sont « pas tous noyés aujourd'hui ! Si elle insiste, je la « ferai noyer elle-même ? » Nouvelle Esther, Marine affronta la rage de cette bête féroce, et à force de larmes et de supplications elle obtint la grâce des malheureux qu'il avait condamnés [1].

1. Baer, p. 172 et suiv.

Au printemps de l'année 1610, la Russie présentait le plus déplorable spectacle. Trois grandes armées, ennemies entre elles, la dévastaient comme à l'envi. A l'ouest, Sigismond pressait Smolensk ; au midi, le faux Démétrius occupait Kalouga, Toula et quelques autres villes. Une partie des Polonais qui avaient quitté le service de l'imposteur étaient allés s'établir sur les bords de l'Ougra, dans un pays fertile et qui n'avait pas encore éprouvé les malheurs de la guerre. Là, sous le commandement de leur nouveau chef, Jean Sapiéha, ils marchandaient leur alliance tantôt à Sigismond, tantôt au faux Démétrius. Ce n'est pas tout : un prince, Procope Liapounof, profitait de la confusion générale pour élever une bannière nouvelle. A la tête d'une bande assez considérable, il s'était proclamé le défenseur de la Foi ; on l'appelait le *Tsar Blanc*, titre que portaient, je crois, les anciens grands-princes de Moscovie. Il faisait une guerre à mort aux Polonais et aux Russes qui reconnaissaient ou Démétrius ou Basile. » *Là où son cheval avait passé*, dit un chroniqueur, *l'herbe ne poussait plus* [1]. » Enfin, comme si ce n'était pas assez de toutes ces armées pour ruiner le pays, les Tartares de Crimée

---

1. Baer, p. 150. *Tsar Blanc*, me paraît être synonyme de Prince national, vraiment russe.

avaient passé l'Oka sous prétexte de porter secours à Basile leur allié, mais, en effet, leurs bandes agiles saccageaient les villages et emmenaient en captivité une multitude d'hommes et de femmes [1].

Tel était l'état de la Russie au moment de la mort de Skopine. Basile, conservant quelque espoir dans la division de ses ennemis, tourna toute son attention vers le danger qui lui semblait le plus pressant. Après avoir inutilement tenté de désarmer Sigismond par des humiliations et des promesses, il se résolut à le combattre, et annonçant l'intention de délivrer Smolensk, il fit partir de Moscou une armée de près de soixante mille hommes, dont faisait partie un corps considérable de mercenaires, Allemands, Anglais et Français [2], commandés par Jacques de La Gardie. L'expérience et l'habileté de ce capitaine qui avait partagé la gloire de Skopine, semblaient lui présager de nouveaux succès ; mais comme il fallait un Russe pour général en chef, Basile fit la faute de mettre à la tête de toute l'armée son frère Démétrius

---

[1]. Baer, p. 150.

[2]. *La Chronique des troubles* appelle ces étrangers des Allemands; Zolkiewski, des Français. C'était un corps composé d'émigrés de tous les pays, mais dont le plus grand nombre venait de l'Allemagne. Leurs généraux La Gardie et de Horn, étaient Suédois.

Chouiski, que les soldats n'aimaient point et qu'ils n'estimaient guères. A la bonne harmonie qui avait régné entre les Moscovites et les auxiliaires étrangers, tant qu'ils avaient eu Skopine pour les conduire, avaient succédé maintenant la jalousie et la méfiance. Les Russes craignaient une défection de la part des Allemands et des autres mercenaires qu'ils regardaient comme les compatriotes des Polonais. A leur tour les étrangers se plaignaient d'être mal payés et mal secondés par leurs alliés. Ils disaient qu'eux seuls soutenaient tout le poids de la guerre, et que le tsar qui leur devait sa couronne, n'avait pour eux ni reconnaissance, ni générosité. C'est dans ces dispositions que cette grande armée quitta Moscou pour se diriger sur Smolensk, traînant après elle un immense bagage, et se faisant précéder par un corps de dix mille hommes, chargé d'éclairer la route et de balayer les détachements que le roi de Pologne pourrait envoyer à leur rencontre.

Sigismond en reçut la nouvelle au moment où ses affaires étaient loin de tourner comme il s'y était attendu. En vain il avait essayé contre Smolensk la séduction, l'escalade, la mine et le canon; les assiégés se défendaient avec la plus grande vigueur et repoussaient fièrement toutes ses sommations. Le roi n'avait pu attirer à son service qu'un très-petit nombre des Polonais de Rozynski et de Sapiéha, la plupart trouvant que la guerre d'aventuriers qu'ils faisaient leur était bien plus profitable qu'une guerre régulière. L'argent lui manquait, et les membres de la diète qui d'abord s'étaient montrés les plus ardents pour une expédition en Russie, effrayés des obstacles qu'elle rencontrait maintenant, se disposaient à refuser des subsides pour continuer la guerre. Dans cette situation, le roi, abaissant son orgueil, parut se prêter à un accommodement qui lui permît de se retirer avec honneur. Il autorisa quelques-uns des palatins à écrire aux boyards du conseil à Moscou, et à leur faire des propositions pour la paix. Il chargea même un de ses chambellans de porter le message. Alors, probablement quelque faible cession de territoire, peut-être même la promesse de subsides en indemnité de ses armements, auraient suffi pour le contenter. Mais, à ce changement de langage, Basile jugeant la position de son ennemi plus fâcheuse qu'elle n'était en réalité, devint arrogant à son tour et refusa de recevoir le chambellan du roi [1]. Dès lors une bataille devenait inévitable. Devait-on la livrer

---

1. Ms. de Zolkiewski, p. 65.

sous Smolensk, ou bien prévenir l'attaque des Moscovites en marchant à leur rencontre ? Ces deux partis divisaient le camp royal. Les Potocki en firent prévaloir un troisième. Ils persuadèrent au roi que la brèche serait bientôt praticable, et que la prise de Smolensk était infaillible, pourvu qu'un corps détaché au-devant des Russes, retardât leur marche de quelques jours en les harcelant [1]. Se réservant pour eux-mêmes l'honneur d'entrer dans la ville, ils engagèrent Sigismond à confier à Zolkiewski la mission ingrate et périlleuse d'arrêter l'immense armée de Chouiski. Dès qu'il s'agissait de dangers à courir, le vieux Hetman acceptait sans murmure tous les postes qu'on lui offrait. Il partit donc du camp de Smolensk avec une poignée d'hommes, persuadé qu'on le sacrifiait, mais résolu de faire son devoir, et certain de ne pas succomber sans honneur.

D'abord, par la rapidité de sa marche, il surprit à Tsarevo-Zaïmistche l'avant-garde moscovite, commandée par Valouief, la culbuta et la rejeta dans les bois en l'obligeant à lui céder la route de Moscou ; puis aussitôt il lui coupa toute retraite en l'enfermant dans des retranchements de palissades impro-

---

1. Ms. de Zolkiewski, p. 71.

visés. Ce n'était rien pour Zolkiewski de battre dix mille hommes et de les bloquer dans un poste, où bientôt faute de vivres, ils seraient contraints de capituler; instruit que Démétrius Chouiski avec le gros de ses forces se trouvait campé à peu de distance, il laisse devant Valouief quelques Cosaques avec presque toute son infanterie, et, profitant de la nuit, il se dérobe avec le reste de sa troupe, et dans le plus profond silence, marche sur le camp principal des Moscovites établis près du village de Klouchino. La plupart des Polonais croyaient que leur vieux général, dégoûté de la vie, cherchait une occasion de mourir glorieusement, et Zolkiewski lui-même, dans le récit qu'il a laissé de son expédition, laisse entendre qu'il n'avait guère d'autre espérance[1]. Néanmoins il était trop habile homme de guerre pour négliger aucune des chances de succès dont il pouvait disposer. Deux jours avant il avait renvoyé quelques Français pris dans une escarmouche, en les chargeant de porter aux étrangers à la solde de Basile une proclamation écrite par lui en latin fort élégant, comme il savait faire. Il les exhortait à quitter le service d'un barbare et à passer sous les

---

1. Ms. de Zolkiewski, p. 86.

drapeaux d'un prince ami et frère de leurs souverains. Ces émissaires furent arrêtés et pendus par ordre de La Gardie, mais le manifeste de Zolkiewski n'en produisit pas moins son effet. Les Russes se crurent trahis, et les étrangers commencèrent à discuter entre eux s'il y avait plus ou moins à gagner au service de Sigismond qu'à celui de Chouiski [1].

Cependant les généraux de Basile étaient pleins de confiance, et, loin de croire que Zolkiewski allait les attaquer, ils s'imaginaient l'enfermer lui-même entre le corps de Valouief et leur armée. La Gardie, se rappelant qu'il avait été autrefois prisonnier du Hetman, et qu'il en avait été traité avec courtoisie, se promettait bien de lui rendre la pareille. « Il m'a fait présent alors d'une pelisse de loup-« cervier, disait-il, j'en apporte une de zibeline que « je veux lui donner de ma main [2]. » Démétrius Chouiski et ses officiers passèrent une partie de la nuit dans un festin, célébrant leurs exploits à venir et s'entr'excitant par des fanfaronnades de toute espèce.

Grande fut la surprise, et non moindre la consternation de l'armée russe, quand le matin du 4

---

1. Ms de Zolkiewski, p. 88 et suiv.
2. *Id.*, p. 93.

juillet, au lever du jour, réveillée en sursaut par les trompettes polonaises, elle aperçut l'ennemi rangé en bataille, faisant halte en vue de leur camp. Telle était l'opinion qu'on avait du caractère chevaleresque de Zolkiewski, que les officiers étrangers s'écrièrent en le voyant immobile, qu'il avait trop de cœur pour tomber sur des gens endormis, et qu'il voulait les battre dans une rencontre loyale [1]. Tel n'était pas pourtant le motif de la manœuvre du général polonais. Les difficultés d'une marche de nuit, par des chemins défoncés, l'avaient obligé de laisser en arrière son infanterie, composée de 200 hommes, et les deux fauconneaux qui formaient toute son artillerie. Lui-même, à la tête de moins de trois mille cavaliers, observait froidement les Russes et les étrangers qui, dans la plus grande confusion, couraient aux armes et se disposaient à le recevoir [2].

L'armée de Démétrius Chouiski était divisée en deux corps; l'un composé de troupes russes et fort

---

1. Ms. de Zolkiewski, p. 95.
2. Maskiewicz, p. 40. « Nous surprîmes les Russes, dit-il, au moment où le soldat, perdant la tête, dit à son camarade : *Selle-moi ma chabraque, apporte-moi mon cheval. Sedlaï portky, davaï konia.* »

de près de 40,000 hommes, l'autre de 8,000 soldats étrangers sous les ordres de La Gardie et de de Horn. Des bois et des marécages rétrécissaient le champ de bataille. Sur le front des deux camps des terrains cultivés enclos de haies, de fossés et de palissades, laissaient entre eux des espaces vides, sur lesquels la cavalerie pouvait manœuvrer. Dans ces espaces assez étroits, les hussards, malgré leur petit nombre, opposaient à la cavalerie ennemie un front égal au sien; bien montés et bardés de fer, ils renversaient sans peine devant eux les reitres allemands et les chevaux légers moscovites. Mais les arquebusiers qui bordaient les haies et les clôtures arrêtaient les charges impétueuses des Polonais, leur tuaient des chevaux et harcelaient sans danger leur troupe qui diminuait à chaque engagement. Ce combat inégal dura près de cinq heures, pendant lesquelles il n'y eut pas un escadron polonais qui ne chargeât huit ou dix fois[1]. Enfin l'infanterie du Hetman arriva. Malgré son petit nombre, elle aborda résolument les enclos et les emporta. En même temps les hussards s'animant par leur désespoir, culbutèrent les reitres par une charge furieuse et percèrent le centre de

---

1. Maskiewicz, p. 41, 42.

l'ennemi. Aussitôt la déroute devint générale. Une partie des étrangers se dispersa, entraînant La Gardie et de Horn qui faisaient de vains efforts pour les rallier. Démétrius Chouiski, renversé dans un marais, y perdit son cheval et ses bottes, et à grand'peine s'enfuit nu-pieds du champ de bataille[1]. Un grand nombre de Moscovites se jeta dans les bois, ne songeant qu'à échapper aux lances des Polonais qui s'acharnaient après les fuyards. Cependant le gros des Russes, fidèle à son drapeau, quoique frappé de terreur, se serra en une masse confuse, mais difficile à entamer, et assez nombreuse encore pour exterminer les vainqueurs si elle eût osé reprendre l'offensive. De leur côté, les étrangers se retranchèrent à la hâte, avec un peu plus d'ordre, mais encore moins disposés à renouveler le combat. Entre ces deux armées, les Polonais, harassés de fatigue, mais maîtres du champ de bataille et exaltés par la victoire, empêchaient les deux camps de communiquer entre eux[2]. Quelques-uns commençaient à piller les chariots des Moscovites[3]; la plu-

---

1. Ms. de Zolkiewski, p. 103.
2. Maskiewicz, p. 43 et suiv.
3. Zolkiewski dit que Démétrius Chouiski avait ordonné de jeter dans son camp tout ce qu'il y avait de précieux dans ses

part, mettant pied à terre, ne pensaient qu'à respirer après une si rude journée. Zolkiewski seul croyait n'avoir rien fait tant qu'une troupe ennemie demeurerait encore en armes. Il s'approcha des étrangers et leur fit offrir des conditions honorables. On commença à parlementer. Les affaires de Chouiski semblaient désespérées, et, pour ces mercenaires, il ne s'agissait plus que de savoir si le roi de Pologne accepterait et paierait leurs services. Bientôt on vit des soldats étrangers sortir de l'enceinte de chariots derrière laquelle ils s'étaient retranchés, s'avancer deux à deux, trois à trois, et se mêler aux Polonais. Des compagnies entières désertèrent avec leurs enseignes. En vain La Gardie et de Horn accoururent au milieu de leurs soldats pour s'opposer à cette honteuse négociation [1]. Abandonnés successivement par la plupart de leurs capitaines, ils furent réduits à souscrire aux conditions offertes par le vainqueur. La défection des auxiliaires étrangers acheva de décourager les Moscovites. A leur tour ils demandèrent à capituler. Le soir même Zolkiewski rentrait

bagages, espérant que pour recueillir ce riche butin, les Polonais cesseraient de poursuivre les fuyards. — Ms. de Zolk., p. 102.

1. *Id., ibid.*

dans son camp, et Valouief apprit tout à la fois l'absence momentanée, la victoire et le retour de son ennemi. Il n'avait plus de vivres, nul espoir d'être secouru, il mit bas les armes [1]. Telle fut la bataille de Klouchino si glorieuse pour les armes polonaises, et surtout pour le général qui, en moins de vingt-quatre heures, réduisit deux armées bien supérieures à la sienne. Dans ce court espace de temps, Zolkiewski montra tour à tour le stoïcisme du vieux soldat se dévouant à une mort certaine, l'habileté du tacticien profitant des fautes de son ennemi et trouvant des ressources inattendues sur le champ de bataille, enfin la prudence d'un profond politique toujours sage, toujours maître de lui, même après le succès le plus inespéré. La bataille de Klouchino semblait devoir être décisive, et assurer pour jamais la prépondérance de la Pologne dans le Nord; grâce aux fautes inconcevables de Sigismond, elle ne devait avoir d'autre résultat que d'ajouter une page glorieuse à l'histoire militaire de son pays [2].

1. Ms. de Zolkiewski, p. 106 et suiv.
2. Sur la bataille de Klouchino on peut comparer les récits de Zolkiewski, p. 94, 104; de Maskiewicz, p. 39-45; et de Baer, p. 169. Les deux premiers furent témoins et acteurs dans cette mémorable journée. Quelques auteurs russes attribuent

la défaite à la trahison des étrangers à la solde de Chouiski. C'est une consolation pour l'amour-propre national qui, même après la victoire finale, souffre des défaites passées. Sans doute les mercenaires de Basile ne firent pas ce qu'ils auraient pu faire ; cependant ils soutinrent seuls tout l'effort du combat et laissèrent sur le champ de bataille près du sixième de leur effectif (1200 hommes). La perte des Russes ne fut guère plus considérable, et ils étaient 40,000; encore selon Zolkiewski et Maskiewicz, ils perdirent plus de monde pendant la poursuite que pendant le combat. Les deux Polonais sont d'accord sur ce point que l'affaire fut décidée dès que la cavalerie étrangère fut rompue. Maskiewicz dit qu'elle était composée de reitres allemands; Zolkiewski, de Français et d'Anglais. V. note *D*.

## XIII.

Il n'y avait plus d'armée russe. L'annonce de la défaite de Klouchino excita une insurrection à Moscou. On rendit Basile responsable des malheurs de la patrie. Les boyards l'accablèrent de reproches et le forcèrent d'abdiquer. On l'arracha de son palais et on le conduisit sous bonne garde dans la maison qu'il habitait avant son élection. Quelques jours après, ses courtisans d'autrefois, maintenant ses juges, exigèrent qu'il se fît moine. On dit qu'il essaya de résister, et qu'un prince Zacharie Liapounof lui tint les mains tandis qu'on lui coupait les cheveux [1].

Il y a des moments dans l'histoire d'un peuple où les maux de l'anarchie sont devenus si intolérables, qu'il est prêt à acheter l'ordre et la paix au prix de tous les sacrifices, même au prix de son orgueil national. Le prince Fëdor Mstislavski, le premier boyard du conseil et le plus considéré peut-être, parce qu'on

---

1. Ms. de Zolkiewski, p. 119.

le savait exempt de toute ambition personnelle, déclara qu'il croyait la résistance impossible, et qu'il fallait se soumettre à l'arrêt de la Providence. — « La Russie, dit-il, est depuis trois ans comme une brebis déchirée par des loups dévorants. Basile a été impuissant à la défendre. Parmi les princes du sang de Rurik, il n'y en a pas un seul qui l'emporte sur les autres par la naissance ou le rang ; aucun d'eux n'a le droit de commander l'obéissance aux autres : prenons pour tsar un étranger qui n'ait pas son égal parmi nous [1]. » Chacun comprit où tendait ce discours. On savait déjà que Zolkiewski, croyant agir dans les intérêts comme d'après les instructions de son maître, avait proposé à ses prisonniers de reconnaître Wladislas, le fils de Sigismond, pour tsar, et déjà même il avait reçu leurs serments [2]. Quelques boyards, mieux instruits des secrets désirs du roi, représentèrent aussitôt que parmi les princes étrangers

---

1. Cfr. Ms. de Zolkiewski, p. 118. — Baer, p. 183.
2. Il me paraît probable que Zolkiewski n'avait jamais eu d'instructions précises à cet égard, bien qu'il assure qu'à son départ du camp de Smolensk, la candidature de Wladislas fut en quelque sorte reconnue et autorisée par le conseil. Je crois que Sigismond ne s'était jamais expliqué franchement avec le Hetman. Il semble qu'il avait été plus confiant avec les envoyés du Saint-Siége ; au moins on peut le supposer par le

il n'y en avait pas de plus illustre que le roi de Pologne. Slave lui-même, il était plus digne qu'un Allemand de commander à des Slaves. En l'appelant au trône on obtiendrait la paix et un protecteur puissant qui saurait bien vite délivrer la Russie du bandit de Touchino.

Cette proposition blessait l'orgueil national, mais dans la situation des affaires il semblait impossible de la rejeter, lorsque par une espèce de compromis on proposa de déférer la couronne à Wladislas. Le Hetman de la couronne l'avait en quelque sorte désigné sur le champ de bataille de Klouchino. De la sorte on évitait que la Russie ne devînt la vassale de la Pologne. Le prince n'avait que seize ans ; il était assez jeune pour adopter les mœurs et peut-être la religion du peuple qui se donnait à lui ; enfin, ce que tous les boyards comprirent, et ce que personne n'exprima, c'est qu'avec un jeune homme sans expé-

---

passage suivant d'une lettre du nonce Simonetta au cardinal Borghese, datée de Vilna le 23 avril 1610, c'est-à-dire plus de deux mois avant la bataille de Klouchino.

« Mi ha poi conferito, come da se, il sudetto Mgr. Firlei, che Sua Maestà risoluta (impadronita che si serà di Smolensco) *di proseguir il restante dell' impresa di tutta la Moscovia*, e di trasferirsi perciò in persona col suo campo alla volta della Metropoli di Mosca. Tourgbenief, *Mon. Hist. pat.*, II.

rience la carrière demeurait ouverte à toutes les ambitions. Le conseil de l'empire, rassemblé au Kremlin, décida tout d'une voix que Wladislas serait reconnu pour tsar de toutes les Russies, pourvu qu'il promît de respecter la religion et les coutumes nationales. Il n'était point ordinaire aux boyards de prendre si rapidement une résolution de cette importance; mais leur délibération fut pressée, dit-on, par l'annonce d'un danger plus redoutable que l'approche de la petite troupe de Zolkiewski [1]. Le faux Démétrius avait appris à Kalouga la déposition de Basile et la victoire des Polonais. D'abord il s'était empressé d'écrire à Zolkiewski, offrant de se reconnaître vassal de Sigismond et de lui céder la province de Smolensk. Ses envoyés avaient ordre d'essayer de gagner le Hetman par des promesses ou des présents; mais le vieux guerrier était incorruptible. Il reçut ces ouvertures avec mépris, et permit seulement que les agents de l'imposteur allassent les porter au roi à son camp devant Smolensk. Il n'y avait pas d'apparence que Sigismond, enorgueilli par sa victoire, se montrât plus traitable; aussi, sans attendre sa réponse, l'imposteur prit un parti désespéré. Dans le

---

1. Ms. de Zolkiewski, p. 128.

désordre général, il crut le moment favorable pour un coup de main sur Moscou ; en effet, la ville était dégarnie de troupes ; les Polonais n'avaient pas encore dépassé Mojaïsk ; il savait que la populace de la capitale serait disposée à le seconder [1]. Rassemblant toutes ses forces, il quitta Kalouga, publiant qu'il allait venger les malheurs de la patrie et défendre l'indépendance nationale. Son armée venait de se renforcer du corps polonais de Sapiéha, qui, n'ayant pu s'accorder avec Sigismond, n'avait pas tardé à reconnaître que pour subsister en Russie sa bande avait besoin d'un drapeau. Il s'était donc rallié au prétendant de Kalouga, qui, heureux d'un pareil appui, lui avait épargné les reproches sur sa défection quelques mois auparavant. Avec ces forces et comptant sur les intelligences qu'il entretenait dans la capitale, l'imposteur s'avançait à marches forcées, ne respirant que menaces et vengeances.

Les boyards alarmés appelèrent aussitôt Zolkiewski à leur secours. Le traité fut signé sans discussion. Les Russes ne demandaient que l'intégrité de l'empire et la protection de la religion nationale, offrant d'ailleurs de payer tous les frais de la guerre.

---

1. Ms. de Zolkiewski, p. 126, 137.

Zolkiewski se croyait autorisé à consentir à ces conditions, et il avait assez bien servi son maître pour espérer qu'il lui laisserait la gloire de régler les articles de la paix. Aussitôt, précipitant sa marche, il se porta au-devant de l'imposteur, et prit le commandement des troupes moscovites que le conseil des boyards mit à sa disposition. Ainsi, quelques jours après la bataille de Klouchino, Zolkiewski se voyait à la tête d'une armée russe qui, réunie à la sienne, se croyait invincible.

En reconnaissant les drapeaux du Hetman, les Polonais de Sapiéha, d'ailleurs inférieurs en nombre et assez mal organisés, s'arrêtèrent, et déclarèrent qu'ils ne combattraient pas contre leurs compatriotes. Les Russes, au contraire, supplièrent Zolkiewski de donner le signal de l'attaque pour en finir avec cette horde de pillards [1] ; mais Zolkiewski n'eut garde d'y consentir. Au lieu de se charger, les deux généraux se saluèrent, se donnèrent la main et s'entretinrent amicalement. Sapiéha protesta de son dévouement au roi de Pologne; mais chef d'une armée de volontaires, il avait dû songer avant tout à leurs intérêts; il se considérait comme un négociant

---

1. *Id.*, p. 138.

(la guerre était un trafic pour de tels hommes) qui, s'étant engagé dans une entreprise avec des associés, ne pouvait se dispenser de stipuler quelques dédommagements en leur faveur. Quant au *tsarik*[1], c'est ainsi que les Polonais appelaient le second Démétrius, Sapiéha, qui n'avait jamais été sa dupe, ne voulait nullement se sacrifier pour sa cause; seulement il croyait de son honneur de demander une indemnité pour un homme dont il avait porté la bannière, et qui, après tout, avait bien mérité de ses compagnons. Sur ce point le Hetman se montra facile, et promit, au nom du roi, que si Démétrius renonçait à ses prétentions, on lui accorderait une pension considérable, ou même la suzeraineté de Grodno ou de Sambor à son choix. Sur cette promesse, Sapiéha se tint pour satisfait, et déclara que si le prétendant n'acceptait pas ces conditions, il était prêt à le livrer au roi[2].

Pendant cette conférence, l'imposteur attendait l'événement à quelques milles de Moscou; car, bien différent du premier Démétrius, il se gardait de paraître à la tête de ses troupes lorsqu'elles marchaient au combat. Il s'était établi avec Marine dans un mo-

1. Diminutif méprisant du mot tsar, roitelet.
2. Ms. de Zolkiewski, p. 135. — Maskiewicz, p. 50.

nastère à deux lieues de son camp [1], persuadé cependant que ses gens en étaient aux mains avec les strelitz de Moscou. En apprenant l'accord des généraux polonais, il tomba dans un abattement stupide; mais Marine, transportée d'indignation et de fureur, rejeta bien loin les insultantes propositions qu'on lui apportait. — « Répondez à votre maître, dit-elle aux envoyés de Zolkiewski, que S. M. le tsar exige que Sigismond lui cède Cracovie; et qu'il veut bien lui donner Varsovie pour le dédommager [2]. »

Il n'était pas facile de soutenir par des actions un langage si fier. A la vérité les soldats polonais, fidèles au bandit qui les avait enrichis, déclaraient qu'ils ne livreraient pas *leur seigneur*, et juraient de le protéger contre leurs officiers [3]; mais Moscou reconnaissait déjà Wladislas, et Zolkiewski la couvrait de son invincible armée. Tandis que l'imposteur, maudissant la trahison de son général, perdait un temps précieux sans quitter le monastère où il avait pris ses quartiers, Zolkiewski, d'accord avec les boyards du conseil, se faisait ouvrir les portes de Moscou, traversait la ville dans le plus profond si-

1. Au couvent Oukrechenski.
2. Ms. de Zolkiewski, p. 140.
3. *Id.*, p. 136.

lence, et marchait sur le couvent avec toutes ses troupes. Il eût infailliblement enlevé l'imposteur, si un Moscovite, accourant au galop, n'eût révélé à celui-ci le danger qui le menaçait. Suivi de quelques Cosaques du Don, Démétrius, Marine et l'ataman Zarucki s'éloignèrent à toute bride, et ne s'arrêtèrent plus qu'à l'abri des murs de Kalouga [1].

Retiré dans son fort, l'imposteur put goûter encore le plaisir de la vengeance. — « Si je reprends ma couronne, disait-il, je ne laisserai pas un étranger vivant dans mes États, non pas même un enfant dans le ventre de sa mère [2]. » Ses actions répondaient à ces paroles emportées. Ses partis sortaient la nuit de Kalouga pour aller en maraude et ramener des prisonniers. Les serfs ou les marchands, on les déchirait à coups de fouet ; on noyait dans l'Oka les gentilshommes polonais ou russes [3]. C'est ainsi qu'il faisait la guerre, et cette guerre, il le sentait lui-même, ne pouvait durer longtemps. Il avait perdu l'espoir de régner à Moscou, mais il se flattait d'obtenir encore une part, et une part considérable dans le démembrement de l'empire qui semblait se pré-

---

1. Ms. de Żolkiewski, p 140-142.
2. Baer, p. 163.
3. Baer, p. 188.

parer. On assure qu'il avait résolu d'aller s'établir à Astrakhan et d'y fonder une principauté indépendante [1]. Souvent trahi par les Polonais et les Russes, il disait sans cesse : « Je prendrai pour alliés les « Turcs et les Tartares, pourvu qu'ils m'aident à « reconquérir le trône de mes aïeux. Si je ne puis « régner sur la Russie, du moins, moi vivant, elle « n'aura plus de repos [2]! » Pour sa garde il ne se fiait plus comme auparavant aux Cosaques du Don, ni même aux féroces Zaporogues. Il ne marchait plus qu'entouré de Tartares et de Circassiens, et tandis que, à l'exemple des tsars moscovites, il prenait audacieusement le titre de *seul prince chrétien de l'univers*, il n'avait de faveurs que pour ses mercenaires musulmans. C'étaient les compagnons ordinaires de ses divertissements et de ses orgies barbares [3].

Son humeur violente ne pouvait se plier à ménager longtemps des alliés si utiles. Un prince tartare nommé Kassimofski, un de ceux auxquels on accordait le titre de tsar, avait un fils au service de l'imposteur ; lui-même avait suivi ses drapeaux, mais, après la défection de Rozynski, il s'était présenté au roi Si-

---

1. Baer, p. 187.
2. *Id., ibid.*
3. *Id.*, p. 153, 187 et suiv.

gismond devant Smolensk et lui avait prêté le serment d'hommage. Inquiet pour son fils demeuré à Kalouga, il se rendit dans cette ville et le supplia d'abandonner une cause désormais perdue. Dénoncé comme traître par ce fils dénaturé, il fut aussitôt jeté dans un trou sous la glace de l'Oka par ordre du tsar[1]. Telle était la manière ordinaire de dépêcher les traîtres ou plutôt les suspects. Le supplice était trop commun pour étonner personne, mais l'action du fils dénonçant son propre père frappa d'horreur tous les Tartares, ses compatriotes. Pierre Erouslanof, un autre prince tartare converti, marié à la veuve d'un frère du tsar Chouiski[2], et jusqu'alors considéré comme un des favoris du faux Démétrius, voulut être le vengeur de toute sa nation humiliée par un parricide. Une nuit, il s'embusqua près du palais, attendant le jeune Kassimofski pour le tuer, mais, trompé par la ressemblance du costume, il poignarda un autre

---

1. Il prenait le titre de *tsar de la horde cosaque.* — Il avait été fait prisonnier par les Russes encore fort jeune, et le tsar Ivan, ayant pris soin de le convertir au christianisme, lui avait donné la principauté de Kassimof, d'où il tirait son nom. Ms. de Zolkiewski, p. 188.

2. Le tsar Basile Chouiski lui avait donné en mariage la veuve de son frère cadet Alexandre Chouiski. Maskiewicz, p. 59.

prince tartare. Ce meurtre fit grand bruit. Le tsar en fureur fit arrêter Erouslanof ainsi qu'une cinquantaine de ses gens et les fit jeter en prison. Dans les idées de ces hommes, la prison était un outrage pire que la mort. Bientôt le courroux du tsar se calma; il avait besoin d'Erouslanof qui connaissait la route d'Astrakhan, et qui commandait à une horde nombreuse. Il le fit élargir, et, avec la même légèreté qu'il avait mise à le punir, il lui rendit ses bonnes grâces. Mais le prince tartare sortit de prison, persuadé qu'il y allait de son honneur à tirer de cette injure une vengeance éclatante. Toutefois, patient comme les hommes de sa race, il dissimula son ressentiment et redoubla en apparence de zèle et d'affection pour le tsar. Toutes les nuits il faisait des courses dans les environs de Kalouga, et ramenait du butin ou des prisonniers. Pendant ces excursions, Erouslanof pratiquait ses compatriotes, s'assurait de leur fidélité et disposait tout pour attirer sa victime dévouée dans une embuscade.

Le 11 décembre 1610, le tsar sortit de Kalouga pour aller à la chasse selon son habitude, escorté par Erouslanof avec une vingtaine de ses Tartares, et quelques officiers de sa cour parmi lesquels le bouffon Kochelef, son compagnon inséparable. C'était l'oc-

casion attendue. Dès que les chasseurs se furent
éloignés, les Tartares demeurés à Kalouga, obéissant
à un mot d'ordre donné par leur chef, montèrent
à cheval, et, sortant de la ville par différentes
portes pour ne pas éveiller de soupçons, se réunirent
au nombre de mille chevaux dans un lieu de rendez-
vous marqué d'avance. Cependant le tsar cheminait
gaiement au milieu de son escorte. On arriva dans
un lieu où des rafraîchissements avaient été préparés.
Pendant que le tsar buvait, Erouslanof lui
lâcha un coup de pistolet à brûle-pourpoint dans la
poitrine, en lui criant : — « Tiens ! chien maudit,
voilà pour t'apprendre à noyer des khans, à mettre en
prison des princes ! » Le tsar n'était que blessé ; le
Tartare l'acheva à coups de sabre et lui coupa la tête
et la main. Alors satisfait de sa vengeance, il courut
rejoindre sa troupe, et bientôt gagna les steppes
brûlant et dévastant tout sur son passage[1]. Le
bouffon et les officiers du tsar, qui avaient pris la
fuite à toute bride, allèrent porter à Kalouga la
nouvelle de la catastrophe. Le bas peuple, toujours
attaché au nom de Démétrius, se jeta sur quelques
Tartares, qui, probablement par ignorance du com-

---

1. Baer, p. 188 et suiv. — *Letopis o Miatejakh*, p. 200.
Ms. de Zolkiewski, p. 187-191.

plot, étaient demeurés dans la ville; ils furent immolés aux mânes du tsar. Quant au gros de la horde, il était hors d'atteinte lorsqu'on arriva sur le théâtre du crime. Le corps de l'imposteur était gisant sur la terre, et la tête avait roulé à quelques pas du tronc. On réunit ces tristes restes, qui furent inhumés dans l'église de Kalouga avec les cérémonies usitées à l'enterrement des grands-ducs de Moscovie[1].

Marine était fort avancée dans sa grossesse quand elle perdit son second mari. Peu de jours après elle mit au monde un fils qui reçut le nom d'Ivan, et auquel la petite cour de Kalouga prêta serment de fidélité. Parmi les partisans du faux Démétrius, l'homme qui avait maintenant le plus d'autorité par sa clientèle parmi les Cosaques, était l'ataman Zarucki. Il se déclara le protecteur de la mère et de l'enfant, et se mit à la tête des restes encore nombreux de la faction qui demeurait toujours opiniâtrément attachée au nom de Démétrius. On prétend qu'il était amoureux de Marine; l'ambition seule expliquerait sa conduite. Habile à diriger une incursion de Cosaques, il n'avait ni les talents ni les vues politiques d'un chef de parti. A la tête d'une bande

1. Baer, p. 190.

que la désertion diminuait tous les jours, on le voit errer quelque temps encore autour de Moscou et dans les steppes de la Russie méridionale, traînant toujours à sa suite la malheureuse Marine. Elle avait quitté le Kremlin pour la tente de l'imposteur de Touchino; le bivouac d'un chef de Cosaques était maintenant le seul asile qui lui restât. Sa vie n'occupe plus de place dans l'histoire de la Russie, et l'on cherche en vain quelques renseignements sur le rôle qu'elle joua pendant trois années encore.

## XIV.

Si le faux Démétrius n'avait pas été assassiné plus tôt, c'est que depuis quelque temps déjà il avait cessé d'être redoutable. Moscou et la plupart des provinces du nord avaient prêté serment à Wladislas. La noblesse était convaincue qu'un prince étranger pouvait seul dominer et contenir les ambitions des nombreux descendants de Rurik. Le peuple, tout en conservant un vieux levain de haine contre les Polonais, était découragé et se résignait à recevoir un maître de la nation ennemie, pourvu que ce maître lui donnât la tranquillité, et qu'il respectât la religion nationale. Enfin Zolkiewski, encore plus fin politique que grand général, était parvenu à réconcilier les Moscovites avec une domination étrangère. On louait sa loyauté, sa justice, sa franchise militaire, le soin avec lequel il entretenait la discipline dans une armée victorieuse et mécontente de n'être pas mieux récompensée de ses services [1]. Adroit à ménager les susceptibilités des boyards, du peuple et du clergé, le vieux Hetman s'était fait pardonner sa victoire de Klouchino. Malgré ses préventions, le patriarche lui-même avait fini par se laisser gagner à l'ascendant de ce grand homme [2]. L'armée polonaise occupait le Kremlin et quelques villes voisines de Moscou. Maintenant elle protégeait les Russes contre les maraudeurs incorrigibles qui protestaient encore les armes à la main contre la décision du conseil de l'empire. Basile Chouiski et ses frères avaient été livrés au Hetman, qui les avait envoyés à son maître [3]. Enfin Michel Cheïn, le gouverneur de Smolensk, déclarait qu'il adhérait aux conventions faites à Moscou, et qu'il reconnaissait Wladislas; il ajoutait, à la vérité, que, lui vivant, jamais l'aigle de Pologne ne serait arborée

---

1. Les soldats polonais réclamaient leur solde après la bataille de Klouchino, et menaçaient leur général d'une *confédération*. Les boyards offrirent de l'argent au Hetman pour apaiser les exigences de cette armée. Ms. de Zolkiewski, p. 132-152.

2. *Id.*, p. 159.

3. *Id.*, p. 135.

sur ses remparts. Gouverneur d'une ville russe, il était prêt, disait-il, à la remettre au souverain que la nation lui désignerait, mais il ne la livrerait pas à une armée étrangère [1].

Sigismond, devenu, par la victoire de son général, l'arbitre des destinées de la Russie, pouvait d'un mot assurer à son pays une prépondérance durable dans le Nord, et s'acquérir pour lui-même une gloire immortelle. Ambitieux, égoïste et vain, il préféra l'apparence du pouvoir à sa réalité. Il était jaloux de ce fils que les Moscovites lui demandaient en suppliants pour en faire leur souverain; plus jaloux encore peut-être de la gloire de Zolkiewski, il s'indignait que ce grand capitaine ménageât les vaincus et acceptât une soumission qui avait ses réserves. Surtout il voyait avec dépit la résistance héroïque de Smolensk qui durait depuis un an, et qui lui semblait un affront personnel. A tout prix il voulait avoir raison de ses défenseurs. Enfin les jésuites, qui possédaient sa confiance, éveillaient ses scrupules religieux. — « C'était peu, lui disaient-ils, d'humilier la Russie, et d'en faire une vassale de la Pologne, tant qu'il n'en aurait pas extirpé le schisme d'Orient.

---

1. Ms. de Zolkiewski, p. 170, 176.

Non-seulement le Hetman n'avait rien stipulé en faveur de la religion catholique, mais encore il semsemblait plutôt avoir donné des garanties à l'église grecque et pris des mesures pour arrêter la propagation de la foi en Russie. Que pourrait faire Wladislas, enfant de seize ans, entouré de conseillers schismatiques? N'était-il pas à craindre qu'au lieu de convertir ses nouveaux sujets, il ne subît lui-même une influence dangereuse pour son salut autant que pour l'église catholique. » Dans sa conscience aussi bien que dans les discours de ses flatteurs, Sigismond trouvait des arguments pour céder à son ambition et à sa vanité. Il écrivit au Hetman qu'il voulait la couronne des tsars, non pour son fils, mais pour lui-même, et, sans tenir compte des conventions faites avec le conseil des boyards, il prit le titre d'autocrate de toutes les Russies, et ordonna que les oukases fussent rendus en son nom. Zolkiewski avait eu le temps d'étudier les dispositions des Moscovites; il savait ce qu'ils pouvaient endurer, et mainte fois il avait représenté à son maître les difficultés et les dangers de sa position. Voyant ses remontrances inutiles, il ne voulut plus conserver l'espèce de régence dont la victoire l'avait investi. Après avoir pris toutes les mesures que son expérience lui suggéra pour mettre la petite garnison polonaise de Moscou à l'abri d'une attaque, il laissa le commandement à Gonciewski, et alla rejoindre le roi au camp devant Smolensk. Son départ révélait aux Russes le sort qui leur était réservé. Les troupes polonaises s'emparaient des principales villes, proclamaient Sigismond, et n'observaient plus aucun de ces ménagements par lesquels le Hetman avait su gagner la confiance et l'estime des vaincus. Un moment étouffé après tant de revers, le sentiment national se réveilla avec une énergie nouvelle. Le patriarche Hermogène, vieillard de quatre-vingts ans, respecté par tout le peuple comme un modèle de vertu et de piété sincère, poussa le premier un cri d'alarme qui retentit dans tout l'empire[1]. De toutes parts on prit les armes, et la guerre recommença avec plus de fureur que jamais.

Smolensk, réduite par le feu, par la famine et par la peste, succomba enfin, lorsque ses défenseurs ne furent plus assez nombreux pour border les brèches. Au moment du dernier assaut, l'explosion d'un magasin à poudre mit le feu à la ville, et l'on vit des habitants, résolus à ne pas survivre à leur patrie, se précipiter dans les flammes pour ne pas assister au

---

1. Maskiewicz, p. 56.

triomphe des ennemis de la foi[1]. Sigismond ne fit la conquête que d'un monceau de ruines. Moscou n'eut pas la même gloire, bien que son désastre fût aussi épouvantable. Les milices des provinces soulevées à la voix d'Hermogène s'étaient dirigées de toutes parts sur la capitale. Les Polonais, attaqués dans les rues et chassés de plusieurs faubourgs, ne parvinrent à se maintenir dans le Kremlin qu'en élevant autour d'eux un mur de flammes. La ville fut presque entièrement détruite, mais le Kremlin demeura aux mains de l'ennemi, inexpugnable pour les levées sans discipline rassemblées autour de cette forteresse. L'armée des provinces confédérées était immense, mais le désordre paralysait toutes ses opérations. Chaque chef, ayant ses intérêts et ses plans particuliers, cherchait moins à nuire à l'étranger qu'à ses compatriotes. L'ignorance des généraux ou leur mauvaise volonté égalait l'indiscipline des soldats. On vit à la fois autour du Kremlin trois armées russes plus disposées à s'entre-battre qu'à forcer les Polonais dans leurs retranchements; l'une composée en majeure partie de vagabonds échappés du camp de Touchino, était commandée par un prince Troubetskoï. Zarucki en conduisait une autre au

---

[1] Ms. de Zolkiewski, p. 217.

nom du fils de Marine ; la troisième armée, la seule peut-être dont le chef voulût sincèrement l'indépendance nationale, obéissait au prince Procope Liapounof, surnommé le *Tsar Blanc* [1], patriote sincère selon les historiens russes, impitoyable bandit si l'on en croit les annalistes polonais et allemands. Gonciewski, successeur du Hetman à Moscou, profita habilement du manque d'accord des assiégeants; il les battit en détail, et, par une ruse que sa situation désespérée n'autorisait peut-être pas, il parvint à soulever les soldats de Liapounof contre leur général. Trompés par une lettre que Gonciewski fit tomber entre leurs mains, ils accusèrent leur chef de les trahir et le massacrèrent [2]. C'était le général en qui le peuple avait le plus de confiance, et, aussitôt après sa mort, l'armée assiégeante se dispersa découragée. L'âme de l'insurrection nationale, le patriarche Hermogène, demeuré

1. Baer, p. 150, 211.

2. Gonciewski ayant fait contrefaire l'écriture de Liapounof, montra à un prisonnier russe, une lettre qu'il disait avoir reçue et par laquelle Liapounof promettait de lui livrer son armée. Le prisonnier relâché ensuite et chargé de porter une réponse du général polonais, alla dénoncer la trahison prétendue au conseil des boyards. Aussitôt, les Cosaques de Zarucki se jetèrent sur Liapounof et le mirent en pièces à coups de sabre. Maskiewicz, p. 101, 102.

au pouvoir des Polonais, mourut dans un cachot du Kremlin.

Après tant de désastres, le peuple refusait d'obéir à ses boyards. C'est en vain qu'ils lui criaient de s'armer pour la foi orthodoxe et pour la patrie. Les uns, toujours malheureux, étaient abandonnés par leurs soldats, les autres, courtisans éhontés de tant de maîtres différents, n'inspiraient plus que du mépris. Au milieu de cette épouvantable anarchie, chaque ville avait ses velléités d'indépendance, prenait des résolutions au nom de tout le peuple russe, et nommait des chefs qu'elle déposait au bout de quelques jours. Kazan et Viatka proclamèrent le fils de Marine ; Novgorod, plutôt que d'ouvrir ses portes aux Polonais, appela les Suédois, et se donna à un fils de Charles IX. Un diacre fugitif nommé Isidore [1], osa, pour la troisième fois, ressusciter le fantôme de Démétrius, et, pendant quelques jours, il eut ses partisans, au nombre desquels on trouve l'ambitieux Troubetskoï, et même Zarucki, brouillé sans doute un instant avec Marine [2]. Cependant les troupes de Sigismond atta-

---

[1]. Il est désigné par les historiens russes sous le nom de Bandit de Pskof, cette ville l'ayant reconnu pour quelque temps.

[2]. *Letopis o miatejakh*, p. 230.

quaient l'une après l'autre les places les plus considérables; la violence et la corruption allaient bientôt lui livrer toute la Russie.

Une force invincible restait toutefois à ce pays malheureux : son impérissable attachement à sa religion et à sa nationalité. Qu'il se trouvât un homme de tête et de cœur, dégagé d'ambition personnelle qui plantât un drapeau, non plus au nom d'un prince, mais au nom de la Russie et de la Foi opprimées, cet homme allait rallier tout le peuple. Cette mission glorieuse échut à un citoyen obscur. Il s'appelait Kozma Minine, boucher à Nijni-Novgorod. Il harangua les habitants de cette ville avec une éloquence grossière, mais entraînante. — « Levons-nous en
« masse, jeunes et vieux, leur dit-il. Le temps est
« venu de risquer notre vie pour la foi. Mais ce n'est
« pas tout. Vendons nos maisons; mettons en gage nos
« femmes et nos enfants pour payer des soldats, et
« délivrons le pays[1]. » Ainsi parlait Minine, et comme il parlait, il agissait. Il donna tout ce qu'il possédait pour soudoyer des gens de guerre, ne demandant rien pour lui-même. Le peuple, enthousiasmé par ses paroles et son exemple, le prit pour chef et

---

1. *Letopis o miatejakh*, p. 234.

lui décerna le titre d'*élu de tout l'empire russe*. Minine n'avait ni les talents ni l'expérience d'un général, mais il avait un sens droit, un tact sûr, un désintéressement presque unique à cette époque. Se réservant pour lui-même le soin d'organiser les forces nationales, de maintenir l'ordre et l'union parmi les confédérés de toutes les provinces, il fit choix pour conduire l'armée d'un homme aussi honnête, aussi patriote que lui-même. Tandis que le jugement et la fermeté de Minine présidaient aux conseils, l'épée du prince Démétrius Pojarski [1] chassait les Polonais de ville en ville. Tout le peuple se ralliait autour de ces deux généreux citoyens. Après une campagne marquée par une suite de triomphes, Minine, loin de vouloir conserver le pouvoir qu'il avait fait aimer et respecter, déclara qu'il fallait un tsar au pays, et conseilla de prendre *celui que Dieu donnerait et que proclamerait la terre russe*. Le 3 mars 1613, Michel Romanof fut élu dans Moscou affranchie du joug polonais.

Aux premiers succès du prince Pojarski, le fantôme de Démétrius et tous les prétendants subal-

---

1. Selon Lubienski son extraction était médiocre, bien qu'il portât le titre de prince. — Posarcius postremæ notæ homo. Lubienski, op. post. 159.

ternes disparurent comme par enchantement. Zarucki comprit qu'une force irrésistible allait l'écraser, et ne songea plus qu'à s'assurer un asile. Traînant à sa suite Marine et son fils, il essaya inutilement de soulever les Cosaques du Don. Après avoir essuyé une défaite près de Voroneje, il gagna le Volga et s'empara d'Astrakhan dans l'espoir de s'y fortifier, mais les généraux de Michel Romanof ne lui en laissèrent pas le temps. Chassé de cette ville et traqué par des forces supérieures, il projetait de gagner la côte orientale de la mer Caspienne, lorsqu'au commencement de juillet 1614, il fut surpris sur les bords du Iaïk et livré aux généraux moscovites ainsi que Marine et le fils du second Démétrius [1]. On les conduisit aussitôt à Moscou. Là Zarucki fut condamné à mourir sur le pal, supplice des traîtres, et le jeune Ivan, âgé de trois ans à peine, fut étranglé, tant le nom de Démétrius inspirait encore de terreur. Marine, renfermée dans une prison, s'y éteignit dans l'obscurité, abandonnée comme il semble par son pays et par sa famille même [2].

1. *Gos. Gramoty*, III, p. 97, 99.
2. *Letopis o Miatejakh*, p. 286. Selon une version accréditée en Pologne, Marine, son fils Ivan, et Zarucki seraient

morts noyés sous la glace par les Cosaques, compagnons de leur fuite. Le témoignage de l'ancien annaliste que j'ai suivi, est confirmé par plusieurs documents irrécusables : 1° Un rapport officiel établit que Zarucki et Marine furent conduits prisonniers à Astrakhan, le 6 juillet 1614 ; or, au commencement de juillet, on trouverait difficilement de la glace sur le Volga ou sur le Iaïk (*Gos. Gramoty*, III, p. 99). 2° Une dépêche des ambassadeurs russes en Pologne, datée de 1644, fait souvent allusion à la mort du fils de Marine, laquelle aurait eu lieu en 1614, *à Moscou*. Voici à quelle occasion : L'abbé du monastère de Saint-Siméon à Brzesc-Litowski (ancien chef-lieu de la Voïévodie de Podlésie) déclara aux ambassadeurs de Michel Fédorovitch en Pologne, qu'il avait été chargé par Léon Sapiéha, chancelier de Lithuanie, d'élever un enfant qui lui avait été recommandé par le roi Sigismond. Or, cet enfant, sorti du monastère, s'était fait appeler le tsarévitch Ivan Dimitrovitch, et se prétendait fils de Démétrius et de Marine Mniszek. L'individu désigné aux ambassadeurs fut interrogé en leur présence, par des sénateurs polonais. Il avoua qu'il s'appelait Jean Faustin, et qu'il était fils d'un pauvre gentilhomme (*szlachcic*) de Podlachie, nommé Démétrius ou Dmitri Louba. Mené tout enfant à Moscou par son père, il le perdit dans un combat (probablement pendant le siége soutenu par Gonciewski). Un gentilhomme du nom de Bielinski recueillit l'orphelin. Lorsqu'on amena à Moscou le fils de Marine, Bielinski, de concert peut-être avec celle-ci, essaya de substituer Jean Faustin au fils de Démétrius qu'il voulait enlever et conduire en Pologne. Mais l'échange ne put avoir lieu, et le véritable fils de Marine ayant été étranglé, on voulut tirer quelque parti de l'enfant destiné à l'honneur de mourir pour le prétendant. Bielinski donna Jean Faustin au chancelier de Lithuanie Léon Sapiéha, qui lui fit apprendre le polonais et le russe ainsi que le latin dans le couvent de Brzesc-Litowski. Pendant quelques années Sapiéha tint son élève en réserve, attendant pour le produire une occasion qui ne se présenta point. A la mort du chancelier, Jean Faustin se trouvant sans ressources, avait été heureux, pour ne pas mourir de faim, d'accepter une place de clerc ou secrétaire (*pisar*) chez un gentilhomme polonais. *Gos. Gramoty*, III, 411-413. D'après ce qui précède, il serait possible que le fils de Marine eût été mis à mort précisément par suite de la tentative d'enlèvement avortée dont il a été question.

FIN.

# NOTES
## ET
## PIÈCES JUSTIFICATIVES

---

### NOTE A.

Extrait de l'Enquête sur la mort du tsarévitch Démétrius Ivanovitch, tenue à Ouglitch par ordre du tsar Fédor Ivanovitch, par le boyard prince Basile Ivanovitch Chouiski, le conseiller André Pétrovitch Klechnine et le secrétaire Élisareï Vylouzghine, au mois de mai 1591.

(Les premières lignes manquent.)

. . . . . . . . . . . . . . . . . . . . . . . . . . . . .

Et ledit jour, 19ᵉ de mai, au soir, arrivèrent à Ouglitch le prince Basile, et André et Élisareï, et ils demandèrent à Michel Nagoï comment était mort le tsarévitch Démétrius, et quelle avait été sa maladie? Pourquoi lui, Nagoï, avait commandé de tuer Michel Bitiagofski et son fils Daniel, et Mikita Katchalof, et Daniel Tretiakof, et Joseph Volokhof? et pourqui, le mardi, il avait ordonné de prendre des couteaux, des arquebuses, une masse d'armes en fer et des sabres pour les mettre auprès des morts? Pourquoi il avait rassemblé des gens de la ville et de la campagne? Pourquoi il avait fait prêter serment au bailli Rousine Rakof d'être avec lui, et contre qui? — Et Michel Nagoï a dit : « Le 15 mai dernier, le samedi, à la sixième heure du jour, la cloche sonna à l'église du Sauveür; et dans ce moment moi, Michel, j'étais dans ma maison, et je crus qu'il y avait un incendie. Je courus chez le tsarévitch, dans la cour. Il venait d'être assassiné par Osip Volokhof, Mikita Katchalof et Daniel Bitiagofski. Beaucoup de gens de la ville entrèrent dans la cour, et Michel Bitiagofski y vint également, et la canaille tua Michel Bitiagofski, son fils Daniel et les autres. Je n'ai pas donné l'ordre de les tuer. J'étais auprès de la tsarine. Ce sont les gens de la ville qui sont venus au bruit du tocsin. Je n'ai pas commandé au bailli Rakof de recueillir des armes et de les placer auprès des morts. Il a fait cela de lui-même. Quant au serment que j'aurais exigé du bailli, c'est une calomnie de son invention. »

Et le bailli R. Rakof a dit : — « Michel Nagoï a beau nier qu'il m'ait donné ces ordres au sujet des armes; faites comparaître Grégoire Nagoï, et Borisko Afanasief, homme à Michel Nagoï; interrogez-les si, par l'ordre de Michel Nagoï, je n'ai pas demandé à Borisko quelque couteau pour mettre auprès des morts? Et Borisko me dit qu'il y avait un couteau nogaï (tartare) chez Grégoire Nagoï. J'ai demandé un couteau à Grégoire, qui m'a dit qu'il avait un couteau nogaï dans un cabinet, et que son frère Michel en avait la clef. Borisko est allé la demander à Michel, qui l'a envoyée : alors Grégoire a tiré le couteau du cabinet et me l'a donné ; puis je l'ai placé auprès des morts. »

Et aussitôt le prince Basile, André et Élisareï ont fait comparaître Grégoire Nagoï et Borisko, homme à Michel Nagoï, et les ont interrogés au sujet de la mort du tsarévitch et de l'assassinat de Bitiagofski et de ses compagnons, comme aussi sur le fait du couteau. — « Pourquoi ton frère Michel a-t-il fait ramasser des couteaux, et les a-t-il fait placer auprès des morts ? Et toi, as-tu donné un couteau au bailli Rakof ? »

Grégoire a répondu : — « Que le bailli lui avait demandé un couteau ; que lui, Grégoire, avait dit qu'il avait un couteau nogaï, mais serré dans un cabinet dont son frère Michel avait la clef. Borisko est allé la demander, et Michel la lui a envoyée ; alors Grégoire a remis le couteau à Rakof. »

Le prince Basile, André et Élisareï ont cité à comparaître la veuve Vassilissa Volokhof et les pages qui se trouvaient auprès du tsarévitch, Pétrouchka Kolobof, Bajenko Toutchkof, Ivachko Krasenski et Grichka Kozlofski, et leur ont demandé de quelle manière le tsarévitch Démétrius était mort.

Et Borisko Afanasief, homme à Michel Nagoï, interrogé, a répondu : — « Témir Zasetskoï étant venu à Ouglitch le mardi soir, Michel Nagoï commença à dire qu'il fallait ramasser des couteaux et les placer auprès des gens qu'on avait tués, et il ordonna au bailli Rakof de rassembler des couteaux et de les mettre auprès des morts ; il fit prendre une masse de fer chez Bitiagofski, dans une armoire, pour la placer également auprès d'eux. Rousine Rakof m'a demandé un couteau ; je lui ai dit qu'il y avait chez Grégoire un couteau nogaï. Je suis allé chercher la clef chez Michel, et Rakof a placé le couteau près des morts. Timokha, homme à Michel, le lundi au soir, s'est enfui, on ne sait où. »

Et Grégoire Fëdorof Nagoï interrogé, a dit : — « Le samedi 15 mai, mon frère Michel et moi, nous rentrions dans notre maison pour dîner, et à peine étions-nous entrés, que la cloche sonna ; nous crûmes que le feu était quelque part. Nous courûmes dans la cour du palais. Le tsarévitch était à terre, qui s'était percé lui-même d'un couteau dans un accès d'épilepsie, maladie dont auparavant il était atteint. Quand nous arrivâmes, nous trouvâmes le tsarévitch qui vivait encore, mais il expira sous nos yeux. Michel Bitiagofski était dans sa maison, et il accourut au palais. En même temps entrèrent beaucoup de gens de la ville et de paysans (*posochnie*), et on commença à dire, on ne sait qui s'en avisa, que le tsarévitch avait été égorgé par Daniel fils de Bitiagofski, Joseph Volokhof et Mikita Katchalof. Michel Bitiagofski essaya de parler, mais les gens de la ville se jetèrent sur lui ; il s'enfuit dans la maison de planches (*brousenaïa izba*), mais on enfonça la porte, on l'entraîna et on le battit jusqu'à mort. On tua en même temps Tretiakof. Pour Daniel Bitiagofski et Katchalof, on les tua dans la secrétairerie (ou tribunal). On porta Joseph Volokhof devant la tsarine dans l'église du Sauveur, et là, devant la tsarine, il fut massacré. Quatre hommes à Bitiagofski, deux à Volokhof, et trois habitants saisis, je ne sais où, furent encore mis en pièces par la canaille. Je ne sais pourquoi on les a tués. Nous avons réuni les gens de la ville pour recevoir le prince Chouiski, André Klechnine et El. Vylouzghine ; et de peur d'encourir le courroux du tsar, nous avons pris soin que personne ne dérobât le corps du tsarévitch. C'est le sacristain Ogourets qui a sonné la cloche. Le mardi, 19 mai, mon frère Michel a fait prendre des couteaux par le bailli Rakof et lui a ordonné de les ensanglanter avec le sang d'une poule. Il a fait prendre aussi une masse d'armes en fer, et mon frère Michel a fait mettre toutes ces armes auprès de Joseph Volokhof, Daniel Bitiagofski, Mikita Katchalof et Daniel Tretiakof, comme s'ils avaient égorgé le tsarévitch Démétrius. »

(La pièce originale porte la signature de Grégoire Nagoï.)

— Et le prince Basile, André et Élisareï demandèrent au bailli Rakof : « Pourquoi Michel Nagoï t'a-t-il commandé de mettre des couteaux et autres armes auprès des morts? »

— Et Rakof a répondu : « Afin de faire croire que c'était eux qui avaient tué le tsarévitch. »

(Ici, une lacune de quelques lignes détruites par le temps dans le manuscrit original ; elles semblent le commencement d'une déposition écrite ou d'une supplique adressée au tsar par le bailli Rakof.)

« . . . . . . Demander à Michel Nagoï et aux gens d'Ouglitch pourquoi il emmena Michel (Bitiagofski), qui ne faisait ni bruit ni mal. Et la tsarine Marie, et Michel Nagoï commandèrent aux habitants de tuer Michel Bitiagofski, lequel se sauva dans la maison de planches et Katchalof avec lui, mais on les en arracha et on les massacra. Et Michel Nagoï commanda de tuer Daniel le fils de Bitiagofski et Tretiakof dans la secrétairerie. Il fit tuer encore, Seigneur, trois habitants qui étaient accourus auprès de Bitiagofski et quatre hommes à Bitiagofski. On arquebusa une femme contrefaite à Bitiagofski et on la jeta à l'eau ; on tua encore deux hommes à Osip Volokhof et un à Tretiakof, et puis il les fit jeter dans un fossé. Quant aux autres hommes à Bitiagofski on les mit en prison, et il commanda de piller la maison dudit Bitiagofski. Après quoi, le lendemain, Seigneur, il m'envoya Borisko, un homme à lui, avec menaces et injures (aboyement). Il me dit, — : « Comment, tu vis encore? Qu'attend-on, pour te mettre avec ces gens qu'on a tués, Bitiagofski et ses camarades? » Ils m'ont recherché, Seigneur, moi ton serf, pour me faire périr, et Michel Nagoï a dit que ton serf n'avait pas été envoyé pour la corvée, mais pour rapporter ce qui se faisait dans leur maison. » Gracieux Tsar et Maître! montre ta miséricorde; ne fais pas tomber ton courroux sur moi comme sur les serfs de Michel et de son frère André. Seigneur Tsar, pardonne. »

Stepane, prêtre de l'église du Sauveur, interrogé, a dit : « Le mardi, 18 mai, Michel Nagoï m'envoya avec le bailli Rakof, et Ivan Mouranof dans la maison de Bitiagofski, et avec nous étaient Trenka Vorojenkine, et Kondrachka, potier d'étain, habitants d'Ouglitch. Et il nous commanda de prendre dans un cabinet une masse d'armes de fer. Nous la lui apportâmes, et Michel la donna au bailli en lui disant de la prendre, qu'on la demanderait et qu'elle ne se perdit pas. »

Et la veuve Vassilissa Volokhof, interrogée, a dit : « Le tsarévitch avait été malade de son mal caduc le 12 mai, et le vendredi se trouvant un peu mieux, la tsarine sa mère le mena avec elle à la messe, et aussitôt après la messe elle lui dit d'aller se promener dans la cour. Le lendemain samedi, après la messe, la tsarine dit au tsarévitch d'aller s'amuser dans la cour. Il y avait auprès de lui la nourrice Orina, les enfants ses pages, la fille de chambre Maria Samoïlof et moi. Le tsarévitch jouait avec un petit couteau (*nojik*) quand tout d'un coup revint sur lui cette maladie noire, qui le jeta par terre, et alors le tsarévitch se perça lui-même la gorge de son couteau, il se débattit longtemps, puis il expira. Avant cela, cette année même pendant le grand carême, il avait eu une attaque de son mal caduc, et il avait blessé légèrement (*pokolol*) sa mère la tsarine Marie ; dans une autre attaque, avant Pâques, le tsarévitch avait mordu la main d'Andreïevna Nagoï et on eut beaucoup de peine à lui faire lâcher prise. Quand le tsarévitch se fut percé avec son couteau, la tsarine Marie accourut et commença à me battre elle-même avec une bûche, et me donna beaucoup de coups sur la tête en me criant que c'était mon fils Joseph, Michel Bitiagofski et Mikita Katchalof qui avaient tué le tsarévitch. Moi, je frappai du front devant elle, la suppliant de faire faire une enquête sincère, et assurant que mon fils n'était pas venu dans la cour. Mais la tsarine dit à Grégoire Nagoï de me battre les côtés avec la même bûche, tant que peu s'en fallut que je ne restasse morte sur la place. Puis ils se mirent à sonner la cloche du Sauveur, sur quoi beaucoup de gens de la ville et d'ailleurs accoururent dans l'enclos. Et la tsarine ordonna à ces gens de me prendre, et me levant, ils me tinrent nu-tête devant la tsarine. Michel Bitiagofski arriva dans l'enclos et voulut parler aux gens de la ville et à Michel Nagoï, mais la tsarine et Michel Nagoï commandèrent de le tuer ainsi que son fils, et Mikita Katchalof et Daniel Tretiakof, en disant qu'ils avaient assassiné le tsarévitch. Mon fils Joseph était en ce moment dans sa maison ; en entendant le tumulte, il courut chez la femme de Bitiagofski. Là, les gens de la ville le saisirent et l'amenèrent encore vivant devant la tsarine ainsi que la femme et les filles de Bitiagofski. La tsarine dit au peuple que mon fils Joseph Volokhof était un des meurtriers du tsarévitch; alors on le frappa et on le tua, et ils se mettaient tous après lui comme après un lièvre. Un homme à mon fils, un nommé Vaska, essaya de le défendre et d'empêcher qu'on ne le tuât. On le tua sur mon fils. Un autre de mes gens fut massacré, parce que, voyant que j'étais nu-tête, il me remit mon bonnet; c'est pourquoi on le battit tant qu'il en mourut. Il y avait une femme contrefaite chez Bitiagofski, laquelle allait souvent chez André Nagoï. On en parla à la tsarine qui la fit venir pour s'en amuser. Quand le tsarévitch fut mort, deux jours après, la tsarine la fit prendre et la fit tuer, comme si elle avait jeté un sort au tsarévitch. »

Les pages du tsarévitch qui jouaient avec lui, Pëtrouchka Samoïlof fils de Kolobof, Vajenko Nejdanof fils de Toutchkof, Ivachko Krasenski, Grichka Kozlofski, ont dit : « Le tsarévitch jouait *à la tytchka* (à ficher) avec un couteau, dans l'enclos de derrière, il eut une attaque de son mal caduc, et se perça de son couteau. »

Interrogés sur les personnes qui se trouvaient alors auprès du tsarévitch, Pëtrouchka et ses camarades ont répondu : « La nourrice Orina, et la femme de chambre Maria Samoïlof femme de Kolobof. »

*Demande.* — « Joseph Volokhof et Daniel Bitiagofski étaient-ils alors auprès du tsarévitch ? »

*Réponse.* — « Il n'y avait que nous, la nourrice et la femme de chambre. Joseph Volokhof et Daniel Bitiagofski n'y étaient pas; ils n'allaient pas chez le tsarévitch. »

Les commissaires ont interrogé la nourrice Orina Jdanova femme de Toutchkof, et Marie Samoïlof femme de Kolobof, femme de chambre du tsarévitch, en présence de la tsarine dans l'église.

Orina Jdanova a répondu : « Le samedi le tsarévitch est sorti dans la cour. Il jouait avec les pages un couteau à la main. Je n'ai pas fait attention comment la maladie noire est venue sur le tsarévitch ; mais en ce moment il avait un couteau à la main et il s'en perça. Je le pris, et il expira dans mes bras. »

Marie Samoïlof a dit : « Le samedi, le tsarévitch est allé dans l'enclos avec ses pages et s'amusait avec un couteau, il eut une attaque de sa maladie noire ; il tomba par terre, et se perça du couteau qu'il tenait à la main. »

Les commissaires ayant demandé à André Nagoï comment le tsarévitch était mort et comment il avait mordu sa fille dans un accès de maladie? André Alexandrof Nagoï a dit : « Le tsarévitch était dans la cour de derrière à s'amuser avec des enfants ; il jouait avec un couteau à sauter une raie? Tout à coup on cria dans la cour que le tsarévitch était mort. La tsarine descendit en courant. Moi j'étais à table, et je courus auprès de la tsarine. Le tsarévitch était mort dans les bras de la nourrice, et on dit qu'on l'a égorgé : pour moi je n'ai pas vu qui l'a frappé. Mais le tsarévitch était atteint du mal caduc. Pendant le grand carême il a mordu horriblement la main de ma fille ; chez moi, il s'est mangé les mains dans une attaque, étant avec ses menins et ses nourrices. Quand la maladie le prenait, et qu'on cherchait à le tenir, alors il mordait, sans savoir ce qu'il faisait, tout ce qui était autour de lui. Je ne sais qui a donné l'ordre de tuer Bitiagofski et les autres.

C'est la canaille de la ville qui les a massacrés. Pour moi j'étais demeuré toujours auprès du corps du tsarévitch ; je le portai ensuite à l'église. »

(Déposition signée de la main d'André Nagoï.)

Fédote Afanasief, dit Ogourets, pope veuf, sacristain de l'église de Saint-Constantin, interrogé sur la personne qui lui aurait donné l'ordre de sonner la cloche, a dit : « Quand le tsarévitch Démétrius est mort, j'étais chez moi à l'église du Sauveur ; le garde Maximko Dimitreïef Kouznetsof sonna la cloche. Moi, je sortis aussitôt dans la rue, et comme je courais vers l'église du Sauveur, je rencontrai Soubota Protopopof gentilhomme de la bouche, qui me dit de sonner à l'église du Sauveur, et me donnant un coup de poing sur le col, il me dit de sonner fort. Il me donna cet ordre devant Grégoire Nagoï et dit que c'était de la part de la tsarine Marie ; c'est pourquoi j'ai sonné. Quant à la mort du tsarévitch, il dit que le prince jouait dans l'enclos de derrière avec un couteau, en compagnie de ses pages, que sa vieille maladie le prit, qu'il tomba par terre, et qu'il se perça lui-même de son couteau. »

Grégoire Nagoï dit : « Qu'il n'a pas entendu ce que Protopopof a dit au pope ; que Fédote lui avait dit que Soubota lui avait commandé de sonner. Que Michel Bitiagofski était accouru à lui au bruit de la cloche et qu'il était demeuré avec lui dans le clocher. »

Soubota Protopopof confronté avec le pope Fédote, dit : « Michel Nagoï étant entré dans la cour, m'a commandé de sonner la cloche pour rassembler le peuple. J'ai dit au sacristain Ogourets de sonner. Beaucoup de gens étant accourus, Michel Nagoï ordonna de tuer Bitiagofski. Avant cela, ils étaient en querelle parce que Michel Nagoï demandait à Bitiagofski de l'argent du trésor sans ordre du tsar, et que Bitiagofski le refusait, alléguant la défense expresse du tsar. Quant à Bitiagofski et à ses compagnons morts avec lui, la canaille les a tués je ne sais pourquoi. »

Les commissaires ayant fait comparaître en leur présence l'Archimandrite Fëdorite, l'Igoumène Savateïa, et les officiers de la bouche et de la maison de la tsarine, les ont interrogés au sujet des derniers événements.

L'Archimandrite Fëdorite, du couvent de la Résurrection, a dit : « Le samedi, 15 mai, j'ai officié au couvent de Saint-Alexis; à six heures de jour, après la messe, on sonna à l'église du Sauveur, lorsque je me trouvais avec l'Igoumène Savateïa. Nous envoyâmes des serviteurs pour savoir de quoi il s'agissait, et nous pensions que le feu fût quelque part. Mais nos gens nous rapportèrent qu'ils avaient appris de personnes de la ville et de paysans que le tsarévitch venait d'être assassiné, on ne savait par qui. Nous partîmes, et déjà le corps du prince était dans l'église du Sauveur ; Bitiagofski, son fils, Mikita Katchalof, Daniel Tretiakof, et plusieurs hommes à eux, ainsi que des habitants, avaient été tués. On conduisit devant la tsarine dans l'église, et en notre présence, Joseph Volokhof à moitié mort, et on l'acheva à force de le battre devant la tsarine. On amena aussi dans l'église la femme et les deux filles de Bitiagofski pour les tuer, mais nous les sauvâmes, et elles furent gardées par les habitants dans l'église ; la mère de Joseph Volokhof fut conduite au palais et mise sous bonne garde. »

( Signature de l'Archimandrite.)

L'Igoumène David du monastère Pokrovski. Son monas-

tère est à deux verstes d'Ouglitch, de l'autre côté du Volga :
« Il a entendu le tocsin et a cru qu'il sonnait pour un incendie. Des gentilshommes lui ont dit que le tsarévitch avait eu une attaque d'épilepsie dans laquelle il s'était percé lui-même ; que Bitiagofski et les autres ont été tués par la populace de la ville et des faubourgs ainsi que par des Cosaques du tribunal, parce qu'ils voulaient parler au peuple. »

L'Igoumène du couvent de Saint-Alexis, Savateïa, dépose des mêmes faits que l'Archimandrite. Il ajoute « que Bogdat, cuisinier, est venu le mander de la part de la tsarine dans le couvent du Sauveur, et lui commander d'aller dans la ville, que le tsarévitch était mort. Il a vu le tsarévitch égorgé dans l'église et la tsarine a dit que c'était Katchalof, le fils de Bitiagofski, et Joseph Volokhof, qui l'avaient tué. Bitiagofski et ses compagnons étaient déjà morts par la ville. Joseph Volokhof était encore vivant, contre un pilier de l'église. Quand nous fûmes sortis de l'église, on nous dit qu'on avait tué Joseph, mais je ne sais pas qui a fait le coup. »

(Signature de Savateïa.)

Bogdan, pope de Saint-Constantin, confesseur de Grégoire Nagoï. « Le 15 mai, j'étais à dîner chez Michel Bitiagofski, quand on sonna la cloche d'alarme à l'église du Sauveur. Michel crut que le feu était quelque part et envoya des gens pour s'en informer. Ils revinrent lui annoncer que le tsarévitch était mort. Alors Michel courut dans la cour du palais qui était pleine de gens avec des fourches, des haches et des sabres. Il voulut leur demander pourquoi ils venaient avec des armes, mais ils se jetèrent sur lui. Il se réfugia dans la maison de planches avec Tretiakof, mais on en brisa la porte, on les en arracha et on les massacra pour avoir voulu parler à ces gens. Dans ce moment Daniel Bitiagofski était chez son père à dîner. »

(Déposition signée par Bogdan.)

Ivan Mouranof, staroste-criminel (*goubnoï starosta*) a dit : « Le tsarévitch était dans la cour avec des enfants, ses menins, il s'amusait à ficher avec un couteau (*techilsa v'tytchkou nojem*), lorsqu'une attaque du haut mal le jeta par terre et commença à le *battre* (l'agiter). Alors lui-même il s'enferra dans la gorge avec son couteau, dont il mourut. Aussitôt le tumulte se mit dans la ville, et beaucoup de gens d'Ouglitch et de la campagne accoururent avec des haches et des fourches. Michel Nagoï a fait tuer Bitiagofski, son fils, Katchalof, Tretiakof et Osip Volokhof, parce qu'ils commençaient à disputer avec lui. »

(Déposition écrite, présentée aux commissaires, par un sous-secrétaire qui a reçu le serment du témoin.)

Plusieurs officiers de bouche de la maison du tsarévitch font des dépositions conformes à la précédente. La plupart n'ont rien vu et ne rapportent que ce qu'ils ont entendu.

Cyrille Mokhovikof, était présent. Il ajoute : « *L'accès battit longtemps* le tsarévitch. Lorsqu'il se fut tué lui-même, on se mit à sonner le tocsin, et Bitiagofski courut à la porte de la cour, mais elle était fermée. J'y courus aussi, et la porte s'ouvrit. Lorsque nous entrâmes dans la cour, Bitiagofski se mit à parler aux gens; alors ils tombèrent sur moi, me battirent jusqu'à mort, et me cassèrent bras et jambes, etc. » Le témoin ne sait pas combien de gens ont été tués, il sait seulement qu'on l'a battu jusqu'à mort (*on sam oubit na smert*). Il nomme cinq hommes du peuple comme ayant commencé les violences avec Michel Nagoï.

Cinq autres témoins, officiers de bouche, répètent le même récit. Au moment de la mort du tsarévitch, ils portaient les plats pour le dîner.

Semeïka Youdine, rapporte la même version et presque dans les mêmes termes; il était auprès du buffet au moment où le tsarévitch est tombé, et il a tout vu.

Quatre *enfants boyards* (*Deti boïarskie*) attachés à la maison de la tsarine font la même déposition. Ils se sont sauvés lorsque le tumulte a commencé.

Trois autres officiers de bouche répètent le même récit qu'ils tiennent de Pétrouchka Kolobof, page du tsarévitch et témoin oculaire.

(Tous ces témoignages sont formulés dans les mêmes termes. L'accès d'épilepsie qui renversa l'enfant dura quelque temps comme il semble. « *Son mal caduc le battit longtemps* (*bilo dolgo*). » Ces mots se trouvent dans presque toutes les dépositions. Comment se fait-il qu'on ne lui ôtât pas le couteau qu'il avait à la main?)

André Kozlof, gentilhomme de la tsarine, n'est venu sur les lieux qu'après la mort du tsarévitch. Il déclare que c'est Michel Nagoï qui a donné l'ordre de tuer Bitiagofski et ses compagnons; il ne sait pour quel motif.—Suivent des dépositions insignifiantes de nombreux domestiques, relatives au massacre de Bitiagofski. Un d'eux, Stepanko Koriakine, porte-arquebuse (*Pistchik*) de ce dernier, dépose que la maison de son maître a été pillée, qu'on a emmené tous les chevaux, et que Grégoire Nagoï a pris pour lui un sabre damasquiné d'argent. Il nomme parmi les pillards et les meurtriers Michel et Danilko Gregorief.

Danilko Gregorief, palefrenier, est accouru au bruit du tocsin avec les habitants de la ville et les Cosaques du tribunal; on lui a dit que Bitiagofski et Katchalof avaient assassiné le tsarévitch; il s'est joint à ceux qui les frappaient, et le témoin ainsi que son père, conviennent qu'ils les ont battus jusqu'à mort. « Tout le monde s'en est allé tranquillement (*mirom*) à la maison de Bitiagofski. On l'a pillée, on a bu les liqueurs qui se trouvaient dans la cave et défoncé les tonneaux. On a pris neuf chevaux de Bitiagofski qu'on a menés dans l'écurie de la tsarine, mais le mardi, quelques gens de la ville les ont ramenés chez Bitiagofski et ont pris soin qu'on les gardât. Le témoin a emmené pour sa part un cheval bai, et pris un carquois qui est dans sa maison. Il n'a pas vu le sabre damasquiné dont il a été question tout à l'heure. »

Le portier de la secrétairerie, Avdokimko Mikhaïlof, dépose ainsi : « Trois jours après la mort de Bitiagofski, le mardi, quand on entendit parler des commissaires, le bailli Rousine Rakof alla à la secrétairerie, et Timokha, homme à Michel Nagoï, apporta une poule vivante, deux arquebuses, cinq couteaux, une masse de fer, et ils m'ordonnèrent de couper le cou à la poule, ce que je fis. Le sang fut recueilli dans un bassin, et Vaska Malafeïef, habitant d'Ouglitch, et moi, nous mîmes de ce sang sur les armes susdites. »

Cette déposition est confirmée par Vaska Malafeïef, qui ajoute que Rakof a déposé ces armes auprès des gens tués le samedi.

Interrogé de nouveau, Michel Gregorief répète son récit de la mort du tsarévitch et du massacre qui suivit, en ajoutant que Bitiagofski entré dans la cour, *courut en haut, croyant que le tsarévitch était en haut* [1]. On l'y poursuivit et il fut massacré par ordre de la tsarine et de Michel Nagoï. Les chevaux pris dans l'écurie de Bitiagofski furent conduits dans l'écurie du tsarévitch. Michel Nagoï les fit monter par quelques habitants d'Ouglitch qui, pendant trois jours, s'en servirent pour aller à la découverte sur différentes routes. D'autres habitants ont repris ces chevaux chez Rakof et les ont ramenés chez Bitiagofski.

Michel et Danilko Gregorief sont mis en état d'arrestation. Plusieurs employés de la Chancellerie déposent qu'après la mort de Bitiagofski ils ont été menacés, obligés de se cacher, et qu'on a pris dans la caisse vingt roubles destinés à la dépense de la tsarine et du tsarévitch.

Après avoir entendu quelques autres dépositions sans importance, les commissaires reçoivent un placet adressé au tsar par les huissiers du tribunal d'Ouglitch. Ils le supplient de ne pas les confondre avec les coupables. Leur récit de la mort du tsarévitch et du meurtre des prétendus assassins est de tout point conforme aux précédents; ils ajoutent : « Bitiagofski s'est écrié que Michel Nagoï le faisait tuer, parce que lui, Nagoï, pratiquait des sorciers pour jeter un sort au tsar. » La supplique se termine ainsi : « Seigneur gracieux Tsar, montre ta clémence, que nous, tes orphelins (*siroty tvoïe*), nous ne périssions pas dans ce massacre! Ne nous fais pas mourir d'une mort imméritée! Seigneur Tsar, aie pitié de nous. »

Une quarantaine de paysans déposent qu'ils sont accourus au bruit du tocsin, et qu'ils ont vu massacrer Bitia-

---

1. Cette déposition est remarquable. Comment Bitiagofski, entré dans la cour, n'a-t-il pas vu le tsarévitch mort?

gofski. Le chef de ces paysans (gens de corvée) ayant fait des représentations aux habitants, a failli être assommé. — Un paysan qui criait qu'on avait tort de tuer ainsi des hommes sans l'ordre du tsar, a été jeté en prison.

Deux habitants d'Ouglitch racontent qu'ils ont été poursuivis comme partisans de Bitiagofski, par une vingtaine de furieux, et obligés de se cacher dans un bois jusqu'à l'arrivée des commissaires.

Le 21^me de mai, la veuve de Bitiagofski a présenté la requête ci-jointe à la commission, contre Michel et Grégoire Nagoï :

« Devant Monseigneur le Tsar et grand prince de toutes les Russies, Fëdor Ivanovitch, se prosterne et pleure une veuve infortunée, suppliante de Ton Altesse, Avdotitsa, pauvre femme de Bitiagofski, avec ses filles Dounka et Machka [1]. Je demande justice de Michel et Grégoire Nagoï. Ils ont ordonné, Seigneur, qu'on tuât mon mari Michel, et mon fils Danilo, par méchanceté, parce que mon mari avait eu querelle avec Michel Nagoï, au sujet de ce qu'il pratique des sorciers et des sorcières pour le tsarévitch Démétrius. Un sorcier, Andriouchka Motchalof, Seigneur, vivait toujours chez Michel et Grégoire Nagoï et chez Zénobie Andreïevna femme de Nagoï. Et Michel Nagoï commandait à ce sorcier de consulter le sort, à ton sujet et à celui de la Tsarine, pour savoir si vous seriez longtemps sur le trône. C'est ce que j'ai appris de mon mari. Et le jour de sa mort, il avait eu querelle parce que Michel Nagoï exigeait des corvées contre ton ordre impérial. C'est dans un accès de haut mal que le tsarévitch s'est percé de son couteau, et,

---

1. Tous les noms sont au diminutif par humilité.

auparavant, Seigneur, pendant le grand carême, il avait eu une attaque dans sa chambre, et il blessa alors la tsarine sa mère, et cela lui arrivait toutes les fois qu'il avait un accès. André Nagoï, la nourrice et des boyards étaient à le tenir. Il leur mordait les mains, et ce qu'il attrapait avec les dents il l'emportait (ou il le mangeait : *to otest*). Quand le tsarévitch est mort, Seigneur, mon mari et mon fils étaient à dîner dans leur maison, avec Bogdan, le prêtre de Saint-Constantin, confesseur de Grégoire. Au bruit du tocsin, mon mari et mon pauvre enfant coururent au palais, croyant qu'il y avait un incendie; alors Michel et Grégoire, par haine qu'ils avaient contre eux, commandèrent à l'écuyer de la tsarine, Michel Gregorief, et à son fils Danilko, de tuer mon mari. Mon fils n'était pas au palais; on l'a tué dans la secrétairerie. Après ces meurtres, Michel et Grégoire ont envoyé Gregorief et Danilko dans notre maison, et ils m'ont traînée moi et mes filles dans la cour du palais, à demi nues, et la tête découverte, et ils ont pillé sans rémission nos chevaux. Glorieux Seigneur Tsar, montre ta miséricorde; commande qu'on recherche nos chevaux. »

Et le 2 juin, le Seigneur tsar et grand Duc de toutes les Russies, Fëdor Ivanovitch, ayant pris connaissance de cette enquête, a commandé aux commissaires, aux boyards et aux secrétaires, de se rendre chez le patriarche Job en un synode général pour qu'il en fût fait lecture.

Là, le métropolitain Gelase a dit : « Je déclare devant toi, patriarche Job, et devant le synode que le jour où j'allai d'Ouglitch à Moscou, la tsarine Marie, m'ayant mandé, m'a dit avec de grandes instances, que la mort de Bitiagofski et des autres gentilshommes était un péché et un crime, et qu'elle me priait de porter son humble supplique au Seigneur tsar, pour qu'il voulût bien montrer sa miséricorde à l'égard de ce pauvre ver de terre son frère Michel. »

On lut ensuite la supplique de Rousine Rakof, bailli d'Ouglitch, adressée au même métropolitain Gelase, qu'il conjure de parler au tsar en sa faveur pour qu'on ne le confonde pas avec les coupables (cette lettre reproduit la déposition de Rakof avec de nouveaux détails). « Grégoire et Michel Nagoï, écrit-il, lui ont fait baiser lacroix (prêter serment) six fois dans un jour, et jurer de ne pas les trahir. « Sois des nôtres, » lui disaient-ils. Ils l'ont obligé avec quelques autres à placer auprès de plusieurs des morts quatre couteaux, une masse, un sabre et deux arquebuses teints dans le sang d'une poule qu'ils ont égorgée dans la secrétairerie. C'est pour la haine qu'ils portaient à Bitiagofski que les Nagoï l'ont fait assassiner. Le même jour, Michel Nagoï s'était disputé avec Bitiagofski au sujet de certaines corvées. Le tsar avait fait retirer cinquantes corvées à Michel, et Bitiagofski voulait faire exécuter cet ordre. Le jour du massacre, Michel était ivre-mort (*mertvo pian*). »

Après avoir pris connaissance des événements d'Ouglitch, et des dépositions du métropolitain Gelase, le patriarche a exprimé toute l'horreur que lui inspiraient ces meurtres abominables. — « De la part de Michel et de Grégoire Nagoï, et des habitants d'Ouglitch, il y a trahison évidente, a-t-il dit, contre le Seigneur tsar et grand Duc de toutes les Russies, Fëdor Ivanovitch. Le tsarévitch Démétrius a reçu la mort par un jugement de Dieu. Michel Nagoï a fait massacrer Bitiagofski et de loyaux officiers du tsar, qui s'efforçaient de détourner le peuple de la rébellion, parce que Bitiagofski lui reprochait d'entretenir le sorcier Andrioucha Motchalof et d'autres magiciens. Pour lesquels crimes, Michel, son frère, ses serviteurs et les habitants d'Ouglitch ont mérité tout châtiment. C'est une affaire du siècle, que Dieu juge et le Seigneur tsar. Tout est dans sa main, le châtiment et la merci. Quant à nous, notre devoir est de prier le Seigneur et sa sainte Mère, et les grands saints protecteurs de la Russie, Pierre, Alexis, Jean et tous les saints, pour le tsar Fëdor Ivanovitch, et la tsarine Irène; qu'ils vivent et règnent longtemps et jouissent de la paix intérieure. »

Le même jour, les boyards ayant rendu compte du tout au tsar, celui-ci a commandé qu'il en fût dressé un mémoire. Il a également donné l'ordre d'arrêter et de conduire à Moscou, sous bonne garde, plusieurs personnes compromises, notamment le sorcier Motchalof. On recommande de l'amener les fers aux pieds et aux mains et de *veiller soigneusement à ce qu'il n'attente pas à sa vie.*

Gos. Gramoty, II, p. 103-123.

## NOTE B.

M. Pavlof, auteur d'un Mémoire intéressant sur le règne de Boris Godounof (*Ob istoritcheskom znatchenii tsarstvovaniia Borisa Godounova*[1]), a traité avec quelque détail cette question dont Karamzine ne semble pas avoir apprécié toute l'importance. Suivant M. Pavlof, Boris, en abolissant la coutume de Saint-Georges, c'est-à-dire en

---

[1]. Moscou 1850, in-8° de 132 pages.

retirant aux paysans le droit de changer de résidence et de louer leur travail à qui leur plaisait, s'était proposé d'abaisser la classe des grands propriétaires et de s'attacher celle des petits gentilshommes. On appelait alors ces derniers *Deti boïarskie*, enfants boyards ; ils faisaient la force des armées russes, et constituaient à cette époque en Russie ce qu'on a depuis appelé la classe moyenne.

Nul doute qu'en s'attachant cette partie si considérable et en réalité si puissante de la nation, Boris ne prît le moyen le plus sûr d'affermir son autorité et de préparer le succès de ses plans ambitieux ; mais il me semble douteux que la mesure dont il vient d'être question dût lui concilier la petite noblesse.

Voici par quel argument M. Pavlof soutient sa thèse. « Les grands propriétaires, dit-il, les princes et les boyards, disposant de revenus considérables, payaient mieux les cultivateurs qu'ils employaient sur leurs terres et en exigeaient moins de travail. Partout le grand propriétaire est plus généreux, moins exigeant que le petit propriétaire ; le besoin d'économie rend celui-ci exigeant et souvent avare. De là ce résultat naturel, que les petits propriétaires manquaient souvent de bras pour labourer leurs champs. Mais du moment où le paysan ne fut plus libre de changer de village et d'offrir son travail à qui le payait mieux, la petite noblesse n'ayant plus à craindre la concurrence des boyards, eut à sa disposition des travailleurs à poste fixe. »

J'admets avec M. Pavlof que les grands propriétaires durent perdre notablement à l'abolition de la Saint-Georges, mais il ne me paraît pas clair que les petits dussent y gagner beaucoup. Au contraire, à mon avis, cette mesure, comme tous les changements brusques et radicaux, dut être nuisible à tous les intérêts. En effet pour que le résultat indiqué par M. Pavlof eût lieu, il aurait fallu que la population fût divisée proportionnellement à l'étendue des terres cultivables, et c'est ce qui n'existe nulle part; c'est ce qui n'existait pas assurément en Russie vers la fin du XVIe siècle. La même raison qui procurait plus de bras aux grands propriétaires qu'aux petits, devait répartir les cultivateurs par groupes proportionnellement beaucoup plus nombreux sur les possessions des premiers que sur celles des seconds. Que si l'on examine avec M. Pavlof, la composition de la classe des *Enfants boyards*, et qu'on observe, comme il l'a fort bien remarqué, que la plupart étaient attachés à la personne, ou faisaient partie de la clientèle des grands seigneurs, on ne pourra guère douter que presque tous les groupes de population un peu considérables ne fussent sous la dépendance immédiate d'un boyard. Cet état de choses fut celui de toute l'Europe au moyen âge, et il ne me semble pas possible qu'il en fût autrement en Russie.

L'annexion au grand-duché de Moscovie des royaumes de Kazan et d'Astrakhan, la prospérité des espèces de républiques cosaques sur le Dnieper, le Don et le Volga, enfin le goût inné et très-vif de la race slave pour la vie nomade et les aventures, paraissent avoir déterminé vers la fin du XVIe siècle une émigration alarmante vers les provinces méridionales. C'est à ce mouvement, qui menaçait de dépeupler l'ancienne Moscovie, que Boris chercha un remède violent et hasardeux comme le pouvait imaginer un despote peu éclairé. Il est vraisemblable qu'il montra beaucoup de partialité dans l'exécution d'une mesure si difficile dans son application, et qu'il fut en général indulgent aux petits propriétaires et rigoureux pour les boyards ses rivaux.

Il est bien difficile aujourd'hui d'apprécier exactement les conséquences immédiates d'une mesure dont le but et les dispositions nous sont si imparfaitement connues. Cependant il n'est pas téméraire de penser que la perturbation fut profonde et générale, et que la classe des paysans en conçut une irritation très-vive. Ne peut-on pas attribuer à ce motif et la grande famine de 1601-1603, et l'empressement avec lequel furent accueillis les imposteurs qui usurpèrent le nom de Démétrius, et l'accroissement prodigieux que prit, vers le même temps, la petite république des Zaporogues? Pendant près d'un siècle, leur camp du Dnieper, avec son droit d'asile comme la Rome de Romulus, harassa ses voisins et se recruta de tous les fugitifs des provinces slaves.

Selon M. Pavlof, l'intention de Boris ne fut pas de réduire à la condition de serfs les paysans libres : il ne voulut qu'une chose, les empêcher de changer de demeure selon leur caprice. J'avoue qu'il m'est assez difficile de saisir la différence entre des serfs et des paysans, sans propriété personnelle, obligés de travailler pour leur seigneur aux conditions qu'il leur dicte. Si l'abolition de la Saint-Georges ne réduisit pas les paysans russes à l'état de serfs, elle dut avoir pour conséquence de faire regarder le servage comme un bienfait par la plupart d'entre eux.

## NOTE C.

### SUR LES COSAQUES.

« Ils (les Cosaques) sont Grecs de religion, appellez en leurs langues Rus (*Rouss*' la Russie); ils ont en grande vénération les iours de festes et lez ieusnes ausquels ils emploient 8 ou 9 mois de l'année et qu'ils font consister en abstinence de chair. Ils se rendent tellement opiniastres en cette formalité, qu'ils se persuadent que leur salut gist en la distinction des viandes : aussi, en récompense, il ne croy pas qu'il y ait nation au monde semblable à la leur pour ce qui concerne la liberté de boire ; car ils ne sont pas si tost desennyvrés qu'ils ne reprennent aussi tost (comme l'on dit) du poil de la beste, toutefois cela s'entend pendant le temps de loisir, car lorsqu'ils sont en guerre, ou qu'ils minutent quelque entreprise, ils sont extrèmement sobres et n'ont rien de plus grossier que la robbe. Ils sont fins et subtils, ingénieux et libéraux sans dessein ny ambition de devenir fort riches, mais ils aiment grandement leur liberté sans laquelle ils ne voudroient vivre, et c'est pour ce suiet qu'ils sont fort enclins à la révolte et à se rébeller contre les seigneurs du pays lorsqu'ils s'en voyent gourmandez, de sorte qu'il se passe rarement 7 ou 8 années, sans qu'on les voye mutinez ou se souslever contr'eux. Au reste ce sont gens de mauvaise foy, traistres, perfides et ausquels il ne se faut fier que de bonne sorte ; ils sont d'une trempe fort robuste et endurans facilement le chaut et le froid, la faim et la soif, infatigables en la guerre, hardis, courageux ou plustôt téméraires, qui ne tiennent compte de leur vie : là où ils tesmoignent plus d'adresse et de valeur c'est à se battre dans le Tabord (*Tabor*, camp enclos de chariots) et couverts de chariots, car ils sont fort iustes à tirer des fusils qui sont leurs armes ordinaires, et à deffendre des places. Ils ne sont pas mauvais aussi à la mer, mais à cheval ils ne sont pas aussi des meilleurs. Il me souvient d'avoir vu 200 cavaliers Polonnois seulement mettre en déroute 2000 de leurs meilleurs hommes. Il est bien vrai que 100 de ces Cosaques à l'abry de leurs tabords ne craignent point 1000 Polonnois, ny mesme deux mille Tartares : et s'ils estoient aussi vaillans à cheval qu'ils sont à pied, l'estime qu'ils seroient invincibles. Ils sont de belle taille, dispos et nerveux. Ils aiment d'aller bien couverts ce qu'ils font assez paroistre quand ils ont butiné chez leurs voisins, car autrement ils se couvrent de vestements assez médiocres ; ils jouissent naturellement d'une parfaite santé, et mesme sont assez exempts de cette maladie endémique en toute la Pologne, que les médecins appellent Blica (*la Plique* ( à cause que tous les cheveux de tous ceux qui en sont attaquez, s'entortillent et se meslent horriblement ensemble, les naturels du pays l'appellent Gosches (*Korosta*). On en voit mourir fort peu de maladie si ce n'est dans une extrême vieillesse, la pluspart mourans au lict d'honneur et se faisant tuer à la guerre.

« La noblesse parmi eux, dont il y a fort petit nombre, tient de la polonnoise, et il semble qu'elle ait honte d'estre d'autre religion que la romaine, à laquelle elle se range tous les jours, quoy que tous les grands et tous ceux qui portent le nom de princes soient issus de la grecque.

« Les paysans y sont tout à fait misérables, obligez qu'ils sont de travailler 3 iours de la semaine, avec leurs chevaux et leurs bras, au service de leur seigneur, et de lui payer, selon les terres qu'ils tiennent, quantité de boisseaux de grains, force chapons, poulles, oysons et poullets, à savoir aux termes de Pasques, de la Pentecoste et de la Nativité, de plus de charier du bois, pour le service de leurdit seigneur et de faire mille autres corvées ausquelles ils ne deuroient estre suiets, sans l'argent contant qu'ils exigent d'eux, comme aussi la disme des moutons, des pourceaux, du miel, de tous les fruits et de trois ans en trois ans le troisième bœuf. Bref ils sont contrains de donner à leurs maistres ce qu'il leur plait demander, de sorte qu'il n'est pas merveille si ces misérables n'amassent iamais rien assubiettis qu'ils sont à des conditions si dures : mais c'est encore peu de chose car leurs seigneurs ont puissance absoliie non seulement sur leurs biens, mais aussi sur leurs vies, tant est grande la liberté de la noblesse polonnoise (qui vivent comme en un paradis et les paysans comme s'ils estoient en purgatoire), de sorte que s'il arrive que ces pauvres paysans tombent asservis en la main de meschans eigneurs, ils sont en estat plus desplorable que les forçats des gallères. C'est cet esclavage qui fait que beaucoup s'eschappent, et que les plus courageux d'entre eux fuyent vers le Zaporoüys, qui est le lieu de la retraite des Cosaques dans le Boristhène, et après y avoir passé quelque temps et fait un voyage à la mer, ils sont réputés Cosaques Zaparouski, et de semblables débandades, leurs légions grossissent toujours démesurement. »

*Description d'Ukranie*, qui sont plusieurs prouinces

du royaume de Pologne ; etc., par le sieur de Beauplan. *Rouen*, M.DCLX. P. 7.

## NOTE *D*.

### SUR LA BATAILLE DE KLOUCHINO.

Lettre de Zolkiewski au roi de Pologne, sur la bataille de Klouchino.

Très-illustre et gracieux Seigneur, notre Seigneur très-gracieux !

Offrant mes très-humbles services à la gracieuse bienveillance de V. M., mon Seigneur très-gracieux,

Voici les motifs qui m'empêchent d'adresser souvent à V. M. mes rapports sur ce qui se passe ici : 1° La route n'est pas sûre à cause des maraudeurs ; 2° Tant que les affaires ne sont pas décidées je demeure dans l'attente, et je ne veux pas entretenir V. M. de projets encore incertains. Déjà j'ai fait connaître à V. M. comment je suis arrivé ici devant ce camp retranché occupé par les ennemis. Ils y attendaient le secours de l'armée du prince Démétrius Ivanovitch Chouiski, et moi, autant que mes moyens me le permettaient, je m'appliquai à les y resserrer, les entourant de palissades, établissant des corps de garde d'observation, empêchant absolument toute sortie, leur coupant les vivres et le fourrage. Continuellement j'envoyais des détachements sur Mojaïsk afin d'avoir des nouvelles du prince Démétrius, et j'employais aussi des espions pour obtenir des renseignements à son égard. Mais forcé d'écrire brièvement à V. M., je passe beaucoup de détails, car des affaires incessantes ne me laissent que peu de temps pour écrire ; d'ailleurs, Sire, je ne veux pas fatiguer V. M. par la lecture d'une longue lettre. J'ai chargé M. Domarecki, nonce de Lwow, d'écrire toutes les particularités au Conseil de V. M. En résumé, le gros des événements est comme il suit. Le 3 juillet, vers deux ou trois heures du matin, je fus instruit que le prince Démétrius Chouiski, parti de Mojaïsk, était allé coucher à huit milles de son camp. Du vendredi au samedi, l'ennemi avait concentré toutes ses forces, Moscovites et étrangers. Ces derniers, sous Pontus de La Gardie et Édouard Horn, formaient un corps de plus de cinq mille hommes bien armés, et comme il y parut plus tard, tous gens déterminés. Les Moscovites étaient plus de trente mille, avec nombre de gens de marque et de voïévodes, André Galitsine, Daniel Mezetski, Iakof Boriatinski, Basile Boutourline et autres. C'est avec ces forces qu'ils se flattaient d'anéantir l'armée de V. M., et de faire lever le siége de Smolensk. Aussitôt je réunis les colonels et les capitaines des troupes de V. M. Beaucoup de motifs graves et puissants, qu'il serait trop long de rapporter me dissuadaient d'attendre l'ennemi. Seulement j'aurais désiré traîner jusqu'au 6 juillet, auquel jour m'en remettant à Notre-Seigneur Dieu, j'étais résolu de tenter la fortune. Laissant donc une partie de mon armée devant le camp retranché avec toute l'infanterie et les Cosaques de V. M., le même jour, 3 juillet, vers le soir, je me mis en marche à la légère, sans voitures, sur Klouchino où l'armée ennemie comptait s'établir, à environ quatre milles de notre camp. Nous marchâmes toute la nuit. A la pointe du jour, mon avant-garde reconnut l'ennemi à la rumeur de son camp[1] qui était proche, en avant de Klouchino. Nous

1. *Ex fremitu castrorum*, dit Zolkiewski, selon son habitude de mêler le plus de latin qu'il peut à son polonais.

n'étions pas attendus, car il n'était pas sur ses gardes, n'ayant pas pris la peine de se faire éclairer, et nous le surprenions littéralement encore au lit. Mais, comme en raison des chemins affreux, notre armée ne pouvait faire diligence, je fus contraint d'attendre une heure et plus, jusqu'à ce que nos gens fussent sortis de ces mauvais chemins, et cependant l'ennemi se réveilla, et ses grand'gardes nous découvrirent. C'est ainsi qu'hier, 4 juillet, nous en vînmes aux mains avec les Moscovites, dès avant le lever du soleil. Ce fut pour nous un avantage considérable que la confusion où les jeta notre arrivée imprévue, car ils nous méprisaient à cause de notre petit nombre, et s'attendaient d'autant moins à notre attaque, qu'ils nous savaient tout occupés à l'investissement du camp de *Tsarevo-Zaïmistche* et ne pouvaient croire que nous eussions l'audace d'aller à eux. Ils commencèrent à se former devant nous, surtout les *étrangers-français*, fort bien armés, comme il convient à des gens de guerre. Le combat dura trois heures au moins avec des chances variées (*ancipite Marte*). Aujourd'hui qu'une bataille se décide par une charge, on s'étonnera peut-être qu'il fut si longtemps difficile de juger de quel côté la victoire allait se déclarer. Mais le Tout-Puissant dans sa miséricorde, nous fit cette grâce, qu'après tant de vicissitudes d'un côté et de l'autre, l'intrépidité et la constance des troupes de V. M. surmontèrent l'ennemi. D'abord les Moscovites se mirent en fuite, puis les étrangers. Les soldats de V. M. sabrant et culbutant la cavalerie étrangère, entrèrent pêle-mêle avec elle dans son camp, d'où ils la chassèrent dans les bois. Cependant l'infanterie étrangère demeurait en bon ordre à l'abri des bois, en sorte qu'il était difficile à notre cavalerie de la charger. Mes fantassins et ceux de M. le staroste Chmielnicki, n'étaient pas plus de cent, car nous avions été forcés de laisser le reste à Tsarevo-Zaïmistche ; en sorte qu'il n'y avait pas moyen de déloger ces gens-là. Outre cela, il y avait encore quelques escadrons de gendarmes français, mais leurs chefs Pontus et Édouard Horn s'étaient éloignés après le premier choc. Delaville était resté malade à *Pogoreloë* : ainsi ils se trouvaient sans capitaines. Les voiévodes moscovites, Galitsine et les autres s'étaient enfuis de même. Pour Démétrius Ivanovitch Chouiski, il demeurait dans un petit retranchement qu'il avait fait faire pendant la nuit. Ce retranchement et le camp de Chouiski communiquaient avec le camp des soldats étrangers. Après avoir chassé l'ennemi du champ de bataille, je me mis à considérer comment, avec l'aide de Dieu, il serait possible d'obtenir une victoire décisive. Aussitôt que mes gens furent revenus de la poursuite, j'allais leur commander d'assaillir le camp des étrangers, quand en ce moment même les Français commencèrent à passer de notre côté, par deux et par trois, ce qui me donna l'espoir que bientôt tous les autres se soumettraient à la grâce de V. M. Je parlementais avec eux, lorsque Pontus et Édouard Horn, qui s'étaient tenus jusqu'alors cachés dans les bois, rentrèrent dans leur camp, et essayèrent de s'opposer à ces pourparlers. Mais les soldats ne voulurent pas les écouter, car ils voyaient que les Moscovites s'étaient retirés, et qu'ils avaient beaucoup de morts, c'est pourquoi ils désiraient fort entrer en arrangement avec nous. Démétrius Chouiski, de son côté, essaya de rompre ces pourparlers et envoya faire à ces étrangers des promesses inouïes, mais inutilement. Les soldats mercenaires obligèrent Pontus et Horn à prendre part à la convention dont voici les articles : Qu'il y aura pour eux tous vie et bagues sauves; que ceux qui désireront entrer au service de V. M. en auront la faculté; et que ceux qui voudroient retourner dans leur pays auront un sauf-conduit; enfin que de leur côté, eux et leurs chefs s'engageront par serment (et en donnant la main) à ne pas porter les armes contre V. M., particulièrement dans l'armée Moscovite. Démétrius Chouiski s'apercevant que les étrangers parlementaient avec moi à son sujet (il y en avait environ un millier), n'attendit pas la fin de la conférence. Abandonnant avec précipitation le retranchement où il s'était enterré et fortifié avec ce qui restait de Moscovites en état de combattre, il se jeta dans les bois qui n'étaient pas fort éloignés. Quelques-uns de nos gens lui donnèrent la chasse, les autres avec les étrangers se jetèrent dans le camp de Chouiski qui était riche et bien pourvu de tout. Là, parmi les autres chariots, était resté le carrosse de Chouiski. On prit son sabre, son casque et sa masse (*boulava*). Dans la poursuite, comme cela arrive ordinairement, on en tua beaucoup plus que dans la mêlée. Soltykof me dit qu'il a vu au nombre des morts Iakof Boriatinski. Basile Boutourline est prisonnier. Nous avons pris encore un secrétaire d'État, Iakof Dekoudof, qui apportait de l'argent pour les étrangers, et de fait, le samedi avant la bataille, il leur avait donné 40,000 roubles en argent; outre cela, il avait apporté pour 20,000 roubles en fourrures et en draps qui n'avaient pas encore été déballés, et que nos gens ont pris dans le camp de Chouiski. Nos Pocholiks et les Cosaques de Pogrebistch, bien avisés, ont ramassé un beau butin. Les troupes de V. M. ont fait de grandes pertes en hommes et en chevaux, et il est nécessaire que la bonté de V. M. leur accorde des secours d'argent pour se remonter. Je ne vous dirai pas aujourd'hui les noms de ceux qui se sont signalés au service de V. M., car en commençant je vous avais annoncé une lettre très-courte et je me suis déjà fort étendu. Seulement, je dirai de tous en général, que je les ai vus, et l'affaire le prouve suffisamment, se conduire bravement au service de V. M. et comme il convient à des gens de guerre, et je suis sûr que V. M. daignera en être satisfaite. Il y avait dans l'armée ennemie onze fauconneaux, dont sept seulement sont entre mes mains, encore a-t-il été difficile de les amener, faute de moyens de transport. Les autres sont encore avec les capitaines. Nous avons une dizaine d'étendards, entre autres celui de Boutourline qui commandait l'avant-garde, et l'étendard de Chouiski, de soie magnifiquement brodé d'or. V. M. veut bien m'écrire de lui envoyer Ivan Soltykof. Je devine le motif. Son père le croit dangereusement blessé. Il se porte très-bien au contraire, et s'est trouvé avec moi dans cette bataille où il s'est comporté bravement ainsi que les autres boyards moscovites attachés à V. M. Je n'ai rien de plus à mander à V. M. que de lui offrir mes humbles services.

Écrit au camp devant Tsarevo-Zaïmistche, le 5 juillet 1610.

*Post-Scriptum.* Les étrangers faisant partie de l'armée ennemie, Allemands, Français, Anglais, Écossais, se sont tous rendus au camp de V. M. Hier, après ma conférence avec Pontus, peu s'en est fallu que les Anglais ne le tuassent; Édouard de Horn et quelques Finlandais et Suédois qui s'étaient sauvés avec lui, parvinrent à retenir ces furieux qui lui redemandaient l'argent qu'il avait reçu des Moscovites et qu'il ne leur avait pas distribué. Pontus est allé à Pogoreloë pour emmener un Français malade qui s'y trouvait, le capitaine Delaville, et de là gagner la frontière de Livonie. Il m'a promis et m'a donné sa parole de ne plus servir les Moscovites. Il ne veut pas aller en Suède, et désire se rendre dans les Pays-Bas. Édouard Horn, de son côté, m'a demandé avec instance d'intercéder auprès de V. M. pour obtenir ses bonnes grâces.

V. M. n'ignore pas la fidélité et le zèle de M. Zborowski à la servir dans cette guerre. Le temps montrera combien les affaires de V. M. ont gagné grâce à lui. Dans ces dernières occasions et surtout dans la bataille qui vient d'avoir lieu, et où je lui avais confié le commandement de l'aile droite, il s'est comporté en vrai gentilhomme et a montré à la fois la valeur d'un soldat et la prudence d'un général consommé. Je me plais à rendre hommage à son intrépidité. Comme il y a fort longtemps qu'il se trouve loin de sa maison, ses affaires sont fort en désordre; en outre, dans la dernière bataille, il a fait des pertes considérables; ces motifs, et surtout sa santé très-altérée, l'obligent à retourner chez lui. Je supplie très-humblement V. M. de prendre en considération ses loyaux services et sa bravoure, et de vouloir bien lui accorder ses faveurs et ses bonnes grâces.

Ms de Zolkiewski, p. 316.

---

### Extrait du Journal de Samuel Maskiewicz.

..... Nos espions avertirent M. le Hetman (Zolkiewski) de l'approche de l'armée moscovite et de sa force. Nous n'étions que trois mille environ, tandis que les Moscovites avaient plus de cinquante mille combattants, outre vingt mille paysans armés qui portaient derrière l'armée des pieux pour fortifier son camp. Valouïef se trouvait à la tête de huit mille hommes que nous tenions assiégés. Les nouvelles se succédaient rapidement et pas une qui ne fût alarmante. Nos gens s'inquiétaient d'autant plus qu'il n'y avait pas de lieu propre pour donner bataille, car notre camp se trouvait au milieu de grands bois, et derrière nous un corps ennemi dans ses retranchements. Obtenir de l'ennemi qu'il capitulât ne paraissait pas possible. Nous retirer, il n'y fallait pas songer. Dieu seul pouvait nous donner la victoire. M. le Hetman envoyait sans cesse reconnaître les Moscovites. On lui ramena quatre Allemands qui s'étaient rendus volontairement et qui nous instruisirent en détail de tous les projets de l'ennemi.

Les colonels et les capitaines réunis à cette occasion par M. le Hetman furent d'avis de prévenir l'ennemi. Les Moscovites pensaient tomber sur nous le lendemain, et nous résolûmes de les attaquer le jour même. Ils n'étaient qu'à quatre milles de nous. On ordonna à toutes les compagnies de se préparer pour l'action et de prendre des vivres pour deux jours. Cela fut exécuté fort secrètement afin d'échapper à l'observation de Valouïef et le laisser dans l'ignorance de notre mouvement ; car si dans ce moment il fût tombé sur nos bagages, où nous n'avions que peu de monde, il s'en serait facilement emparé. C'est ainsi qu'avec l'aide de Dieu, le samedi, une heure avant la nuit, nous montâmes à cheval et sortîmes en silence de notre camp, n'y laissant que sept cents cavaliers en deux régiments, savoir : celui du staroste de Braclaw, Kalinowski, et celui de Boboski, outre quatre mille Cosaques Zaporogues et deux cents hommes de pied. Le Hetman emmena environ deux mille cinq cents cavaliers et deux cents fantassins, avec deux pièces de campagne traînées par quatre chevaux. Nous n'avions nul bagage, si ce n'est le carrosse du Hetman. Après avoir marché toute la nuit, le 4 juillet, à la pointe du jour, nous nous trouvâmes tout à coup en face de l'ennemi. Notre arrière-garde était encore loin avec les canons enfoncés dans la boue par les chemins bourbeux de la forêt, en sorte qu'il était difficile de commencer l'affaire. Le Hetman n'osant pas attaquer le vaste camp de l'ennemi, envoya ordre à l'arrière-garde de faire diligence, et cependant rangea son monde en bataille, et fit mettre le feu au village auprès duquel les Moscovites s'étaient campés. En même temps nos tambours et nos trompettes se mirent à sonner. L'affaire s'engagea près de Klouchino. Les ennemis, surpris par notre arrivée imprévue, s'empressèrent de sortir de leurs quartiers : les Moscovites avaient le leur tout entouré de palissades, et les Allemands campaient à part dans une enceinte de chariots. Les uns et les autres étaient très en désordre, et se disaient sans doute selon le proverbe : « Passe-moi le cheval, selle la chabraque. » Les Allemands engagèrent l'action avec leurs ruses ordinaires, s'abritant des marais, des haies et des bois, et leurs mousquetaires à pied couverts par des piquiers nous firent beaucoup de mal. De leur côté, les Moscovites se défiant de leurs propres forces, se mêlèrent avec les escadrons des reitres allemands et se préparèrent à donner sur nous avec eux. C'était effrayant de comparer cette multitude innombrable avec notre poignée de soldats. Le Hetman rappelant à chacun la gloire immortelle ordonna de charger, et cependant les ecclésiastiques parcourant les régiments, bénirent nos cavaliers. D'abord, au nom de Dieu, quelques escadrons s'engagèrent; d'autres chargèrent ensuite, chacun à s( t tour. Mais, permis de conter les détails de cette bataille . à celui qui n'a fait que la regarder. Pour moi je trouvai qu'il faisait chaud sous l'enseigne du prince Porycki, et il faisait bon s'émoucher de droite et de gauche; chacun de nous eut à jouer des bras jusqu'à tomber de fatigue. Qu'il suffise de dire, qu'à l'exception de l'escadron de M. Martin Kasanowski, que le Hetman gardait comme réserve, tous les autres eurent à fournir huit ou dix charges. Cela peut paraître incroyable, mais la chose est certaine! Le Hetman se tenait sur une éminence, d'où il voyait nos gens disparaître comme dans un abîme infernal au milieu des flots d'ennemis et suivre avec peine notre étendard dressé qui les conduisait au combat. Perdant presque tout espoir, comme un second Moïse, il levait les mains au ciel et l'implorait sans relâche. Tout notre espoir était dans la bonté du Tout-Puissant, et c'est à sa pitié pour le peuple polonais que nous dûmes la victoire. Dans nos charges réitérées, nos rangs s'étaient confondus et nos forces s'épuisaient, car le proverbe a raison de dire que « Hercules lui-même ne peut rien contre le nombre. » Nos chevaux n'en pouvaient plus, et nos cavaliers combattant sans cesse depuis l'aube d'un jour d'été jusqu'à l'heure du dîner, c'est-à-dire depuis cinq heures, commençaient à perdre courage et résolution dans des efforts surhumains. En outre, nous frémissions en songeant que nous nous trouvions sur une terre ennemie, au milieu d'ennemis innombrables et féroces. Faire retraite les armes à la main, il ne fallait pas y penser; demander quartier n'était pas moins impossible; notre salut dépendait de Dieu, de la fortune et de nos armes. Nous nous encouragions l'un l'autre dans cette espérance qui soutenait notre courage. Enfin elle nous manqua, car en même temps que nos forces, nous avions perdu nos lances, ces armes indispensables au hussard et si redoutables à l'ennemi. Tout nous manquait à la fois et l'ennemi redoublait de force et de hardiesse. Enfin nos gens, leur étendard en avant, se jettent sur les rangs ennemis en criant : « *A la charge! à la charge!* » Vain effort, nous n'avions ni ordre ni force ; on ne voyait plus ni colonels ni capitaines. C'était une mêlée et une confusion inexprimables. En ce moment, l'ennemi remarquant notre situation, détache contre nous deux corps de cavalerie de réserve pour nous donner le coup de grâce ; mais ce mouvement nous sauva, et, par la grâce du Tout-Puissant, nous donna la victoire. Cette cavalerie tombant sur nous qui étions en désarroi, nous lâcha sa salve de pistolets, puis, selon l'usage des reitres, fit demi-volte pour recharger ses armes, tandis que la seconde ligne s'avançait pour tirer à son tour. Alors, sans attendre cette décharge, nous tombons sur eux le sabre à la main, de telle sorte que la première ligne n'eut pas le temps de recharger ni la seconde de tirer. Toutes deux tournèrent le dos et se renversèrent sur le gros de l'armée moscovite rangée devant les portes de son camp, la culbutèrent et la mirent en désordre. Les Moscovites effrayés s'enfuirent pêle-mêle avec les Allemands, et se jetèrent dans le camp où nous les suivîmes l'épée dans les reins sans trouver de résistance, bien qu'à l'entrée du camp il y eût quelque dix mille strelitz. Mais, par la grâce de Dieu, ils ne nous firent aucun mal. L'ennemi n'espérant pas tenir dans son camp, renversa ses palissades et par les brèches s'enfuit de toutes parts. Nous les poursuivîmes pendant plus d'un mille. C'est ainsi que par la miséricorde divine, de vaincus nous devînmes vainqueurs.

Revenant de leur donner la chasse, nous espérions trouver nos gens triomphants, mais nous vîmes que pendant la poursuite, le général moscovite avait rallié des escadrons de cavalerie, toute son infanterie, les strelitz et les paysans, et qu'il faisait diligence à se retrancher dans son camp, bouchant les brèches, bordant les palissades avec ses strelitz, et 18 pièces de campagne, si bien qu'il était difficile de l'aborder. En même temps les fuyards dispersés dans les bois se ralliaient à leurs camarades, et les Allemands et les reitres se renfermaient derrière leurs chariots, à l'aile qui n'avait pas été culbutée par nous. A la vérité, Moscovites et Allemands étaient dans la plus grande anxiété, les derniers surtout qui avaient vu leurs alliés aussi peu fermes à leur parole que sur le champ de bataille. La discorde régnait parmi eux, les Allemands voulaient s'éloigner, mais Pontus s'y opposait et pendant longtemps combattit leur mécontentement.

Nous trouvâmes nos gens rassemblés sur une éminence à peu de distance du camp moscovite, pied à terre et tenant leurs chevaux par la bride. Nous voulions respirer aussi un moment après tant de fatigues et tandis que l'ennemi demeurait dans l'inaction, mais le Hetman, non content de son succès, voulait achever la défaite de l'ennemi par une attaque sur les derrières du camp allemand, plus accessible que celui des Moscovites. Cependant les Allemands, par deux et par trois, commencèrent à se rendre à nous, assurant que tous leurs compatriotes étaient disposés à s'en remettre à la grâce du Hetman. Bientôt il en vint quelques dizaines rapportant les mêmes choses. Le Hetman résolut d'essayer de traiter avec eux, espérant venir à bout de l'ennemi plus tôt par des paroles que par le sabre. Il fit sonner la tompette pour montrer qu'il voulait entrer en pourparler. Aussitôt les Allemands acceptèrent avec joie cette ouverture et un grand nombre arriva auprès de nous, annonçant que Pontus seul s'opposait à une capitulation. Alors le Hetman lui envoya son parent, M. Zolkiewski, vaguemestre de la couronne, et M. Borkowski l'aîné, qui savaient plusieurs langues étrangères. Ils avaient ordre de lui rappeler qu'à plusieurs reprises il avait donné sa parole de ne pas porter les armes contre le roi de Pologne, mais qu'on lui promettait l'oubli du passé et la faveur de S. M. s'il faisait sa soumission. Sur cette assurance, Pontus accepta la capitulation en stipulant que tous ceux de ses soldats qui voudraient retourner dans leur pays en auraient la liberté; puis il fit dire à Démétrius Chouiski qu'il ne pouvait plus maintenir son armée dans le devoir, et que Chouiski eût à prendre des mesures pour sa propre sûreté. A cette nouvelle, le général russe sauta à cheval et sortit du camp pour gagner Moscou. Alors ce fut un sauve qui peut, et l'infanterie se dispersa dans les bois. Nos avant-postes s'écrièrent : « *l'ennemi s'enfuit!* » Nous nous mîmes à leur suite et nous les chassâmes deux ou trois milles, pendant lesquels on en tua plus que sur le champ de bataille. Ce ne fut que vers le soir que nous rejoignîmes notre armée, et nous trouvâmes tous les Allemands réunis sous les ordres du Hetman et les deux camps abandonnés. On chanta un *Te Deum* pour la grâce inespérée que le Tout-Puissant venait de nous accorder. Puis M. le Hetman fit réunir en un même lieu les cadavres des morts qu'on enterra ; mais on emporta les personnes de distinction et les hussards. Quant aux blessés, on mit les uns dans le carrosse du Hetman, les autres dans des litières portées par deux chevaux qu'on dirigea sur le camp (de Tsarevo-Zaïmistche). Après avoir laissé souffler les chevaux, sans prendre le temps de manger, vers le coucher du soleil, nous retournâmes avec les Allemands vers nos bagages, à quatre milles du champ de bataille.

# OUVRAGES
## CONSULTÉS ET CITÉS

Собраніе государственныхъ Грамотъ и Договоровъ, etc. Moscou, 1819, in-fol. (*Collection de diplomes, chartes, etc., conservés au Collège impérial des affaires étrangères.*)

Сказанія современниковъ о Димитріи Самозванцѣ. Pétersbourg, 1837, 5 vol. in-8°. (*Mémoires contemporains sur le Faux Démétrius*), comprenant :

1° *La Chronique de Moscou, par Martin Baer.*
2° *Mémoires de George Peyerle.*
3° *État de l'empire de Russie, par le capitaine Margeret, et le chapitre 135 de l'*Historia mei temporis, *de de Thou.*
4° *Journal du Voyage, de Marine Mniszek en Russie, et Journal des Ambassadeurs polonais, Olesnicki et Gonciewski.*
5° *Mémoires de Samuel Maskiewicz.*

(Chacun de ces ouvrages a été traduit en russe, et annoté par M. Oustrialof.)

Musskowitische Chronika, publiciret durch Petrum Petreium de Erlesunda. Lipsiæ, 1620, in-4°.

Лѣтопись о Многихъ Мятежахъ, etc. (*Chronique des troubles de Russie, de* 1584 *à* 1655.) Moscou, 1788, in-8°.

Сказаніе о осадѣ Троицкаго Сергіева Монастыра, Аб. Палицына. Moscou, 1784. (*Relation du siége du monastère de Saint-Serge de Troïtsa, par Abraham Palitsyne.*

Рукопись Жолкѣвскаго, *Manuscrit de Zolkiewski*, publié par M. Moukhanof. Moscou, 1835, in-8°.

A. J. Turghenief, Historica Russiæ Monimenta. Petropoli, 1841-42, in-4°.

Краткая Церковная Россійская исторія сочиненная Митрополитомъ Платономъ. Moscou, 1833, 2 vol. in-8°. *Abrégé de l'Histoire ecclésiastique de Russie, par le métropolitain Platon.*

Русская исторія. Pétersbourg, 1837, 2 vol. in-8°. Histoire de Russie.

Historia Vladislai Poloniæ et Sueciæ principis, auctore Stanislao a Kobierzycki, castellano Gedanensi. Dantisci, 1655, in-4°.

Stanislai Lubienski, episcopi Plocensis, Opera posthuma historica. Antwerpiæ, 1643, in-fol.

Tragœdia moscovitica, sive de vita et morte Demetrii, qui nuper apud Ruthenos imperium tenuit, narratio ex fide dignis scriptis et litteris excerpta. Coloniæ, apud Gerardum Greuenbruc', anno 1608, in-12.

Discours merveilleux et véritable de la conqueste faite par le jeune Démétrius, grand-duc de Moscovie, du sceptre de son frère, avenue en cette année 1605, avec son couronnement du dernier juillet, par Bareze Barezi. Arras, 1606, in-12.

Historia di Pollonia; historia di Moscovia, dell'Sig. Alessandro Cilli. Pistoia, 1627, in-4°.

Antonii Possevini, Societatis Jesu, Moscovia; ejusdem novissima descriptio. Antwerpiæ, 1687, in 8°.

Esame critico con documenti inediti della storia di Demetrio, di Iwan Wasiliewitch, per Seb. Ciampi. Firenze, 1827.

Подлинныя свидѣтельства о взаимныхъ отношеніяхъ Россіи и Польши преимущественно во время Самозванцевъ. *Témoignages originaux sur les relations réciproques de la Russie et de la Pologne, notemment à l'époque des imposteurs, recueillis par M. Moukhanof.* Moscou, 1834, in-8°.

Chronica gestorum in Europa singularium a Paulo Piasecio, episcopo Præmisliensi conscripta. Cracoviæ, 1845, in-4°.

Rerum moscoviticarum commentarii Sigismundi liberi Baronis in Herberstain, etc. Basileæ, s. d. (1551), in-fol.

Estat de l'empire de Russie et grande-duché de Moscovie, par le capitaine Margeret. 1669.

Diarium itineris in Moscoviam, per Ill. ac Mag. D. Ign. Xph<sup>i</sup> de Guarient et Rall, Imperatoris ablegati ad Tsarum Petrum Alexiowicium, anno 1698 descriptum a Io. Geo. Korb, secretario ablegationis Cesareæ. Viennæ Austriæ, s. d., in-fol.

Voyage de la reine de Pologne, par Le Laboureur.

Description d'Ukranie, qui sont plusieurs provinces du royaume de Pologne, par le sieur de Beauplan. Rouen, MDLX, in-4°.

Объ историческомъ значеніи царствованія Бориса Годунова, сочиненіе П. Павлова. Москва, 1850, in-8°. *Sur l'importance historique du règne de Boris Godounof, par P. Pavlof.* Moscou, 1850.

Русская старина, изданная А. Корниловичемъ. Санктпетербургъ, 1824. *La Russie du vieux temps, par A. Kormilovitch.*

Histoire de l'empire de Russie, par M. de Karamsin, traduite par M. de Divoff ; tome XI, Paris, 1826, in-8°.

FIN.

*ERRATA.*

Page 54, ligne 1, au lieu de : beau-frère, *lisez* beau-père.
Page 61, note, au lieu de 1603, *lisez* 1591.

www.ingramcontent.com/pod-product-compliance
Lightning Source LLC
Chambersburg PA
CBHW051822230426
43671CB00008B/807